梅花小区志

湖南省浏阳市淮川街道朝阳社区梅花小区志编委会 编

方志出版社
Publishing House of Local Records

图书在版编目（CIP）数据

梅花小区志 / 湖南省浏阳市淮川街道朝阳社区梅花小区志编委会编. -- 北京 : 方志出版社, 2020.11
ISBN 978-7-5144-4308-0

Ⅰ. ①梅… Ⅱ. ①湖… Ⅲ. ①社区—概况—浏阳 Ⅳ. ①D669.3

中国版本图书馆CIP数据核字（2020）第168927号

梅花小区志

编　　者：湖南省浏阳市淮川街道朝阳社区梅花小区志编委会
责任编辑：齐　笑

出 版 者：方志出版社
地址　北京市朝阳区潘家园东里9号（国家方志馆4层）
邮编　100021
网址　http://www.zgfzcb.org
发　　行：方志出版社图书经销中心
电话（010）67110500
经　　销：各地新华书店
印　　刷：长沙昌龙印刷有限公司

开　　本：787×1092　1/16
印　　张：18.5
字　　数：307千字
版　　次：2020年11月第1版　2020年11月第1次印刷
印　　数：001～800册

ISBN 978-7-5144-4308-0　定价：128.00元

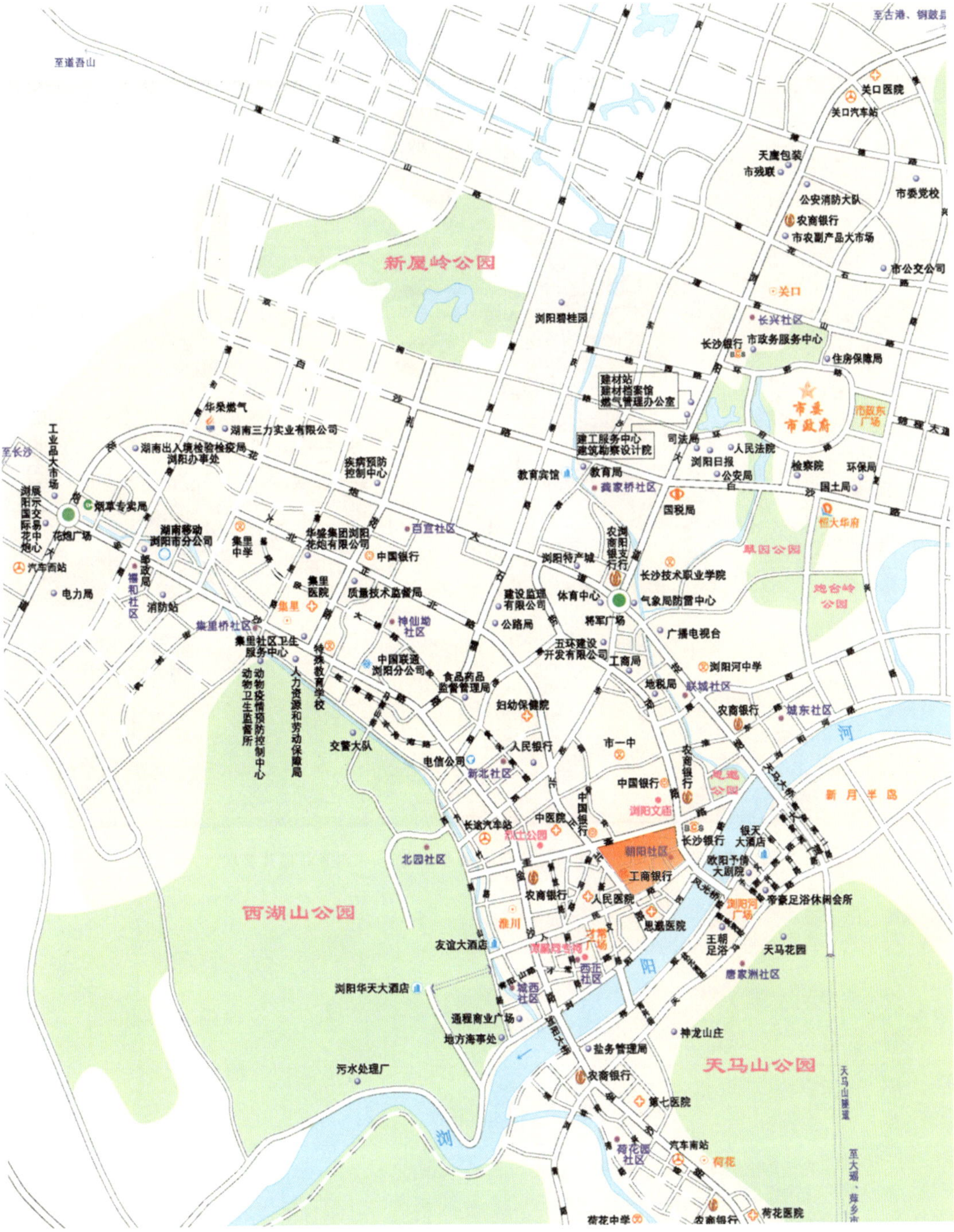

梅花小区（红色区域）在浏阳城区中的位置（根据 GS（2017）5218 号整理）

《清嘉庆志浏阳城池图》中的梅花小区(白色区域)　(根据资料图片整理)

长沙市名镇志名村志文化工程专家委员会

名誉主任：易介南

主　　任：夏建平

副 主 任：彭　楠

常务副主任：周秋光

副 主 任：蒋集政　王习加

委　　员：张列群　贺国成　肖清平　蔡立人　陈先枢　梁小进

贾志远　贺孝武　钟铁球　曹建英　吴汉林

长沙市名镇志名村志丛书编纂委员会

主　　任：夏建平

常务副主任：彭　楠

副 主 任：张能峰　蒋集政　卢兴映　涂文清　王习加

委　　员：（按姓氏笔画排序）

邓雪琴　苏敏芳　李跃兰　杨利成　肖清平　张列群

张　建　易文斌　侯向宇　姚　兰　贺国成　蒋　君

蔡立人　谭浩然　谭雄伟　戴水文

长沙市名镇志名村志丛书编纂委员会办公室

主　　任：王习加

副 主 任：张列群　蔡立人

成　　员：高　路　周建文　姚宇琳

湖南省浏阳市淮川街道朝阳社区梅花小区志
编纂委员会

主　任：吴新伟

副主任：邓阳锋　喻　辉　邓雪琴

成　员：李　建　冯早成　唐洪胜　杨　钢

戴伟平　孙　谦　卢焕新　熊宜武

湖南省浏阳市淮川街道朝阳社区梅花小区志编辑部

主　　编：杨　钢

副 主 编：陈洁璐　张艳平　王安军　唐学雷

编　　辑：唐继武　贝远铭　李晓玲　王雄文

执行编辑：贝远铭　王雄文

参加朝阳社区梅花小区志编写及采访人员

李　霞　张　畅　林　宇　罗丽宇　官雄风　柳　清
赵　芬　姚　娴　秦向辉　黄惠敏　戴国敏　邓自萍

朝阳社区梅花小区志提供资料人名录

潘信之　钱耀光　张星波　赵　芬　邱石元　宋正生　黄彦如
刘秋生　吴化桂　陶若利　李达华　谢万坤　曹明珠　鲁远长
黎书成　姚永秋　王品中　谭成宝　喻纯武　徐元明　刘　宇
刘　伟　刘　守　刘永成　彭仲辉　王围林　邹楚吾　彭晓玲
谢绍东　曾桂元　廖鹏君　凌国强　黄立军　苏　浩　胡玉明
符阳明　黄礼兵　黄永来　李发文　黄国其　梁斌泉　罗满生
李锦荣　萧行敏　黄震山　王　青　李性典　王雄文　贝远铭
李晓玲　刘延喜　黎书明　陶思璐　唐小武　苏　浩　冯凤英
邱少求　黎希贤　黎茂雄　姜炳山　康文贵　黎玉英　彭红霞
王春生　郑仁煌　姚　笛　钟红艳

（本页排名不分先后）

序言(一)

冀祥德

2020年10月，中国共产党第十九届中央委员会第五次全体会议审议通过了《中共中央关于制定国民经济和社会发展第十四个五年规划和二〇三五年远景目标的建议》，提出了到2035年基本实现社会主义现代化远景目标。在开启全面建设社会主义现代化国家新征程中，如何科学把握发展新阶段，深入贯彻新发展理念，加快构建新发展格局，推动高质量发展，是包括全国地方志工作者在内的所有中国人的时代主题。

让地方志走进千家万户，这是我到地方志系统工作后提出的一个奋斗目标。“盛世修志，志载文明”。我们所处的中国特色社会主义新时代，是一个创新求变、日新月异的伟大时代，方志文化也应当随着经济的快速发展和社会的巨大变化而不断丰富内涵、拓展领域、延伸触角。近年来，随着国家新型城镇化和乡村振兴战略的加快实施，为记载好历史、传承好乡土文明，乡镇（街道）志、村（社区）志编修蔚然兴起，这是党的十八大以来，中国地方志指导小组办公室提出围绕党和国家利益、经济社会发展和以人民为中心，地方志开拓创新的举措之一。

2017年，我在湖南考察时，与湖南省地方志编纂委员会党组书记、副主任易介南同志就编纂“居民小区志”一拍即合：随着中国传统社会向现代社会的转型，中国人也从依家族群居向以小区为单位集中居住转变，因此，可将地方志与谱谍这两种文化传统相融合，以城市小区为单位编修小区志。编修小区志可以凸显方志文化以人民为中心的导向，让每一位普通老百姓都有名留青史的机会，是地方志文化创造性转化、创新性发展的重要内容。

浏阳市的地方志工作走在全国的前列。我到浏阳市调研时，了解到浏阳的志书编纂已经实现乡镇、部门全覆盖，并建成了与档案馆合一的方志馆。因此，我提议由浏阳市地方志办公室组织编修全国第一部小区志，为全国小区志提供编修模式、规范和样本。这一提议得到大家的积极响应。三年多来，在湖南省、长沙市、浏阳市地方志机构领导的精心组织下，经过地方志专家反复研讨，编纂者不断摸索、修改完善，全国第一部城市小区志书《梅花小区志》终于问世。这无疑是方志文化转化的一次创新实践，也是方志理论提升的一项重要成果。

“家是最小国，国是千万家。”小区是组成城市的基础单元，家庭是小区的社会细胞。小区志是真实记载和反映改革开放历程、社会发展变迁、城市家庭面貌、居民生产生活的极好载体。中国人具有鲜明的家国情怀。《梅花小区志》以诸多人们喜闻乐见的方式，真实记载了梅花小区的前世今生，以及小区范围内的家庭生活状况，同时又详略有别，厚今薄古，重点记载发生在小区范围内的新风新貌、新人新事、好人好事，对优秀人物和典型事例着墨颇多，以此弘扬好家风，讴歌好美德，倡导好习惯，为城市文明建设鼓与呼，符合社会主义精神文明的政治导向，更激发广大城市居民的市民意识、文明意识、法治意识和爱国、爱乡情怀。

编修小区志是一件新事物，也是一种学术探索。《梅花小区志》在新型志书编修的体例和规范方面作了有益尝试。希望全国地方志同仁们能够充分借鉴和吸取该书编纂经验，把实现人民对方志文化的美好向往作为方志人的奋斗目标，编纂出更多服务经济社会发展、贴近人民群众生产生活的方志作品，从而进一步提升方志文化自信，激发地方志更加持久强劲的内生动力。

我有一个梦想，在中国共产党成立一百周年、我国全面建成小康社会之时，中国会实现省省有志鉴、市市有志鉴、县县有志鉴的前无古人的世界文化创举。到中华人民共和国成立一百周年，我国建成富强民主文明和谐美丽的社会主义现代化强国之时，《中国扶贫志》《中国全面小康志》乃至《中华人民共和国志》精彩面世，石破天惊领风骚；全国省、市、县、乡、村各有其志，无数春笋满林生，方志存在于社会生活的每一个角落，每一个中国人都能在地方志里寻找到自己最精彩的芳华时代！

是为序。

2020 年 11 月 5 日

（作者系中国地方志指导小组秘书长，中国地方志指导小组办公室主任，中国地方志学会常务副会长兼秘书长，中国社会科学院大学教授、博士生导师，中国社会科学院法学研究所研究员、博士生导师）

序言(二)

浏阳历来注重志书编修，现存最早的《浏阳县志》编纂于明嘉靖年间，原本保存于宝岛台湾。明清至民国期间，共八修浏阳县志。中华人民共和国成立以来，浏阳先后完成了两轮修志，相继编修了《浏阳县志》《浏阳市志》，并在二轮修志时，普修了100部乡镇（街道）志、部门行业志，为浏阳政治经济社会发展提供了全景式的重要历史资料文献。

近年来，随着国家乡村振兴战略的实施，名镇志、名村（社区）志编修在全国不少地方蔚然兴起。浏阳在中部地区勇立潮头，在长沙地区率先实施名镇志、名村（社区）志文化工程，启动并推进大瑶镇志、大围山镇志，南山村志、神仙坳社区志等多部名镇志、名村（社区）志编修。同时，在中国地方志指导小组办公室及省市地方志机构的鼓励和指导下，浏阳率先启动编修全国第一部小区志——《梅花小区志》。

据《浏阳县志》记载，自东汉建安十四年（209年）浏阳建县以来，县治所在地多有变迁，但自明初开始治所一直在现城区所在地。淮川街道朝阳社区梅花小区地处浏阳城市中心，历史悠久，文化积淀深厚。从明、清县志图可以看出，梅花小区居浏阳古城四分之一。因范围内原有一条南北街巷，巷内居住有谭、黎、宋、贺等大户人家，有巨富商贾、官宦士绅。院内多种植各品种梅花，争奇斗艳，梅花巷由此得名。与梅花巷相连的还有很多小巷子，在古代，这些小巷子里青楼盛极一时。一部分青楼女子色艺俱佳，琴棋书画无所不会。

中华人民共和国成立以后，梅花巷的房子经过土改、合作化，大部分被征收作为公房，给城市居民居住。一个四合院里面住了十几户人家，变成了大杂院，但外观没有改变。随着城市建设不断发展，旧城区的改造，建成了幼儿园、学校、商品住宅楼和浏阳特产街区。梅花巷虽然不在了，但久居浏阳的人们仍然经常回味起这里的传说和故事。

岁月如梭，沧桑巨变。梅花小区见证了浏阳城市的发展变迁，这里既留下了谭嗣同、唐才常等维新志士的佳话，也涌现了很多现代城市文明的新风新事，曾经被时任湖南省委书记的杨正午誉为“城中之城”。但是，沧海桑田，缺乏系统的文字记载。2017 年底起，浏阳市市志档案局和淮川街道联合组织编纂《梅花小区志》，现在一部全面系统记载梅花小区人文风貌、居民生活及发展变迁的小区志正式问世了。

《梅花小区志》主要记载梅花小区范围内城市居民的生产生活，特别重点记载了发生在市民身边的好人好事、新风新事，以此弘扬中华传统美德和社会主义核心价值观。同时，鉴于梅花小区在浏阳城市发展变迁中的重要历史地位，本志书以大量翔实的资料为基础，以实事求是的态度，真实记载了一些存在历史争议的史实，以此为鉴，供资政决策参考。《梅花小区志》在存史、资治、育人等方面均具有十分重要的意义，它的问世，必将对浏阳的城市文明建设起到积极的推动作用。

中共长沙市委常委、浏阳市委书记

2020年6月3日

凡 例

一、本志以马克思列宁主义、毛泽东思想、邓小平理论、“三个代表”重要思想、科学发展观、习近平新时代中国特色社会主义思想为指导，坚持辩证唯物主义和历史唯物主义的立场、观点和方法，存真求实，全面、客观、系统记述湖南省浏阳市淮川街道朝阳社区梅花小区基本地情及经济社会等各方面的历史与现状，为城市文明建设提供历史智慧和现实借鉴。

二、本志是梅花小区有史以来第一部志书，上限未作统一设置，具体溯源因事而异，追溯时间最长的为大事记；下限一般为 2017 年 12 月底，极少数事项下延到 2018 年。

三、本志由卷首、主体、卷末三部分组成。卷首有名称页、版权页、行政区划图、编辑页、序言、凡例、目录、概述、大事记；主体有基本地情、地方特色、社会百业、人民生活、人物家庭；卷末有民间文艺、艺文选录、参考文献、后记。全志按类目、分目、条目三个层次排列。目录编到条目一级。

四、本志称“解放前”与“解放后”，以 1949 年 7 月 19 日中国人民解放军进驻浏阳县城为分界线。

五、本志的纪年方法：清代以前（含清代）采用帝王年号，后括注公元纪年，如“汉·景帝二年（公元前 155 年）”，公元后没有用公元二字，如“汉·建安十四年（209 年）”；中华民国时期（1911—1949 年）按民国纪年，后括注公元纪年，如“民国 10 年（1921 年）”。解放以后，均用公元纪年。

六、本志所使用的地名和行政区划名称，均按不同时期的原称谓，必要时括注今名。涉及范围称谓：解放前称“县城”；解放后称“城关”；1993 年撤销城关镇，设立淮川办事处以后，称“境内”。小区内用“域内或范围内”。

七、本志对各类人物皆直书其名，不加敬称，必要时书其职务，一般为事情发生时当年所任职务。

八、本志人物家庭中的人物均以所能收集到的为限，且以本籍为主。鉴于梅花小区各方面代表人物散居市内外、国内外的甚多，遗漏在所难免，俟后续者补之。

九、本志编辑的《梅花小区志》按旧城改造时界定的范围，即从圭斋东路经劳动南路连接人民东路至北正南路，即现在的梅花小区（组、网格）和朝阳小区（组、网格），面积0.7平方千米，占朝阳社区的一半。

十、全书资料，档案类均直接引用，采访类一般都有两个以上受访者对证；本着“略古详今”的原则进行记述。

目 录

『城中之城』

特产街区

谭唐故里

概 述

梅花小区位于湖南省浏阳市淮川街道朝阳社区核心位置。西起北正南路与西正社区相邻，东至劳动南路与本社区名河鑫都相隔劳动路，南临人民东路与本社区周家巷相依，北挨圭斋东路与北正社区、浏阳一中、文庙相望。小区呈东窄西宽、南窄北宽的不规则梯形。

小区位于北纬 28° 14′，东经 114° 15′，地势平坦；属中亚热带季风潮湿气候，雨量适中，气候温和，光照充足；四季分明，冬少严寒，夏少酷热，年平均气温 17.3℃，无霜期最长 311 天，最短 232 天，年平均无霜期 260.6 天。境内主要气象灾害有暴雨洪涝、龙卷风、干旱、雷雨大风、寒潮、低温冷害、高温热害、强雷暴、冰雹等。

小区位于浏阳市老城区中心。距长沙市区 67 千米，距黄花国际机场 47 千米。区域周边有圭斋路、人民路贯通东西，劳动路、北正路穿透南北。区域内有梅花一街、二街、三街纵横交错，梅花一弄、二弄、三弄相通相连。区域面积 0.7 平方千米，人口 1388 人。

梅花小区曾经是明清以来县城庄园式建筑最集中之处。如谭家大屋、黎家大屋、宋家大屋、贺家大屋等。黎家大屋布局和陈设，处处彰显富丽堂皇的气派。解放以后，城关镇政府对房产进行清理登记，将黎家大屋等房屋分配给无房户居住。1996 年旧城改造，黎家大屋与毗连的梅花巷、胡家巷一带，开发建设成梅花小区，黎家大屋这栋 246 年的清代民居等建筑被陆续拆除。

梅花小区群英荟萃。中国近代著名政治家、思想家、维新派人士、“戊戌六君子”之一谭嗣同祖居梅花巷丹桂坊（今朝阳社区政务服务中心处）；其谭氏宗祠位于今人民路小学南面。文武双全、学贯中西、敢于慷慨赴死、从容就义的维新派领袖唐才常，生于小区内原胡家巷的孝义里(今人民路邮政局北院，大门北出胡家巷)；与谭嗣同时称长沙时务学堂教习中的“浏阳二杰”。从梅花巷宋家大屋（今梅花小区农贸市场处）走出去的北京大学马克思学说研究会发起人之一、北京共产主义小组成员宋天放，是北京“五四”爱国反日大游行行动小组策划人之一，火烧赵家楼、痛打章宗祥、“二七”大罢工直接参与者。清末秀才黄颖初，曾与我国铁路总工程师詹天佑共事，所撰《浏阳乡土志》，为浏阳民国时期的地方志书。其儿子黄彰任，曾为浏阳人民医院建设多有捐资，其《常用黄草字库》的“黄草”为大陆与台湾的文化交流做出了贡献；其女儿黄慕兰是中共早期革命活动家，忍辱负重为革命作出牺牲，参与营救过周恩来、关向应等多位中共重要领导人。小区内先后涌现出各行业优秀人物30余名，各类人才上百名。

浏阳早期革命活动在梅花小区就有所开展。记录在案的有：民国14年（1925年12月），县平民教育促进会在城关黎家大屋开办女子职业学校，培养妇女运动骨干；1927年2月15日，全县第一次共青团代表大会在县城澄中高小（后为圭斋路小学，即今圭斋东路44号）召开；1927年2月，浏东平民银行成立，行址设县城朝阳街；1927年2月底，全县第一次教师代表大会在县城澄中高小召开。白色恐怖严重的1928年9月下旬，中共浏阳县委派钟泽兰（化名刘兰）潜入城关澄中高小做炊事员，派钟裕丙潜入城关北门孤儿院，从事地下工作，发展党组织。并于1929年5月15日，在县城修善中学成立中共浏阳第13区区委，钟泽兰为书记。1938年2月7日，中共湘鄂赣特委罗其南到县城王家祠堂（今人民东路邮政局），发展王厚吾等入党，建立城关支部，指定王厚吾为书记。从1926年至抗美援朝，小区有革命烈士70余名。

浏阳加工类食品特产，大都出自梅花小区。特别是素食菜，俗称“盐汗（旱）茶”。始为个体腌制，摆摊出卖。到晚清时期，槽房（作坊）也生产酱食素菜。解放后开始加工酱腌菜，以调节旺淡。后又总结民间经验，生产出“方便素食菜”，畅销长沙、湘潭、株洲等地。什锦素食菜，1982年获省优质产品称号；1986年又与豆豉、剁辣椒同获省芙蓉奖，被评为群众最喜爱的食品，曾提供给当年全国人民代表大会和中共第十三次全国代表大会南方代表作为佐食食品。如今，梅花三弄的土特产街有店铺30余家，销售各类特产200余种。

2017年，梅花小区有行政事业单位5家，金融、保险业5家，私营企业110家，大型超市3家，宾馆旅社14家，个体经营门店756家，是一个集金融、教育、商贸于一体的综合性城市商住小区。2002年中共湖南省委书记杨正午视察梅花小区时，赞其为“城中之城”。它以“谭唐故里、特产街区、‘城中之城’”的鲜明特色，展现在世人面前。

大事记

新石器时代（公元前 3000 年前后）

浏阳城西樟树潭原始人在域内活动。

汉·景帝二年（公元前 155 年）

景帝庶子定王刘发封长沙王，复置长沙国，都临湘，浏阳属临湘，域内城镇集市已经初步形成。

汉·建安十四年（209 年）

孙权授周瑜南郡太守，以刘阳、下隽、汉昌、州陵诸邑为周瑜俸邑。浏阳有文字记录自此始。

宋（960 年—？年）

在十字街土地祠前（今梅花小区）为陈宽中立文魁坊。

明·洪武二年（1369 年）

修复宋、元、明设于县城东门（今梅花小区）的儒学（县庠），与书院同为生员（秀才）读书之所。

明·嘉靖二年（1523 年）

大水没城郭。

明·万历十五年（1587 年）

大水冲城。5 月，暴风霾飘，损民居有压死者。

明·崇祯四年（1631 年）

7 月 11 日丑时，大震有声。

明·崇祯六年（1633 年）

4 月大风，县城大火，毁民房数百家。

清·光绪十二年（1886 年）

胡家巷孝义里的唐才常，县、府、道三试夺冠，为浏阳连夺“小三元”第一人。

清·光绪十八年（1892 年）

谭嗣同、唐才常组织群萌会，“研究新学，挽救国运”。

县城考棚（今湘东比一比南）开办浏阳官立城关初等小学堂。

民国 10 年（1921 年）

5 月 1 日，域内手工业参加县城各校师生及手工业代表集会，纪念“五一”国际劳动节。

民国 11 年（1922 年）

8 月上旬，陈昌、夏明翰等在域内澄中高小（今圭斋东路 44 号，下同）开办教师“国语注音字母”补习班。

民国 12 年（1923 年）

是年，浏阳邮局由域内东正街迁至营盘巷。

民国 14 年（1925 年）

4 月 20 日，域内民众到县城大操坪参加孙中山先生逝世万人追悼大会。

12 月，县平民教育促进会在域内黎家大屋开办女子职业学校，培养妇女运动骨干。

民国 15 年（1926 年）

7 月 24 日，北伐先遣团进驻浏阳，团部驻扎在域内（县城东门）黎家大屋。

民国 16 年（1927 年）

1 月 1 日，域内各街巷得到修整和疏理。

2 月 15 日，全县第一次中国共产主义青年团代表大会在澄中高小召开。

2 月，浏东达浒、张坊、永和、古港、上东、高坪六大团，联合筹建的浏东平民银行成立。行址设域内朝阳街。

2 月底，全县第一次教师代表大会在县城澄中高小召开。

民国 17 年（1928 年）

9 月下旬，中共浏阳县委派钟泽兰（化名刘兰）潜入城关中立局澄中高小做炊事员，从事地下工作。

民国 19 年（1930 年）

8 月 7 日，红三军团占领浏阳县城，驻扎域内。

8 月 25 日，红一方面军再次攻打长沙，途中攻占浏阳县城，驻扎域内。

民国 27 年（1938 年）

2 月 7 日，中共湘鄂赣特委罗其南到县城王家祠堂（今人民东路邮政局处）发展王厚吾等入党，建立城关支部，指定王厚吾为书记。

11 月 10 日上午 10 时，日机 18 架轰炸县城澄中高小等处，一个小时投弹 100 多枚，炸死炸伤军民 2000 余人，炸毁房屋 5000 多间。

民国 28 年（1939 年）

10 月上旬，域内澄中小学及县城北门遭日机炸毁。

民国 30 年（1941 年）

2 月，域内民众参加县城各界劳军竞赛，全县上下掀起慰劳前方抗日将士的高潮。

民国 35 年（1946 年）

是年，在县城皇仓街刘祠（今人民路小学处）恢复儿童保育所（即原县育婴堂）。

民国 36 年（1947 年）

6 月 8 日，县城 400 余名商民以市场冷落、无力负担沉重的捐税为由，在财神庙（今城关粮站宿舍）前集合，向县政府请愿、抗议。

1949 年

6 月，县城邮政局、复耀电灯公司工人开展护厂斗争，保证电机完整无损。

7 月 19 日 13 时，中国人民解放军四野 40 军 120 师 359 团 3 营 9 连沿东街口、朝阳街入城，大部队紧接着从域内东街口和北门分两路进城。白崇禧部队退走。域内民众与全城军民举着横幅和标语，敲锣打鼓、燃放鞭炮、载歌载舞，欢呼解放。

8 月 1 日，县委在大操场宣布成立浏阳县人民政府。中共城关区委员会，区人民政府同时建立，区址设圭斋路（今梅花小区北圭斋东路 50 号）。

1950 年

4 月 1 日，废除旧乡保，实行民主建政。全县划为 1 个镇、13 个区，城关区驻圭斋路原址，辖居民委员会 6 个。

是年，人民政府禁毒禁赌禁娼。查处毒贩 30 余名、吸毒者 100 余名；城关查处赌博案 7 宗 28 人；取缔梅花巷、嗣同路、邦泰里等妓院 6 家。此后 30 余年黄赌毒绝迹。

1951 年

1 月 17 日，县政府根据长沙专署指示，从县委、政府机关抽调任庆先等 8 名干部成立浏阳县人民法院(以下简称“县法院”，即今人民东路53号城管中队办公处)，同日正式办公。

3月27日，县供销合作总社成立，办公地址设今圭斋路比一比楼上。

4月，域内群众参加“捐献飞机大炮，打败美国强盗”活动，同时动员青年参加中国人民志愿军。

11月1日，浏阳邮政局与浏阳电信局合并，成立浏阳县邮电局，县人民政府指拨县城太平街王祠（今人民路邮政所）为局址。

1952年

秋，域内开展扫盲运动，举办工人业余夜校。

1953年

4月，域内开展取缔反动会道门工作。

7月1日零时，域内第一次全国人口普查。

9月23日至10月25日，第二街（即中心街）为普选人民代表试点。

10月1日，县机关幼儿园正式开园，园址设城东梅花巷（今址）。

是年，县政府组织劳力，从洗药桥起，经清泉街、高升街、蜈蚣岭、磨石街、文运街、拱北桥至豪兴街下河，开挖全长1400米的“人工河”，计划引水发电。

1954年

6月17日至7月份，域内持续暴雨，连续出现7次洪峰，7个小时降雨519.6毫米。

7月7日至10日，浏阳县第一届人民代表大会上，域内王厚吾当选为出席省第一届人民代表大会代表。同时作为域内代表当选的还有华国锋、侯双来、罗其南等。

是年，域内南货、百货、烟酒、土产、山货、杂货等私商接受社会主义改造。

1955年

3月1日，域内百姓开始使用新人民币（新人民币1元折合旧人民币1万元）。

1956年

6月，公安局全面建立户口登记制度，域内居民换发新的户口迁移证。

9月中旬，域内居民响应上级号召，开始“有计划地生育，控制多胎、密胎”。

是年，域内工商、手工业、企业人参与社会主义劳动竞赛。

是年，域内私营工商企业实行社会主义改造，建立高级农业生产合作社，入社农户100%。

1957年

8月4日下午，反右运动在域内城关镇中心小学（今圭斋东路44号，下同）开始。

是年，设立人民路邮电局（今人民东路19号），购买原王祠前巷道两侧房屋，拆除新建两层楼房作邮电营业与办公用房。后邮电局迁至工人文化宫（原八角亭）办公和营业。

是年，1953年在域内开挖的人工河因不能发电，水灾严重，全部开始回填。

1958年

4月，城关镇政府组建的储蓄小组到域内收储存款。

7月，域内居民开展大生产运动，基本做到“人人有事做，家家无闲人”。

9月8日，域内居民参与县城7000多人集会，拥护周恩来关于台湾海峡地区局势的声明，愤怒谴责美帝国主义的军事挑衅和战争威胁，晚上举行游行示威。

1959年

10月1日，域内居民参加万人集会游行和焰火晚会，庆祝中华人民共和国成立10周年。

12月5日至17日，贯彻中共中央八届八中全会精神，域内党员参加整风。

1960年

2月，域内开展“以菜为纲，发展副食品生产，保证做到自给有余”运动。

5月，域内“三反”运动，对违法乱纪、贪污、浪费现象展开揭发和批判。

7月，域内支部参与“满堂红”、党员干部社员“全家红”的评比竞赛。

1961年

3月，域内居民参与除害灭病，防病治病。

4月，域内手工业合作社（组）成立。

7月，域内所辖合作商店经过市场整顿，恢复工作。

12月10—30日，域内部分居民参加投机商贩集训班。

1962年

2月，域内部分城镇人口下放。分别下放到大围山林场、河东农场、金坑农场。

11月，因进一步压缩城镇人口需要，域内部分居民及干部、职工、家属返乡。

是年，域内妇女学习李定国、刘连英的事迹，开展计划生育工作。

1963年

1—5月，域内居民参与社会主义教育运动。

2月，域内居民参与“学习雷锋”的教育活动。

6月，域内居民大组内开展“四清”运动。

10月，域内居民参与城市人口上山下乡，插队落户，11月迁居。

1964年

3月起，域内居民参与“五反”运动。

11月10日，域内居民再次接受城市知识青年上山下乡。

1965年

5月24日，太平街胡家巷发现反革命传单，公安部门经过两天侦查抓捕罪犯。

1966年

3月13日，中共湖南省委书记处书记华国锋等到域内视察。

5月16日，域内“文化大革命”开始。

8月，域内学校、工厂、企业先后成立“红卫兵”组织。

10月27日，域内居民参与城关镇万人大会，庆祝我国核导弹试验成功。

11 月 5 日，为彻底砸破旧思想、旧文化、旧风俗、旧习惯，域内商店、门面招牌一律改用长 2 尺至 2.5 尺、宽 1.2 尺至 1.3 尺的横式招牌。

11 月 12 日，域内党员、干部、贫下中农积极分子、教师、青少年参加镇党校培训。

12 月 30 日，域内居民参加镇党委在大操场召开的万人大会，庆祝我国 12 月 28 日又一次核爆炸试验成功。

是年，朝阳、粮仓、太平、升平街合并改直，加宽至 8 米，延伸到西站（今与金沙路交汇处），全长 990 米，更名为人民路。

1967 年

7 月 31 日晚上，革筹会（革命委员会筹备会）的造反组织在人民路燃放超大爆竹以制造紧张气氛，导致域内日杂商店着火成灾。

1968 年

5 月 12 日，辖内兴起“早请示，晚汇报”等活动。

10 月，域内一批没有改造好的“五类分子”“21 种人”及其家属下放农村劳动。

1969 年

1 月 2—19 日，域内居民两次参与城镇人口精减。

9 月 10 日，域内参与全面清查“黑户口”和“黑人口”，开展打击“水佬官”运动。

1970 年

是年，域内居民群众参与备战备荒，自救自护，挖防空洞。

1971 年

3 月 17—29 日，域内市场整顿，打击投机倒把。

10 月 30 日—11 月 3 日，域内居民分层次参与学习中共中央 57 号和 65 号文件，批判林彪、陈伯达反党集团。

1972年

是年，域内街道居民举行欢送仪式，欢送知识青年上山下乡。

1973年

3月起，域内全体党员、干部、群众接受中共基本路线和社会主义总路线教育。

5月17日，域内党员干部学习中央12号文件，深入开展批林整风运动。

9月20日，域内居民参与在人民广场举行的县第一届纪念“秋收起义”火炬接力赛。

9月26日，域内国家干部、教师等学习中共十大会议精神，深入批林整风。

1974年

7—11月，域内中共党员参加街道分期分批举办的整党学习班。

10月22日，域内居民落实毛泽东主席“备战备荒为人民”“深挖洞，广积粮”的指示。

1975年

1月16—20日，域内党员干部参加镇整党学习班。

1976年

1月，域内干部、群众悼念周恩来总理逝世。

9月18日下午，域内干部群众悼念毛泽东主席逝世。

1977年

3—9月，域内居民贯彻落实华国锋主席“抓纲治国”“一年初见成效、三年大见成效”的指示。

8月21日，域内居民参加县城召开14000多人的大会，庆祝中国共产党第十一次代表大会胜利召开，会后举行游行，晚上举行焰火晚会。

是年，域内紫微街、北正街改直加宽至9米，更名为北正路。

是年，国家恢复高考制度，域内居民多人参加高考。

1978年

2月，域内居民接受“反对大办红白喜事、铺张浪费”“破四旧，立四新”宣传。

是年，域内原下放的居民开始回城镇，下放的教师回城安置。

1979年

8月，域内居民响应国家“最好只生一个”号召，育龄夫妇申请自愿终身只生一个孩子，领取独生子女证。

是年，域内居民开始使用邮政编码。

1980年

12月，域内城关镇中心小学教师晏瑞云获评浏阳市小学语文特级教师。

是年，1968—1970年域内下放的居民回城镇落户。

1981年

8月21日，域内县肉食水产公司城西门市部职工唐玉成，从浏阳公路桥上跳入水深6米的河中，与跳水逃跑的盗窃犯英勇博斗并将其抓获。

是年，域内户口进行全面清理整顿，换发户口簿。

是年，域内对名胜古迹、街、巷、河流、山岭等地名普查建档。

1982年

6月1日—8月18日，域内开展第三次全国人口普查。

8月，县委决定将域内人民路81号原供电所部分住房和生活车间拨给县法院办公。

1983年

是年，镇政府在域内梅花巷新建敬老院一所，安置老人23人。

是年，中心街划分为太平街、朝阳街两个居委会。

1984年

7月，域内杨仕伟等被评为镇优秀共产党员，受到镇党委通报表扬。

是年，城关镇中心小学教师黄希珍获评湖南省优秀班主任。

是年，城关镇人民政府遵照民政部《关于换发补发烈士证的通知》，组织专门班子到域内给烈士家属换发和补发烈士证。域内登记在籍的烈士家属均获得新的烈士证书。

1985年

9月，域内学校庆祝第一个教师节。

是年，城关镇中心小学教师王功兰获评湖南省优秀教师。

是年，邮电招待所在人民路局址五楼开办。

1986年

3月16日，域内居民开始交纳垃圾代运费每户每月5角，卫生费每人每年1元。

8月下旬，时任城关出口花炮厂厂长杨仕伟带领燃放小组，随县花炮领导小组赴日本鹿儿岛参加在该岛举办的烟花燃放表演。成为城关镇第一个公费出国境者。

9月21日，域内邮政开办储蓄业务。

1987年

1月1日，域内城关集贸市场(后更名为淮川大市场)建成开业。

3月2日，人民路获得市爱国卫生运动会“文明卫生一条街”称号。

5月，域内居民领取身份证。

6月，历时9个多月的路牌与门牌整顿工作结束，域内居民领到新的门牌号码。

截至年末，域内主要街道均改建为柏油路面。

1988年

7月，圭斋路拓宽修建。

是年，交警队在城区圭斋东路建成办公综合大楼。

1990年

4月和7月，域内居民参加两次大规模的市容、市貌综合治理。

5 月 25—26 日，部分县人大代表视察域内公房使用情况。

10 月，镇党政机关由今人民东路 81～91 号搬迁至金沙中路 211 号（今址）办公。

11 月 15 日，域内交换点电话号码由 4 位升为 6 位。

是年，域内首次出现以出租营运为目的的代步工具——人力三轮车。

1991 年

11 月，域内人力三轮车被取缔，正三轮摩托车（叭叭车）出现。

12 月，域内有线广播喇叭入户率 81%，声音覆盖率 90%。

是年，域内公厕粉修，垃圾中转站、垃圾池全面建造。

是年，城南小学（今人民路小学）李荣光获评湖南省优秀教育工作者。

1992 年

1 月 16 日，域内老人熊素文将自己窖藏的 838.6 克黄金、1500 块银元卖给国家银行。

1 月 20 日，域内全县第一家自动扶梯大型商场——浏阳大厦开业。

3 月 28 日，县政府授予杨仕伟“乡镇企业家”称号。

4 月 27 日，域内圭斋路国有土地使用权出让拍卖。

8 月 26 日，域内公用电话开通。

12 月 22 日，319 国道、浏东高等级公路建设动员，域内市民踊跃集资。

1993 年

3 月 29 日，杨仕伟出席第八届全国人民代表大会第一次会议并担任监票员，时任中共中央总书记、国家主席、中央军委主席江泽民与其交谈、合影。

8 月 16 日，人民路邮电楼首次建成模拟移动电话基站，开办移动电话、使用微机。

12 月 12 日零时，域内市内电话号码由 6 位升为 7 位。

是年，域内个体经营户谢城佑一次为建老年公寓捐款 1 万元。

是年，机关幼儿园被长沙市教委评为先进幼儿园。

1994年

3月13日，域内开通程控电话。

4月1日起，域内推广使用标准信封。

5月，旧城改造，北正南路开工。

9月2日，域内浏阳市税务局分别组建成国家、地方两套税务机构。

是年，杨仕伟先后获第一届全国“乡镇企业家”“三八红旗手”等荣誉称号，被授予“中国改革功勋章”、长沙市“巾帼十杰”，享受同级劳动模范待遇。

是年，朝阳艺术团在朝阳社区会议室举行成立大会，取名为“朝阳健身队”。

1995年

1月16日，城区首次开通4路公共汽车，其中2路经过域内圭斋路。

8月18—20日，域内居民参与“万人清洁浏阳城竞赛活动”。

9月3日，域内学生参加城区中小学庆祝抗日战争胜利50周年纪念活动。

10月12日，域内小街、小巷、小区道路硬化、绿化。

是年，地税局从圭斋东路31号（今70号）原浏阳市税务局搬至劳动路新址办公。

是年，圭斋路小学综合教学楼、淮川教师宿舍等竣工。

1996年

2月15日晚9点多，市百货大楼发生火灾，损失20余万元。

3月22日，杨仕伟在街道党政联席会议上传达第八届全国人大四次会议精神。

11月25日，域内中小学生举行“今天做文明学生，未来做文明公民，坚决向不文明言行告别”的宣誓活动。

12月，圭斋路小学王功兰获评浏阳市小学语文特级教师。

是年，域内全面提质改造，梅花巷、胡家巷被陆续拆除。

1997年

3月5日，域内团员青年参加城区“万名青年志愿者学雷锋”义务活动。

5月1日，居委会配备的专职城管卫生员正式上岗执勤。

9月，域内基本普及九年义务教育、基本扫除青壮年文盲达标。

10月30日，域内摩托车停放点投入使用。

1998年

2月28日，域内学校师生开展“双休日”清洁浏阳城义务劳动活动。

3月1日，梅花小区农贸市场开业。

3月14日，庆祝“3·15”国际消费者权益日大会在湘东大厦举行。

7月30日，凌晨4时至下午1时，暴雨成灾。

8月11日，社区服务志愿者协会成立。

8月26日，域内妇女参加“城区千名妇女上街清洁浏阳城”活动。

9月25日和10月15日，域内居民参加“万人清洁浏阳城”活动。

是年，域内学校参与“警校共建，共创文明校园”活动。

是年，创建“安全文明小区”，评出“双文明户”“五好家庭户”“遵纪守法户”。

1999年

6月，域内创建“五星级党支部”。

9月，域内单车、摩托车和板车、人力车停放点重新设置，规范停车点。

是年，交警大队由圭斋路21号搬迁至马鞍山新址办公。

是年，机关幼儿园获第三届《世纪星杯》全国少年儿童书、画、印、摄影艺术竞赛集体二等奖。

2000年

1月10日，域内有2户居民进入市级“五星级双文明户”。

4月1日，域内实行发展中共党员公示制度。

5月1日，城管综合执法大队在域内成立，承诺：“人民城市人民管，管好城市为人民”“有什么意见您只管提，有哪些不足我们改”。

6月1日，域内广告招牌清理规范。

6月28日，域内学校从2000年下学期起，全面推行教师聘用、聘任制度。

7月，域内学校经筛选的优秀干部、“三好学生”参加淮川街道关工委组织的大围山“学会生存”夏令营活动。

8月22日，域内举行唐才常就义100周年纪念大会。

9月30日，域内开展“万人清洁浏阳城”活动，整洁市容市貌。

10月，中国第二届特产文化节在浏阳举行，梅花小区设展区58个。

11月，域内全体党员参加冬训，评选优秀党员，处置不合格党员。

是年，浏阳市机关幼儿园获“祖国在我心中”全国少年儿童书、画、印、摄影艺术竞赛集体优秀奖。

是年，圭斋路小学获评“长沙市现代教育技术实验学校”。

2001年

1月3日，国税局从圭斋东路31号（今70号）原浏阳市税务局搬入新址（今浏阳大道与白沙路交汇处）办公。

2月22日，全市近100个行政、企事业单位，学校及辖区各街道居委会近万名志愿者开展大规模学雷锋活动。

7月，域内开展全国第五次人口普查。

10月7日，域内开展“万人清洁浏阳城”活动，迎接全国卫生检查。

是年，浏阳市机关幼儿园获全国青少年美术书法摄影大赛“金球杯”优秀奖。

2002年

1月12日晚8时许，淮川大市场发生火灾，烧毁摊位83个。

7月10日，中共湖南省委书记杨正午视察浏阳城市建设，赞梅花小区为“城中之城”。

12月16日，全市第一个社区居委会——朝阳社区居委会挂牌成立，省民政厅巡视员高加余到会讲话。

12月18日，浏阳市邮政局人民路营业厅竣工开业。

是年，域内圭斋路小学撤销，其房地产整体拍卖。

是年，朝阳街党支部获得市级“五星级党支部”称号。

是年，机关幼儿园获长沙市“巾帼文明示范岗”。

2003年

2月，民办燎原经贸中等职业技术学校在圭斋东路150号挂牌开办。

7月1日，域内居民投票选门卫。

7 月 10 日—8 月 3 日，域内查处出租车违章案件。

7 月 12 日，域内“大家庭”与“比一比”超市大打价格战，造成购物者蜂拥而来，市公安局调百余名干警维持秩序。

9 月 21 日，域内出租车实施打表计程的收费方式。

11 月 13 日，中央电视台《新闻联播》头条新闻报道朝阳社区建设。

是年，朝阳社区建设试点获得成功。

是年，居民获得淮川信用合作社“居民贷款证”。

是年，朝阳社区被长沙市禁毒委员会评为“无毒害社区”。

2004 年

2 月，域内城市管理行政执法实行一个敬礼、一句尊称、一脸微笑、一番解释的“四个一”。

7 月 30 日，域内市民参与樟树为市树、红桎花为市花评选活动。

8 月 5 日晚 9:50 分左右，城管淮川中队队员袁可文在湘东岗亭执勤时，被犯罪嫌疑人张某持刀捅伤腹部，后经省市专家抢救，脱离生命危险。

8 月 16 日，中华诗词学会授予浏阳“诗词之乡”称号，中共湖南省委原书记熊清泉、中华诗词学会会长孙轶青在圭斋园为“诗词之乡”石碑揭碑。

11 月 2 日，《浏阳日报》报道:《圭斋园，让休闲也文化起来》。

是年，朝阳居委会更名为朝阳社区居委会并进行换届选举，干部基本做到年轻化、知识化。

是年，机关幼儿园举行建园 50 周年庆典。

是年，机关幼儿园被中华爱国总会授予“爱国（启蒙）教育全国示范幼儿园”称号。

是年，朝阳健身队改名为朝阳艺术队，新增歌舞、戏曲、小品、相声、合唱等表演门类。

2005 年

1 月 8 日，域内城管局开展情牵“朝阳”特困户活动。

3 月 20 日，域内浏阳市住房公积金管理中心由市房产局移交给长沙市住房公积金中心管理。

3 月 22 日，长沙市县城文明社区创建现场会在浏阳朝阳社区召开。

3 月 27 日，朝阳社区财政局宿舍楼、梅花小区 D 栋被评为长沙市文明楼栋。

9 月 14 日，域内居民参加城区“万人清洁浏阳城”活动。

9 月，机关幼儿园成立独立的艺术团。

10 月 14 日，域内居民参加城区“万人清洁浏阳城”活动。

是年，朝阳社区代表队获“金秋十月大家乐”市老年舞蹈大赛一等奖。

是年，朝阳社区被授予“长沙市杜鹃杯十佳文明社区”、湖南省“科普文明社区”“全省社区建设示范社区”“最充分就业社区”称号。

是年，机关幼儿园在互联网上开通网站。

2006 年

1 月 31 日，域内启动城区大病医疗救助制度。

4 月 3 日，由市爱心车队发起，1 万多名市民在湘东大厦前举行“反对日本成为联合国安理会常任理事国”签名活动。

4 月 17 日，湖南省副省长甘霖考察朝阳社区计划生育协会工作。

5 月 26 日，《浏阳日报》以《社区邻居的贴心人》报道朝阳社区居民、浏阳河酒厂退休党员黄品秋帮助困难居民劳动致富的事迹。

6 月 24 日，社区门球队代表浏阳市参加长沙市（望城）老年体协门球赛。

9 月 7 日，小区大妈参加选举，要求“我就是要自己投自己的”。

9 月 20—22 日，域内达到灭鼠先进市标准。

11 月 11 日，长沙市创建“平安社区”现场会在浏阳召开，省市领导到小区视察。

是年，朝阳社区保持浏阳市、长沙市文明社区单位荣誉。

是年，浏阳市人民法院从人民路整体搬迁至白沙路今址。

是年，人民路小学获评全国语文教学研究实验学校。

2007 年

1 月 17 日，圭斋园建设城区和谐门球场。

5 月 23 日，居委会组织为娄世新患重病的孩子捐款，其中城管局全体职工捐款 1 万余元，居委会于 5 月 30 日携带捐款 5 万多元，到省儿童医院慰问患儿。

6 月 4 日，上海市虹口区民政局以及长沙市民政局到朝阳社区交流。

10 月 19 日，开展“万人清洁浏阳城”活动，中共浏阳市委书记易佳良与市长梁仲共同打扫圭斋园。

12 月 6 日，社区门球赛在圭斋园举行。

是年，机关幼儿园获评“长沙市示范性幼儿园”。

2008 年

1 月 24 日—2 月 3 日，湖南遭遇 50 年不遇的冰雪灾害，域内损失较大。

6 月 26 日，社区志愿者、人民路小学师生、辖区单位员工在圭斋园广场举行禁毒宣传活动。

2009 年

4 月 10 日，市第一届老年人门球赛在圭斋园举行。

6 月 8 日，联合国人口基金会代表薄纳德到社区视察工作。

7 月 12 日，市首次公开选拔 3 名乡镇党委书记，130 多名科局级干部在人民路小学考试。

是年，人民路小学成为湖南省课题实验学校。

是年，朝阳艺术队改为浏阳市朝阳艺术团，由中共浏阳市委宣传部、浏阳市文体局、浏阳市民政局注册登记。

2010 年

7 月 22 日 8 时 18 分至 10 时 40 分，发生 500 年一遇的日食景象，日食期间气温降低 1.5℃，域内居民室外观察。

是年，人民路小学获“长沙市品德课程先进集体”称号。

2011 年

11 月 1—10 日，全国第六次人口普查员进入域内居民家中登记。

是年，人民路小学获“长沙市绿色学校”称号。

是年，朝阳艺术团舞蹈《我家门前过大军》获浏阳市“我要上春晚”二等奖。

2012年

是年，1999年动工的梅花小区提质改造完成。

是年，人民路小学与韩国唐津市元堂小学结为友好学校。

是年，人民路小学获评长沙市经典诵读特色学校。

是年，朝阳艺术团舞蹈《老妈妈》获浏阳市“我要上春晚”一等奖。

是年，中共长沙市委宣传部授予朝阳艺术团“最佳群众文艺团队”称号。

是年，朝阳艺术团自创节目《我的家乡有一首歌》获全国中老年文艺比赛金奖。

2013年

1月4日，“美丽浏阳，绿色出行”浏阳市城市公共自行车系统在域内投入使用。

是年，社区被评为“长沙市卫生社区”，街道被评为“长沙市卫生工作先进集体”。

是年，梅花小区农贸市场获“湖南省文明集市”称号。

是年，人民路小学获评“湖南省优秀示范家长学校”“长沙市校本研训示范学校”“长沙市知识产权教育试点学校”等称号。

是年，朝阳艺术团新编《浏阳河》参加长沙市“欢乐潇湘——长沙篇·舞动星城、歌涌湘江”大型群众文艺演出比赛，获二等奖；自创情景舞蹈《父亲》获长沙市“欢乐潇湘”一等奖。

2014年

是年，淮川街道淮川税收管理服务中心设办公场所于梅花二街。

是年，人民路小学获评“湖南省卫生文明单位”称号，并被评为“长沙市优秀少先队集体标兵”。

是年，朝阳艺术团自创节目《向日葵女孩》获长沙市群众文艺演出一等奖，自创情景舞蹈《老来乐》获浏阳市“我要上春晚”金奖。

是年，中共长沙市委宣传部再次授予朝阳艺术团“最佳群众文艺团队”称号。

是年，中共浏阳市委宣传部授予朝阳艺术团“十佳群众文艺团队”和“优秀群众文艺团队”称号。

2015年

3月17日，域内某店务工人员肖梅英捡到内有多张银行卡和5000多元现金的皮包，在向派出所求助、网上发帖寻人未果后，又给《浏阳日报》打电话求助，在记者帮助下寻找到失主归还。

3月27日16—17时，暴雨突袭，最大风速为17.2米/秒，达八级，降雨量39.2毫米。

3月，域内社区工作人员、志愿者开展环境卫生整治、清除“牛皮癣”活动。

4月8日，浏阳电视台《直击十分》报道梅花小区为门前三包精品街区。

4月，人民路小学师生开展清明祭扫活动。

4月，域内开展“传递亲情，传承文化，树文明新风，破陈规陋习”殡葬改革宣传。

7月21日，“杂交水稻之父”中国工程院院士袁隆平为域内天正诊所谢万坤《谢氏针灸·疑难杂症治愈记》题写书名。

8月，朝阳艺术团参加长沙反法西斯抗日战争胜利70周年的庆典活动，返回浏阳途中发生严重车祸，1人死亡，10余人受伤。

9月17日，殡葬改革工作推进会议在朝阳社区召开。

是年，人民路小学获评“长沙市常规管理工作先进单位”称号。

是年，朝阳艺术团自创情景舞蹈《幸福生活》获长沙市“欢乐潇湘”二等奖，《亲爱的朋友来跳乐》获长沙市喜迎中共十八大广场舞比赛金奖，《大漠之夜》获“长沙篇·舞动星城、歌涌湘江”合唱比赛第二名。

是年，朝阳艺术团参加浏阳市首届欧阳予倩艺术节“歌韵三湘·欢乐浏阳”戏剧节演出，《白毛女》选段获最佳表演奖，情景剧《向日葵女孩》获一等奖。

2016年

2月3日，域内70多岁、每天靠输液维持生命、有着50年党龄的中共老党员吴锡安，在医院病床上将自己藏在内衣里的280元钱，向前去探视的社区书记交纳党费。

9月19日，湖南省“全国科普日主题活动”开幕式上，朝阳社区被授予“全国科普示范社区”称号。

是年，淮川税收管理服务中心获浏阳市“青年文明号”称号。

是年，长沙市舞蹈家协会授予朝阳艺术团“长沙地区舞蹈推进工作先进单位”称号。

是年，浏阳市舞蹈家协会授予朝阳艺术团“重阳晚会”为“十佳艺术活动”。

是年，朝阳艺术团《秋天的故事》获长沙市百姓大舞台浏阳赛区第一名。

是年，朝阳艺术团42人参加纪念文家市秋收起义歌舞演出和浏阳市《乡村故事》演出，和大兵艺术团的艺术家同台演出，得到大兵和周卫星夸奖。

2017年

3月8日，中共江西省新余市委组织部到朝阳社区考察在职党员进社区工作。

5月1日，域内事业机关开始实施“朝九晚五”错时上班制度。

8月3日，据媒体报道，域内浏阳市义工联合会会长罗加辉，8年内开展500多场大型公益活动，带动80万人次做公益，服务群众50万人次，个人志愿服务时间累计超过7000小时。

9月1日，辖内全面实施个体工商户的营业执照、税务登记证、统计证“三证合一”登记制度。

10月16日，浏阳市举行纪念黄彰任诞辰100周年座谈会。

11月23日，中共长沙市纪律检查委员会到朝阳社区检查“廉政文化进社区”工作。

是年，淮川税收管理服务中心被长沙市文明办授予“长沙市青年文明号”称号。

是年，人民路小学获评“长沙市基础教育网络联校主校”“湖南省全民健康生活方式示范学校”称号。

是年，朝阳艺术团选送的情景剧《向日葵女孩》参加全国社区教育展演，被授予《十佳节目提名奖》。

基本地情

“寻幽乐静游春寺，曲径疏云掩绿苔。依槛野花迎客笑，隔江渔唱逐风来。”明朝诗人路云衢《春游兜率寺》，见证了梅花小区悠久历史和当年风貌。

作为古城中心的梅花小区，姓氏来源广泛，风光胜迹颇多。本章对小区的位置界域、名称由来、建置沿革、姓氏人口、古迹追踪逐一介绍。

位置界域

梅花小区位于浏阳市淮川街道朝阳社区西北。

梅花小区界域有1996年旧城改造时界定范围（即人们习惯称呼的位置界域）和行政界定范围二种情况。

旧城改造时界定的主体结构由原梅花巷、胡家巷组成。西起北正南路，东至劳动南路，南临人民东路，北挨圭斋东路。包括现在行政界定的梅花小区（组）和朝阳小区（组），又称梅花（组）网格和朝阳（组）网格。

行政界定的梅花小区（组、网格）指A、B、C、D、E、F六栋居民楼，以梅花一街111号（刘氏香卤）到梅花二街街心花园，梅花三街42号（鞋酷部落）到圭斋园，梅花二弄1号对面（申通快递）到梅花二弄8号对面（浏河聚湘特产坊），梅花三弄20号（大围山特产）到梅花三弄2号（华强土特产）回到刘氏香卤。

本志采用的是人们习惯称呼的位置界域。

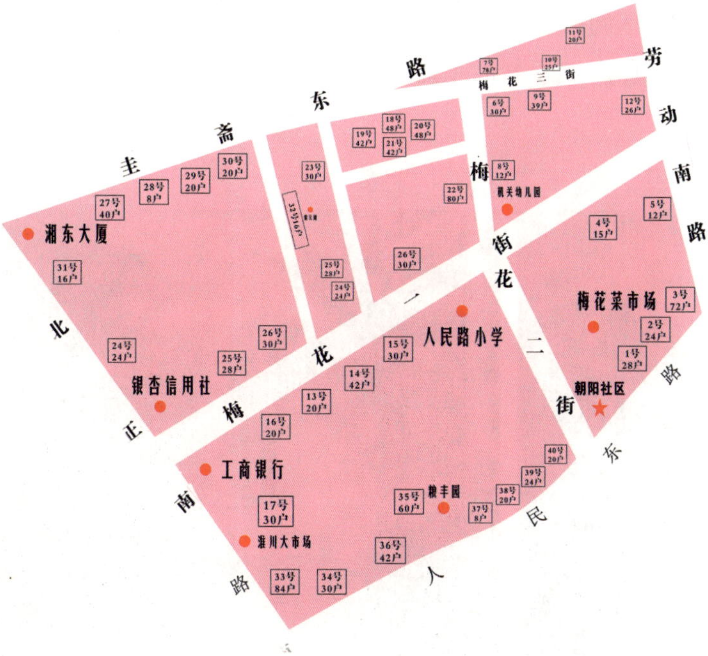

梅花小区位置界域图（根据2017年资料整理）

名称由来

明、清县志图载，梅花小区范围内有一条南起粮仓街，北至圭斋路，全长206米的街巷。巷道为青石板铺垫。巷内建有谭家大屋、黎家大屋、宋家大屋、贺家大屋等，均系祠宇式砖木结构，青砖砌的墙体，屋里面都是用樟木雕刻的花板。房屋槽门约20厘米，几进大厅，看上去富丽堂皇。其中黎家大屋内有个“梅花碧境”，四周有5米高的围墙，种有“爬山虎”成为绿色墙体，有假山，水池中养有金鱼，种有葡萄，坐在葡萄棚下面歇凉，极为凉爽。宋家大屋里种有多个品种梅花，芳香溢满整个街巷，很有名气。因此取名梅花巷。

与梅花巷相连的还有很多小巷子，在古代，这些小巷子里青楼盛极一时。每到夜晚，大红灯笼高高挂起，巷子里灯火通明，迎客接客的妓女成群结队。这些青楼的女子也不全是从事色情服务的，一部分青楼女子色艺俱佳，琴棋书画无所不会，主要从事的是陪男人消遣娱乐，服务的都是高层次的、懂艺术的、有才情的士绅，收费较高，一般的男人根本不敢进去。

后来，浏阳城区的居民们，习惯将包括胡家巷在内的地域，都叫作梅花小区。20世纪90年代旧城改造时，尊重市民习惯，便将这一地区取名梅花小区，街道叫作梅花街。

20世纪80年代的梅花巷（资料照片）

20世纪80年代的胡家巷　（资料照片）

建置沿革

明、清县志县城图中，按东西、南北两条中轴线划分，梅花小区位于老县城的东北部，占其四分之一。梅花巷从东门开始，弯曲延伸，经胡家巷挨近北门（包括胡家巷）。一直到20世纪末梅花小区的形制基本如此。

元朝时，城区称街、坊。清咸丰年间，为防御太平军，推行团练制。其制10户为一牌，若干牌为一社(境)，设社长1人，若干社为一小团，若干小团为一大团。淮川称中立大团。一直沿用到民国前期。梅花小区属中立大团。

民国前期，大团全部改为镇，小团全部改为乡，以镇辖乡，淮川称中立镇。民国14年（1925年），乡以下又设保、甲，保甲以下设闾邻。民国27年（1938年）淮川称中枢镇，设6个保。1保为东长街，2保为南城街，3保为北正街，4保为壕兴街，5保为西正街，6保为南市街。一直沿用到浏阳解放前夕。梅花小区属中枢镇1保，部分属于3保。

1949年8月1日，浏阳县人民政府成立。淮川称城关区（辖原中庸乡、中孚乡、中枢镇）。1950年4月1日，城关区公所成立，将中枢镇原辖的6个保改为6个居委会（按全县统一建制居委会与乡平级）。1954年，全县改为21个区，区名由序数改为驻地名称，城关镇与一区合并，改称集里区。1958年，城关镇与城郊区合并建立东方红人民公社，城关镇划为城关、商业两个大队。商业大队管理城关商业，城关大队管理正东街、太平街、朝阳街、西正街、北正街5个居委会和城东、城西、南市3个村。1969年，太平街、朝阳街合并为中心街居委会。1993年，浏阳撤县设市，同年撤销城关镇，设立淮川办事处，1995年更名浏阳市淮川街道办事处。2002年12月成立朝阳社区居委会，位于小区范围内人民东路93～95号。社区按居民居住情况划分为10个网格进行管理。虽然街道有所变化，分分合合，梅花小区归属朝阳居委会总体没有变化。梅花小区包括梅花巷、胡家巷、朝阳街、中心街、太平街及圭斋路和达峰路部分。自此，梅花小区的建置基本形成，并沿用至今。

姓氏人口

姓氏源流

姓　氏　据清光绪《浏阳乡土志》及有关资料追溯，全县姓氏迁入有时间可查的175支，其朝代和数量是：三国1支、唐1支、五代5支、宋16支、元21支、明71支、清60支；有原籍可考的154支：江西80支、广东36支、福建3支、浙江2支、河南2支、四川2支、云南1支、广西1支、湖北1支、江苏1支、省内各县市24支，世居1支。这些姓氏，其中谭、黎、贺、刘、邓、汤、易、吴、李等姓氏从外地直接迁入域内，其他姓氏都是从全县东、南、西、北各地陆续迁入域内的。

表1　　2017年梅花小区各姓氏户数统计表

姓	户	姓	户	姓	户	姓	户	姓	户	姓	户	姓	户
李	45	黎	6	吴	14	施	2	邵	1	贝	1	赖	3
陈	45	罗	27	唐	9	廖	2	暨	1	欧阳	1	余	1
黄	21	宋	7	邹	5	蒋	2	耿	1	郑	1	田	2
邓	15	徐	8	何	6	贺	3	沈	1	游	1	程	1
汤	5	王	18	谢	8	孔	1	骆	1	苏	2	蔡	1
郭	2	潘	1	朱	6	叶	2	蔺	3	汪	4	范	1
张	47	邱	9	袁	8	晏	1	娄	1	吉	1	童	1
焦	1	彭	11	许	8	屈	8	甘	1	毛	1	温	1
易	7	饶	2	孙	2	陶	8	闫	1	寻	5	严	1
尹	1	胡	14	谭	8	卢	2	夏	1	林	6	姚	1
周	29	赵	4	文	2	章	3	钟	3	金	1	连	1
任	1	柳	4	高	2	伍	1	熊	10	曹	3	左	1
涂	3	鲁	2	吕	1	丁	2	宁	1	曾	14	厉	1
刘	38	傅	1	戴	5	卜	5	姜	2	杜	1	合计	103
杨	9	聂	4	江	2	梁	2	喻	5	冯	6		

源　流　据《宋季兵事》载:“宋德祐二年（1276年），元兵破潭（潭州，今长沙），浏遭歼屠殆尽，奉诏招邻县民实其地。”民间传说：当时元兵连婴幼儿也不放过，摇窝里都要过刀，只有周、吴、潘、柴、贺五姓躲在南市街阴沟里才免遭屠杀。于是外地移民纷纷迁入。境内移民大多来自江西。特别是在境内开药铺的，全部是江西移民。明、清年代，又有来自福建、广东沿海的居民迁入浏阳东、南乡山区。其中，智商较高、积累了一定的原始资本和具有技艺特长的移民，陆续转入县城，谋求新的发展。

在旧城改造时，小区绝大部分居民迁往严家冲安置区，部分安置到城东社区。只有邱、张、王、李、郑等姓的少数居民仍住在本小区。旧城改造完成后，梅花小区迁入了浏阳境内及境外大量外来居民，其姓氏源流有所变化。

表2　　2017年梅花小区部分姓氏源流统计表

姓氏	入浏时间	原籍	入浏始祖	聚居地
易	三国吴黄武元年（222年）	吴郡东仓	万年	西湖山、古港、沙洲
徐	唐咸通年间（860—874年）	平江	托清	大洛坪、稻田里、小埠港、浅船岭
李	五代后梁开平时（907—911年）	江西丰城	迩昌	淳口、高田
袁	五代后唐同光元年（923年）	江西吉安	俊辅	周洛
陈	五代后唐同光二年（924年）		信琥	双淳
罗	宋代（960—1279年）		荣松	跃龙市
何	宋建炎二年（1128年）	河南淮宁	继甫	赤马、凤岭、李家冲、毛田、斑鸠市
王	宋建炎年间（1127—1130年）	江西	鼎山	社港、花桥
欧阳	南宋（1127—1279年）	江西吉安	安时	青龙头
刘	南宋		奇	西城
戴	南宋	江西南昌	时一	枫林洞
黄	南宋	江西洪州	朝衍	古港、赤塘
潘	南宋绍兴年间（1131—1162年）	河南	安庆	珠溪、圳上
汤	南宋（1174—1189年）		铸	城关、龚家塘
傅	南宋端平三年（1236年）	江西丰城	百川	茂田里
唐	南宋咸淳三年（1267年）	善化	亲仁	大石岭
胡	南宋咸淳五年	江西高安	福二	高坪
张	南宋德右初（1275年）	江西吉州	霖汉	南普里
周	南宋末（1279年）	江西修水	遗祥	古港育浒

续表 2-1

姓氏	入浏时间	原籍	入浏始祖	聚居地
朱	元初（1271 年）	湖州	华四	淳口
邹	元时（1271—1368 年）	江西丰城	良旦	托塘、枨冲、沙湾
黎	元代	四川绵竹	圭	豪兴街、营盘、小水、浒山
甘	元延祐年间（1314—1320 年）	江西南昌	俭	小江
沈	元延祐中	长沙	宁	龙伏
游	元至正二年（1342 年）	江西丰城	正銮	松山里
聂	元至元中	江西清江	思仁	蕉溪
饶	明嘉靖年间	长沙	添秀	金江、浒山
柳	元末（1368 年）		大全	界坊里
晏	元末		以敬	升田
涂	元末	广东镇平	守中	东门市
焦	元末	江西南昌	甫	龙伏、焦家桥
田	元末	平江	之凤	北盛、龙唐、淳口、押口
高	明初	江西	源华	炉前、枨冲
文	明初	江西	铉朗	
廖	明初	浙江金华	万一	白沙
谭	明初	江西宜春	福缘	浦梓港
赵	明初	广东		柏加山、乌龙
鲁	明初	江西高安	春旋	新湾
郭	明初	江西吉安	中和	界底
孔	明初	平江	靖安	滩头
谢	清乾隆年间	福建建宁	庶吉	荷花、牛石
彭	明初	江西		柏加山、镇头、渡头、土桥
吕	清咸丰年间（1851—1861 年）	江西丰城		城关、淳口、蕉溪
杜	清代	广东梅县	文久	中和、杜家湾
尹	明洪武二年（1369 年）	茶陵	智高	镇头、麻田、尹家湾
任	明洪武年间	江西	彦真彦良	乌龙、香宝冲、义头尖
贝	明洪武末（1398 年）	四川	万福	船仓
孙	明永乐初	江西吉州	应道	浒浙塅
邓	明宣德年间（1426—1435 年）	江西丰城	金志	城关

续表 2-2

姓氏	入浏时间	原籍	入浏始祖	聚居地
贺	明正统年间	平江	伯清	石湾
邱	明天顺年间（1457—1464 年）	江西抚州	常十	枨冲、韩家港、渡头
蒋	明末		延宣	向埠岭
余	明代	江西		文家市、石牛潭
郑	清康熙初年	广东	士成、士读	高坪、大溪
叶	清康熙年间	广东龙川	起日	中和、傅家湾
杨	清代	江西丰城	源亨	大洛、关山

人口统计

梅花小区人口统计，主要指域内梅花大组和朝阳大组 2017 年底登记在籍的常住人口，包括个别登记在籍的长年租住人口。

表 3　　2017 年梅花小区人口统计表

楼栋名称	总户数（户）	总人数（人）	总人数中	
			男（人）	女（人）
双跃组居民老一栋（梅花二弄 1 号和 2 号）	22	46	28	18
双跃组教师宿舍楼（梅花一街 53～59 号）	23	53	27	26
梅花组垃圾站站边楼（梅花二弄 1 号）	5	12	7	5
圭斋东路 82-114 号楼（梅花三街 1～9 号）	20	47	30	17
梅花三街 19～29 号私产	3	6	4	2
梅花三街 66～94 号楼（私房）	16	41	26	15
劳动南路	20	48	29	19
劳动南路 27～49 号楼	17	39	26	13
梅花一街、二街	24	68	38	30
机关幼儿园宿舍（梅花二街 68 号）	12	34	16	18
梅花二街 12～24 号楼	13	33	20	13
梅花二街菜市场边私产楼（26～42 号）	6	13	9	4
梅花二街 72 号楼	21	36	25	11
人民东路 99 号、101～107 号、109 号私产	21	55	25	30
人民东路 111 号梅花小区菜市场 4 栋	66	120	73	47

续表 3

楼栋名称	总户数（户）	总人数（人）	总人数中	
			男（人）	女（人）
人民东路 97 号社区楼上（菜市场 5 栋）	23	61	32	29
梅花三街 51 号金三角小区	73	171	98	73
梅花小区 A 栋宿舍（梅花三弄 19 号）	30	73	44	29
梅花小区 B 栋（梅花三弄 22 号）	39	101	58	43
双跃组梅花小区 C 栋（梅花二弄 15 号）	24	60	36	24
梅花小区 D 栋（梅花三弄 20 号）	47	123	76	47
双跃组梅花小区 E 栋（梅花三弄 1 号）	20	50	30	20
梅花小区 F 栋（梅花三弄 2 号）	39	98	55	43
合计	584	1388	812	576

古迹追踪

梅花小区原有谭家大屋、黎家大屋、宋家大屋、贺家大屋、唐才常故居等明清江南特色建筑；有青石板和麻石铺就的巷道。古有考棚、城隍庙、东丰仓、兜率寺等历史建筑；在兜率寺前有为南宋刘锜立的功臣坊；在梅花巷口儒学后有为元朝彭宗复立的丹桂坊；有以巷内宋家大屋院内梅花而得名的梅花巷、以巷内胡姓聚居而得名的胡家巷、沧浯巷等古街巷；考棚西云露门内有文泉井，胡家巷内有旧井。

20 世纪 50 年代的梅花巷　　（沈博爱画）

梅花巷：明嘉靖辛酉年《浏阳县志》早有记载。它南起皇仓街（又叫粮仓街，今人民路），北至圭斋路，全长 206 米，最宽处约 4 米，最窄处仅 2 米多。为石板路面。原以巷内宋家大屋种有多株名贵梅花而命名，以“梅花碧境”而令人

2017 年的梅花小区门楼　　　　（王雄文　摄）

称道。谭、黎、宋、贺名门旺族的大屋均建于该巷左右两侧，为祠宇式砖木结构，翘角飞檐墙垛高耸。青砖围墙高达 5 米，槽门厚度近 20 厘米。内分几进几厅，庭院天井花坛错落有致，气宇轩昂。后来，随着各大家族的没落，梅花巷也开始衰败，断墙残壁随处可见，到解放时已破烂不堪。

1996 年，中共浏阳市委、市政府将梅花巷与毗连的胡家巷一并拆除，兴建梅花居民小区，并在与北正路接壤的路口，建起了全城第一座仿古牌楼。时任中共浏阳市委副书记、市长欧代明，是年 8 月为新落成的梅花小区仿古牌坊题写了“梅花村”三个大字。

2002 年 10 月 7 日，梅花小区仿古牌坊进行征联，从中选出两副对联。正面一副为民营企业家、时任浏阳市天龙酒店董事长谢万坤所作并书写：

上联：四大街以前贤姓字命名，溢彩生辉，尽给小区当衬托

下联：五上将为后辈拼争垂范，成材扛鼎，都曾老巷得钟灵

背面一副为时任浏阳市楹联协会会长赵庆安所作，由时任浏阳市政协副主席宋燧文书写：

上联：暴动砸缸惟小石，伟人顺手拈来，不愧神奇红土地

下联：腾飞饮誉赖群芳，孺子随心数去，难言独特帅家乡

牌坊造型精美、气势恢宏，充溢着浓烈的文化气息。

黎家大屋：在梅花小区南（今人民东路 78 号）。黎家大屋为黎绍洲后代黎午帆

兄弟所建。是一座四进、大小 210 间的庄园式房屋。大屋正门通过红丝巷朝向浏阳河南天马山，称“白鹤守松”。正门前一对石狮栩栩如生。正门内东（右）边是一数亩大的荷塘（今人民路小学操场处），可以划船摘莲。荷塘上有亭榭，供人休息喝茶赏荷。荷塘北面为大屋。大屋一进左边是轿夫房。有五、六副轿子，雇有十五六个轿夫。二进是花台，砌成“左青龙”“右白虎”的图案。二进右边是花厅，花厅摆设着牡丹、水仙、玉兰等名花。这里是接待朝廷钦差和地方官绅的地方。二楼是跑马楼。三进也是花台，其图案为红书、宝剑。四进花台是白鹤青松图案。左边有一口圆井，深达 15 米，供全家人饮水用。三进大厅悬挂着清代书法家何绍基书写的大横匾，上书“高谈转清”四个镀金大字。在官厅，悬挂着一块清代名人送来的横匾，上书“凤宿梧桐”四个镀金大字，每间房子都有上下两层楼板，地面铺着红漆地板。整个布局和陈设，处处富丽堂皇。全屋 200 多个大立柱，每柱圆围一律二尺五寸，柱下为雕花的石座垫。大屋里有戏台、花楼。整个大屋有三层楼高。站在楼上，可以纵览整个浏阳城。1996 年，黎家大屋与毗连的梅花巷、胡家巷一带被拆除。

1990 年的梅花巷黎家大屋鸟瞰（资料照片）

1990 年的梅花巷黎家大屋内部 (黎玉英　供照)

古城墙：据清同治《浏阳县志》志载，浏阳古城城墙周围六百五十二丈，折合 2173 米，故称“城池”。其城门名称和历史简介如下：

东门，在今自来水公司大楼十字路口，原称朝东门、东善门、朝宗门，后改为朝阳门。

南门，在今北正南路西与浏阳河路交会处，原称正阳门，后改为向阳门。

西门，在今才常路与嗣同路交会处的十字路口，原称水西门、望月门，后改为迎宾门。

北门，在今北正路与圭斋路交会处的十字路口，原称朝天门、迎恩门，后改为承恩门。

三水门，红丝桥水门（今浏阳河中路健身公园东码头处）、周家巷水门（今周家巷口处）、钟鼓楼水门（今新文路南口，步行桥处）。

兜率寺：兜率是“兜率天”亦称“兜术天”的简称，为梵语音译。佛教将天分许多层，第四层叫兜率天。它的内院是弥勒菩萨的净土，外院是天上众生所居之处。兜率寺是佛教的庙宇。清雍正《浏阳县志》卷三《祠庙寺观》载：兜率寺创自晋代，初名莲花寺，宋嘉定中改今名；凡庆贺及朔望（朔望：农历每月初一和十五）宣讲圣训胥于是行礼焉。兜率寺在紫微街（今北正南路）与皇仓街（今人民东路）交会处，即今工商银行和淮川大市场。

清嘉庆《浏阳县志》艺文卷收藏明代郑序《兜率寺》、路云衢《春游兜率寺》、《夏日避暑兜率寺》和清代学者、藏书家吴翌凤《夜集兜率寺禅房听施霁峰弹琴》四首诗。从中可以领略兜率寺的辉煌。

时代的变迁，唐才常故居、考棚、城隍庙、东丰仓、兜率寺等历史建筑早已不存。城墙于民国初期被改成环城马路，分别命名为圭斋路、嗣同路、才常路、达峰路。宋家大屋、谭家大屋、黎家大屋、贺家大屋等明清江南特色建筑，青石板和麻石铺就的巷道消失在 20 世纪末 21 世纪初的旧城改造中。

为纪念元代著名的文学家和历史学家欧阳玄，梅花小区与圭斋东路交会处，浏阳一中斜对面，建设圭斋园。工程于 2002 年 12 月 10 日动工，2003 年 1 月 20 日竣工开园。占地面积 8614 平方米，绿化面积 1381 平方米，绿化率为 52.8%。动静分区，内设门球场、健身区、休闲区，部分道路铺设鹅卵石地面，并在园中央安放着欧阳玄塑像。整个公园绿树成荫，四季如春，闹中取静，充分体现了以人为本的宗旨，是市民又一健身、休闲、娱乐的好去处。

圭斋园中树的“诗词之乡”碑，是浏阳诗词学会的奖碑。浏阳市诗词学会（前身为淮川诗社）1987 年 5 月正式成立。以传承、创作、普及中华传统诗词为己任，不断壮大诗歌队伍，创作了大量诗词，在全国各类竞赛中取得优异成绩。2001 年 8 月，在全国率先开展诗词进校园活动，启动了“三年百校工程”，得到了湖南省诗词学会及中华诗词学会认可。为推介浏阳经验，2003 年 9 月 13 日至 16 日，中华诗词学会工作会议在浏阳隆重召开。会上，中华诗词学会授予浏阳市“诗词之乡”称号。9 月 16 日上午，在圭斋园举行“诗词之乡”树碑仪式。诗碑由中华诗词学会会长孙轶青亲笔题写，汉白玉制作，时为中华诗词第一碑。中共湖南省委原书记熊清泉，原省委常委、秘书长沈瑞庭，中华诗词学会会长孙轶青，省诗词学会会长赵焱森四位领导揭碑。中共浏阳市委副书记、市长赵建强，市委副书记贺国谦、梁仲，市委常委、宣传部部长吴震，中华诗词学会副会长、顾问，来自全国各省市的与会代表 140 余人参加揭碑仪式，淮川诗社负责人罗传学、宋赛云、潘信之、王巨农、刘家定等参加，共同见证了浏阳这一历史文化盛典。

2004 年的圭斋文化园　　（王 青　摄）

2003 年 9 月诗词之乡揭碑　　（王 青　摄）

地方特色

“我自横刀向天笑，去留肝胆两昆仑。”维新志士谭嗣同为戊戌变法慷慨赴义，实践了他“各国变法，无不从流血而成，今中国未闻有因变法而流血者，此国之不昌。有之，请从嗣同始”的誓言。

谭嗣同祖居梅花巷丹桂坊，后父辈分家时父亲谭继洵分得今北正路故居。维新改革勇士唐才常，出生于小区内原胡家巷的孝义里。谭嗣同、唐才常世称“浏阳二杰”。

20世纪与21世纪之交，梅花小区建成浏阳土特产品一条街，集中展销浏阳各类土特产品。梅花小区还有周记卤味、邓大嫂糖油粑粑、李氏艾粑粑、三毛炒粉、刘氏卤味、老罗记凉粉等许多特色小吃，人们一说起这些特色小吃，唾液便溢满口腔。

梅花小区自古系浏阳县城宜居宜商之地。明清以来历届《浏阳县志》图载，梅花小区占据县城古城墙内四分之一的面积，系官绅仕商集聚区。20世纪末旧城改造，破旧低矮房屋被拆除，建成设施齐全，特色门店林立的综合城市商住小区。进入21世纪，浏阳城市建设步伐加快，新城区面积不断拓展，但梅花小区作为浏阳老城区核心区和特产街区的地位没有改变。

“谭唐故里、特产街区、‘城中之城’”是梅花小区的鲜明特色。

谭唐故里

梅花小区的原梅花巷南出口，东边是谭家大屋。经过胡家巷孝义里到达北城门的周姓大屋（大夫第）。

丹桂坊、大夫第

浏阳梅花巷谭氏是明朝崇安侯谭渊之后，由福建清流宦居湖南长沙再迁浏阳。

谭渊死后，儿子谭忠被封新宁伯。从谭忠开始，其后代子孙就一直沿袭新宁伯，直到明朝灭亡。从17代新宁伯谭宗纶开始，为儿子功安、功完在长沙置业。谭宗纶去世后，功安迁居长沙，创宇舍于长沙四方坪及八角亭。

1627年，明崇祯皇帝朱由检即位。浏阳谭氏22世祖谭逢琪带着弟妹子侄从长沙迁居到浏阳的梅花巷丹桂坊（今朝阳社区居民服务楼处）。他弟弟谭琳迁至浏东七都桥头市，谭琅迁浏东七都磨盘岭，谭玓迁浏东七都五斗坝，谭茂宁之子梧，则迁浏西之南山冲。

至谭嗣同的曾祖父谭文明时，他将家迁到浏阳南乡吾田市，隐居深山。儿子谭学琴当家时，家道突然暴落。为了生计，谭学琴去县衙做一名管理簿记的小吏，靠着慢慢积攒，又将家迁回县城梅花巷丹桂坊。谭学琴因为家贫，直到40多岁才成家。清道光八年（1828年），谭学琴留下“我死勿令儿子废学”便撒手人寰，7个嗷嗷待哺的子女濒临三餐不继的窘境。此时谭继洵只有6岁，哥哥继昇放弃学业，承担起父亲的重担。给弟弟们请老师，督促他们学习。并把家迁到浏阳城北十余里“人不到、鸟不落”的天井坡。让弟弟们安心读书。

谭继洵不负父兄期望，道光二十九年（1849年）中举，咸丰九年（1859年）成进士，后来一路升至湖北巡抚兼署湖广总督。谭家在浏阳四个家族“谭、黎、宋、刘”中排名首位，成为清代浏阳第一大家庭。后分家时谭继洵分到浏阳北城处购得的周姓大屋，后来奉旨命名“大夫第官邸”，也就是现存的谭嗣同故居。

梅花巷谭家大屋到大夫第，胡家巷的孝义里正好在路旁的中间。谭嗣同出生于京城，13岁时第一次回到浏阳城北大夫第。悲观、忧郁，没有母亲在身旁的谭嗣同，这时候认识了唐才常，排解了一些孤独。以至与唐才常成为“二十年刎颈交”的道同志士。

原孝义里大门在两电杆间　　（王雄文 2017 年摄）

孝义里

宋末元初，江西庐陵唐氏迁入浏阳西乡黑沙塘（今书塘），以农为业。乾隆四十三年（1778 年），唐氏兴诗夫妇生下一子，取名唐书塘，学名雁峰。唐雁峰 15 岁考上秀才，18 岁与望族谭姓女结婚生育，考中举人。黑沙塘易名书塘冲。不久，唐雁峰父亲唐兴诗去世，自己在准备进京考进士时突患重病不治身故；随后几年，唐雁峰几个女儿先后离世。唐雁峰妻子谭氏终日哭泣唉叹。其儿唐寿田见母亲过度悲伤，决定换个环境，以解母亲忧伤。经过反复考察、斟酌，选迁到浏阳城北外茶山（今浏阳白沙路与浏阳大道交会处）。后在县城胡家巷用来拜佛祖先的“孝义礼”设馆办学，孝奉母亲，抚养孩子。县内名儒涂启先深感唐寿田的孝义，赠联：“孝闻千里，义誉四方；横匾：孝义里”。从此，浏阳城里叫唐寿田居住处办学的“孝义礼”为孝义里(今浏阳城梅花小区人民路邮局北院，大门北出胡家巷)。

同治六年四月初九（1867 年 5 月 12 日），唐寿田妻子生下一男孩，即后来与改革先驱谭嗣同刎颈之交的唐才常。

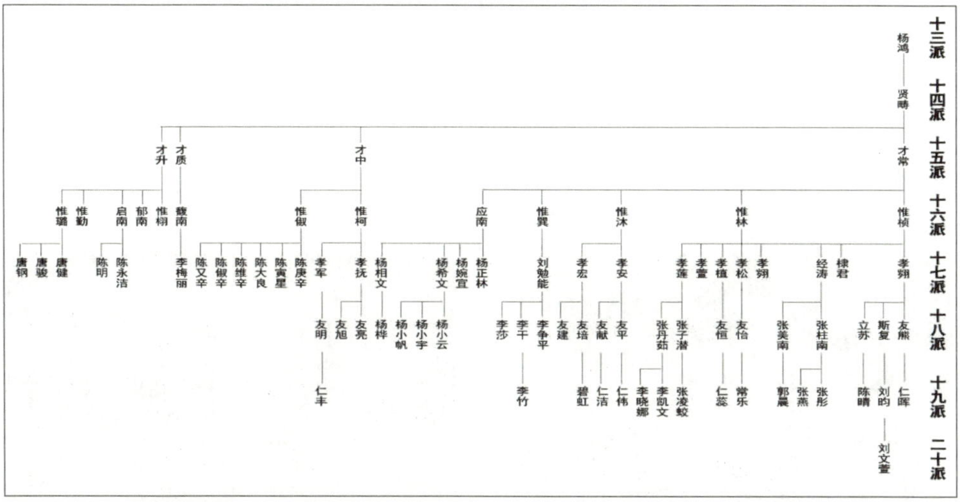

唐氏（才常）九世祖光文公发脉图　　（王雄文 2017 年摄）

特产街区

土特产品

浏阳素食菜是原梅花巷内王姓和李姓夫妇专做的“盐旱茶”。改革开放后，逐步发展成为浏阳特产“素食菜”。以其历史悠久、造型美观、品种多、质量好闻名。曾任中国人民政治协商会议第五届全国委员会副主席的王首道品尝后，曾题词：“南北风味，回味无穷。”

梅花小区特产街俯瞰　　（彭红霞 2011 年摄）

浏阳茴饼与浏阳花炮、浏阳夏布、浏阳菊花石、浏阳豆豉一起构成浏阳五大土特产。

浏阳素食菜、浏阳茴饼、浏阳豆豉，是从梅花小区走出去的浏阳特产。20 世纪与 21 世纪之交，通过浏阳食品厂的再造使其产业化。后又整合浏阳各地各类特产，在小区内梅花三弄建成浏阳特产一条街。2017 年有土特产品店铺近 30 家，销售来自浏阳广大农（山）村特产及各食品厂家产品。按种类分干货商品 196 种、饮料商品 13 种；按包装分有袋装食品 125 种、罐装食品 64 种、盒装食品 8 种、散装食品 12 种。共计 209 种。

顾客选购土特产

酒类特产

瓶装类土特产

各类特产

梅花三弄土特产街

（本页 5 幅图片为王雄文 2017 年摄）

表 4　2017 年梅花小区特产街特产商店一览表

地段	门店号	店名	项目	地段	门店号	店名	项目
梅花三弄	1	大围山特产	特产	梅花三弄	15	浏河聚湘	特产
梅花三弄	2	华强土特产	特产	梅花三弄	16	老味道	土特产
梅花三弄	3	蜜蜂哥哥	蜂蜜	梅花三弄	17	桥头排骨	特产
梅花三弄	4	锦寿堂蜂业	蜂蜜	梅花三弄	18	毛哥土特产	土特产
梅花三弄	5	廖妈店	特产	梅花三弄	19	兴家土特产	土特产
梅花三弄	6/8	蜜蜂哥哥	蜂蜜	梅花三弄	20	景寿堂	土特产
梅花三弄	7	金琦丽	食品	梅花三弄	28	芝九草堂	客家药膏
梅花三弄	9	微雅达	食品	梅花三弄	30	历来香卤味	特产
梅花三弄	10	福文油饼	土特产	梅花三弄	40	汪氏蜜蜂园	蜂蜜
梅花三弄	11/13	万强土特产	特产	梅花二弄	8	山里妹	特产
梅花三弄	12	大围山腊味	土特产	梅花二弄	9	小河山茶油	特产
梅花三弄	14	德胜斋	土特产	梅花一街	53	正华浏阳特产	特产

表 5　2017 年梅花小区特产街特产商品一览表

序号	商品规格、名称	类别	包装	序号	商品规格、名称	类别	包装
1	450 克野菊花	食干	袋装	16	300 克柴火腊鱼	食干	袋装
2	450 克老式割蜜	食饮	罐装	17	300 克手撕火焙鱼	食干	袋装
3	450 克枇杷蜜	食饮	罐装	18	120 克羊肉串	食干	袋装
4	450 克山桂花	食饮	罐装	19	138 克香辣牛肉	食干	袋装
5	450 克土蜂蜜	食饮	罐装	20	138 克香辣羊肉	食干	袋装
6	1000 克野菊花	食干	袋装	21	100 克野生菇	食干	袋装
7	1000 克老式割蜜	食饮	罐装	22	100 克茶树菇	食干	袋装
8	1000 克枇杷蜜	食饮	罐装	23	400 克饭豆	食干	袋装
9	1000 克山桂花	食饮	罐装	24	100 克木耳	食干	袋装
10	1000 克土蜂蜜	食饮	罐装	25	100 克真姬菇	食干	袋装
11	2000 克野菊花	食干	袋装	26	400 克花豆	食干	袋装
12	2000 克老式割蜜	食饮	罐装	27	100 克白辣椒	食干	袋装
13	2000 克枇杷蜜	食饮	罐装	28	100 克盐菜干	食干	袋装
14	2000 克山桂花	食饮	罐装	29	120 克豆角干	食干	袋装
15	2000 克土蜂蜜	食饮	罐装	30	150 克刀豆干	食干	袋装

续表 5-1

序号	商品规格、名称	类别	包装	序号	商品规格、名称	类别	包装
31	特级绿茶 200 克	食干	罐装	61	150 克火焙鱼	食干	袋装
32	一级绿茶 200 克	食干	罐装	62	250 克特级烟笋	食干	袋装
33	一级银峰 125 克	食干	罐装	63	250 克特级明笋	食干	袋装
34	特级银峰 100 克	食干	罐装	64	100 克松茸	食干	袋装
35	精品银峰 100 克	食干	罐装	65	100 克茶树菇	食干	袋装
36	茶油剁辣椒 500 克	食干	罐装	66	120 克野生菌	食干	袋装
37	茶油豆豉辣椒 500 克	食干	罐装	67	200 克豆角干	食干	袋装
38	茶油青椒 500 克	食干	罐装	68	200 克盐菜干	食干	袋装
39	老坛酸菜 218 克	食干	罐装	69	500 克白云豆	食干	袋装
40	茶油腊八豆 500 克	食干	罐装	70	80 克灰树菇	食干	袋装
41	茶油刀豆辣椒 458 克	食干	罐装	71	100 克小笋干	食干	袋装
42	茶油萝卜酸菜 458 克	食干	罐装	72	120 克明笋丝	食干	袋装
43	老坛红薯叶酸菜 258 克	食干	罐装	73	400 克金花豆	食干	袋装
44	茶油萝卜丁 258 克	食干	罐装	74	50 克竹荪	食干	袋装
45	茶油剁辣椒 258 克	食干	罐装	75	200 克盐菜干	食干	袋装
46	老一品香姜丝豆豉	食干	罐装	76	100 克真姬菇	食干	袋装
47	老一品香蒜茸	食干	罐装	77	100 克虫草花	食干	袋装
48	360 克老一品香盒装豆豉	食干	盒装	78	500 克特级明笋	食干	袋装
49	200 克老一品香窠心豆豉	食干	盒装	79	500 克桂圆王	食干	袋装
50	500g 柴火腊肉	食干	袋装	80	500 克荔枝王	食干	袋装
51	300g 柴火腊肉	食干	袋装	81	500 克墨鱼干	食干	袋装
52	200g 柴火腊肠	食干	袋装	82	500 克新疆和田骏枣	食干	袋装
53	500g 柴腊牛肉	食干	袋装	83	260 克木瓜	食干	袋装
54	280g 猕猴桃	食干	袋装	84	帅哥豆豉 1000 克	食干	袋装
55	380g 酱果	食干	袋装	85	帅哥豆豉 230 克	食干	袋装
56	280 克苦瓜	食干	袋装	86	白沙廖妈霉豆腐 280 克	食干	罐装
57	260 克茄皮	食干	袋装	87	白沙廖妈霉豆腐 520 克	食干	罐装
58	380 克冰醋姜	食干	罐装	88	白沙廖妈霉豆腐 1000 克	食干	罐装
59	380 克金桔	食干	袋装	89	灯芯糕	食干	袋装
60	380 克杨梅	食干	袋装	90	南瓜酥	食干	袋装

续表 5-2

序号	商品规格、名称	类别	包装	序号	商品规格、名称	类别	包装
91	380 克野山果	食干	袋装	121	芝麻爆米糖	食干	袋装
92	十种口味	食干	罐装	122	芝麻冻米糕	食干	袋装
93	100 克酸辣刀豆	食干	罐装	123	芝麻炒米糕	食干	袋装
94	100 克紫苏苦瓜	食干	袋装	124	芝麻炒米坨	食干	袋装
95	100 克八宝菜	食干	袋装	125	纯芝麻糖	食干	袋装
96	100 克酸辣茄皮	食干	袋装	126	麻枣	食干	袋装
97	80 克马齿苋	食干	袋装	127	368 克黑芝麻糕	食干	袋装
98	120 克紫苏杨梅姜	食干	袋装	128	368 克白芝麻糕	食干	袋装
99	450 克原味酱果	食干	罐装	129	炒米坨	食干	袋装
100	450 克野生酱果	食干	罐装	130	雪枣	食干	袋装
101	115 克坛子泡姜	食干	罐装	131	350 克天马山盒装豆豉	食干	盒装
102	400 克四月梅	食干	袋装	132	150 克天马山盒装豆豉	食干	盒装
103	380 克酱果饼	食干	袋装	133	350 克太平桥盒装豆豉	食干	盒装
104	380 克紫苏杨梅	食干	袋装	134	500 克太平桥盒装豆豉	食干	盒装
105	380 克酱果	食干	袋装	135	长沙臭豆腐 120 克	食干	罐装
106	368 克李子	食干	袋装	136	长沙臭豆腐 500 克	食干	罐装
107	独立包装酸枣糕	食干	袋装	137	农家一碗香 340 克	食干	罐装
108	105 克一品姜	食干	罐装	138	秘制野山椒 340 克	食干	罐装
109	220 克金梅姜	食干	罐装	139	野山椒鱼仔 340 克	食干	罐装
110	200 克冰醋姜	食干	罐装	140	蜂蜜茴饼 400 克	食干	盒装
111	240 克紫苏杨梅	食干	罐装	141	蜂蜜油饼 400 克	食干	袋装
112	228 克开口梅	食干	罐装	142	蜂蜜茶油饼 300 克	食干	袋装
113	220 克盐津长葡萄	食干	罐装	143	酥饺	食干	盒装
114	150 克金梅姜丝	食干	罐装	144	螺口酥	食干	盒装
115	228 克千年酱果	食干	袋装	145	精装茴饼	食干	盒装
116	独立包装酱香芒果	食干	袋装	146	精装油饼	食干	盒装
117	独立包装豆干	食干	袋装	147	味鲜原老坛酸菜	食干	罐装
118	独立包装青豆	食干	袋装	148	700 克二合一炒米	食干	袋装
119	独立包装多元素炒米	食干	袋装	149	赤马湖霉豆腐 1000 克	食干	罐装
120	胡美华萝卜剁辣椒	食干	罐装	150	赤马湖霉豆腐 1000 克	食干	罐装

续表 5-3

序号	商品规格、名称	类别	包装	序号	商品规格、名称	类别	包装
151	帅哥豆豉 520 克	食干	袋装	180	赤马湖霉豆腐 260 克	食干	罐装
152	赤马湖无油霉豆腐 580 克	食干	罐装	181	500 克常德酱板鸭	食干	袋装
153	赤马湖霉豆腐 680 克	食干	罐装	182	400 克长寿鸡汁酱干	食干	袋装
154	赤马湖香辣霉豆腐 260 克	食干	罐装	183	300 克长寿鸡汁酱干	食干	袋装
155	老太平桥豆豉 450 克	食干	袋装	184	220 克浏阳河一级绿茶	食干	袋装
156	石磨豆干	食干	袋装	185	318 克乡里香炒米甜味	食干	袋装
157	228g 酸辣茄皮	食干	袋装	186	318 克乡里香炒米咸味	食干	袋装
158	228 克菜芥	食干	袋装	187	500 克柴火腊肉	食干	袋装
159	458 克野生酱果	食干	罐装	188	300 克柴火腊肉	食干	袋装
160	228 克冰醋姜	食干	罐装	189	200 克柴火腊肠	食干	袋装
161	228 克白辣椒	食干	罐装	190	500 克柴火腊牛肉	食干	袋装
162	散装苦瓜皮	食干	散装	191	300 克柴火腊鱼	食干	袋装
163	辣味酸枣粒	食干	散装	192	300 克手撕火焙鱼	食干	袋装
164	白麻糖	食干	散装	193	548 克浏阳茴饼	食干	袋装
165	黑麻糖	食干	散装	194	260 克子苏木瓜	食干	袋装
166	炒米糕	食干	散装	195	380 克蜂蜜酱果	食干	袋装
167	花　生	食干	散装	196	200 克淳峰毛尖一级	食干	罐装
168	炒　米	食干	散装	197	208 克猫耳酥	食干	盒装
169	建湘炒米 318 克	食干	散装	198	228 克开胃十样锦	食干	罐装
170	巧嘴娃手撕麻辣豆腐	食干	袋装	199	238 克冰糖苦瓜	食干	罐装
171	巧嘴娃手撕香辣豆腐	食干	袋装	200	380 克秘制金桔	食干	罐装
172	巧嘴娃手撕酱香豆腐	食干	袋装	201	500 克土蜂蜜	食干	罐装
173	彭记酱干（香辣味）	食干	袋装	202	256 克老一品香豆豉姜	食干	袋装
174	劲道豆干（麻辣鸡汁味）	食干	袋装	203	256 克老一品香豆豉蒜	食干	袋装
175	文市蜂蜜茶油饼 300 克	食干	袋装	204	360 克老一品香豆豉	食干	袋装
176	500 克桂圆王	食干	袋装	205	500 克辣妈长沙臭豆腐	食干	罐装
177	500 克荔枝王	食干	袋装	206	228 克辣妈长沙臭豆腐	食干	罐装
178	350 克墨鱼干	食干	袋装	207	120 克辣妈长沙臭豆腐	食干	罐装
179	228 克香菇	食干	袋装				

特色小吃

梅花小区还是浏阳特色风味小吃的集聚区。有始创于明初，传承32代的刘氏香卤；有总部在长沙的“黑色经典”臭豆腐浏阳加盟店；还有在浏阳开设多家分店的老罗记凉粉等等。小区中的特色小吃刘氏卤味，登载于2010年10月21日《人民日报·海外版》第8版。

梅花二街60号贵哥卤肉卷(一)（王雄文2017年摄）

梅花二街60号贵哥卤肉卷(二)(王雄文2017年摄)

梅花二街74号唐唐酸奶屋酸奶（王雄文2017年摄）

梅花二街74号唐唐酸奶屋　　（王雄文2017年摄）

梅花一街 111 号刘氏香卤 （王雄文 2017 年摄）

今梅花小区西南角的邓大嫂糖油粑粑
（王雄文 2017 年摄）

梅花二街 13—15 号老罗记凉粉 （王雄文 2017 年摄）

表 6　　2017 年梅花小区特色小吃调查登记表（一）

店铺名称	产品名称	特色简介	经营地点	存续情况	备注
周记卤味	卤猪脚、卤豆腐、卤鸡爪、卤牛肉、卤鸭脖等十多个品种	色泽黑亮，麻辣适度，清香可口，回味悠长，常吃不腻	圭斋路与劳动路交会处圭斋东路 126 号	经营 20 余年	周氏退休后，徒弟们分散多地经营
李氏艾粑粑	艾粑粑	清香扑鼻，软硬适度，糯而不黏，香甜可口，补脾益肾，祛风驱邪	（原梅花小区摆摊）	今迁往人民东路	
邓大嫂糖油粑粑	糖油粑粑	色泽金黄，软而不烂，甜而不腻，余味悠长	（原梅花小区摆摊）	祖传手艺，本代已经经营 28 年	今梅花小区西南北正南路 2 号
刘氏香卤	刘氏香卤系列	配料精致，味香而浓，活血去寒，食不上火，回味悠长，久吃不厌	梅花一街 111 号	始创于明初，传今 32 代	始为朱元璋所用食品，后独家传承
黑色经典	长沙臭豆腐	祖传秘方精制，色、香、味俱佳，外酥香脆，内嫩如乳，清香可口，奇特诱人，亦臭亦香，品味极佳	梅花二街 58 号	长沙臭鸿翔公司独家产品加盟	总部在长沙
老罗记凉粉	老罗记凉粉系列	选用高山凉粉果实，经过搓揉搅拌、点卤、冷藏等多道工序，纯手工古法工艺、山泉水秘制而成，再加入中药汁、桂花糖等，瞬间晶莹剔透，Q 弹爽口	梅花二街 13~15 号	已经营 20 余年	浏阳大润发、天马路、长兴湖多家分店
	老罗记油炸鸡脯系列	色泽嫩黄，麻辣适度，耐咀嚼，易消化，口感好，满口留香，余味久长			

续表 6

店铺名称	产品名称	特色简介	经营地点	存续情况	备注
贵哥卤肉卷	卤肉卷	健康美味，营养方便。闻之喷香扑鼻，尝之奇香满口，回味余香绕舌；一口下去，酸、甜、咸、香、辣尽在其中，酣畅淋漓	梅花二街60号	2010年开始已经营8年	纯手工制作，现卤现卖
唐唐酸奶屋	手工酸奶	纯手工制作，纯天然牛奶、乳酸菌发酵，无任何添加剂；不结皮，口感细腻、酸甜适中	梅花二街74号	2010年开始已经营8年	天然绿色保健食品
	天津煎饼果子	果薄如纸，食用方便，纯粮制作，富含纤维，易于消化吸收；无添加防腐剂；可生津健胃，促进食欲，还能带动面部神经运动，保持视觉、听觉和嗅觉神经的敏锐性，有延缓衰老作用			
新德哥美食	德哥鱿鱼、鱿鱼嘴巴、无懈可鸡大鸡排等	德哥鱿鱼秘制腌料、秘制辣椒酱，将近十年的浏阳小吃品牌	梅花二街74号	浏阳老字号，经营近10年	
聂记三毛炒粉	三毛炒粉	完美融合民俗特色小吃，精心研制的炒粉；快捷、营养、美味；都市快餐餐饮消费潮流产品	梅花三街52号	2004年开始已经营13年	以品牌餐饭连锁运营的核心企业

表 7　　2017 年梅花小区特色小吃调查登记表(二)

店铺名称	产品名称	经营地点
顺玲砂锅米线	正宗桂林米线、特色牛肉粉	梅花一街 107 号
卤西西	潮流炸卤小吃	梅花一街 109 号
就是想吃歪卖先生	烤肉、鸡排、鸡翅包饭、烤猪蹄、各类便当等	梅花二街 17 号
网红烤鸭肠	章鱼小丸子，招牌鸭肠、小鲜肉、脆骨等	梅花二街 19 号
田园烤鸡	烤鸡	梅花二街 22 号
波比艾斯	手工　现烤华夫、冰淇淋	梅花二街 56 号
玉米水晶饺子	纯手工现包现卖玉米水晶饺子、绿豆冰沙	梅花二街 58 号
多乐	烤翅、炸鸡腿、面包，果汁等	梅花二街 62 号
小杨锅贴	锅贴、烧饼等	梅花二街 64 号
章鱼小丸子	章鱼小丸子	梅花二街 70 号
黑蜜咖啡	招牌手工水果芋圆、百香柠檬凤爪等	梅花二街 76 号
书亦烧仙草	草莓啵啵益菌多、草莓啵啵橙橙等	梅花三街 26 号
广隆蛋挞王	艺士蛋糕、榴莲酥、老婆饼、小萄式蛋挞等	梅花三街 28 号
茶千岁	鸭肠、鱿鱼、羊肉、牛肉、薯塔等小串	梅花三街 30 号
谭小熊谢小旺私房甜品专家	牛排系列、三明治系列、擂饭系列	梅花三街 36 号
豆花妈妈	台湾手抓饼等	梅花三街 38 号
冏多多易拉罐茶油炒饭	鲜香辣椒炒肉炒粉、热情迷你腊肠炒饭等	梅花三街 37~39 号
马家姊妹手工面皮	花甲、酸辣、肥牛、基尾虾粉，秘制凉皮等	梅花三街 56 号
文文麻辣烫	益阳麻辣烫	梅花三街 60 号
老李卤味	早餐、烧烤、龙虾等	梅花三街 78 号
虾胡闹	一日三餐	梅花三街 96 号
历来香卤味铺	客家甜品、药物凉茶、正宗秘制龟苓膏等	梅花三弄 30 号

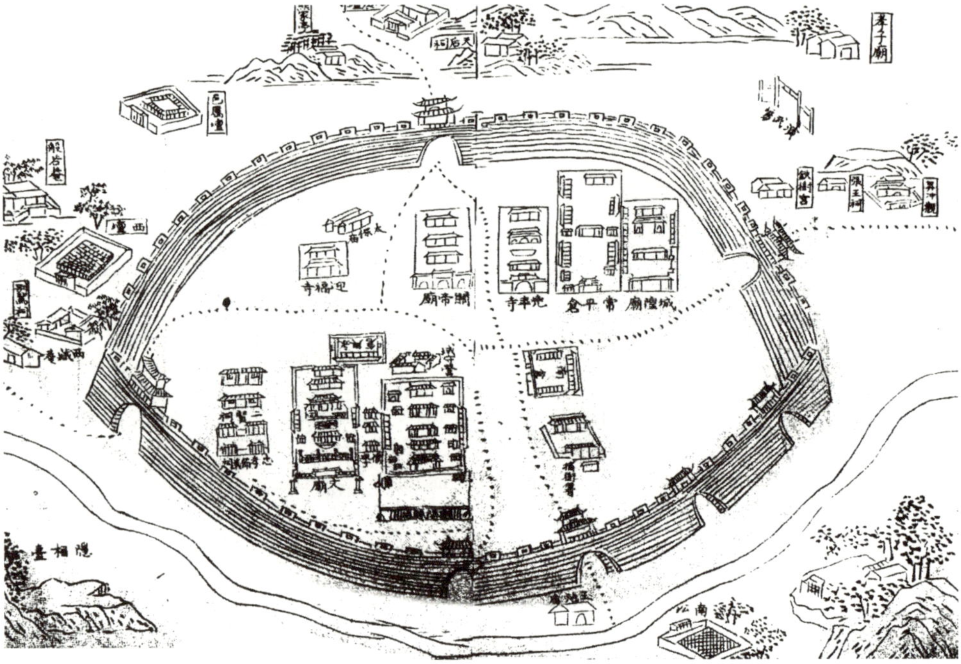

《清雍正浏阳县志·淮川古城图》中从北门到东门的梅花小区 (王雄文 2017 年制)

“城中之城”

《清嘉庆浏阳县志·浏阳城区图》从北门到东门，梅花小区占据了城墙内古城区的四分之一强。到民国时期，从北至东，已经建有拱北街、磨石街、城东街、红丝桥、朝阳街、达峰路等街道；域内有储备粮食的常平仓、慈善堂、育婴堂等等；有诸多药店、商店、各类加工门店，附近有周家码头、红丝桥码头；宗教方面有关圣殿、兜率寺、城隍庙；梅花巷里谭家大屋、黎家大屋、宋家大屋、贺家大屋、刘家大屋等富丽堂皇的民居是比较富裕的人家，胡家巷里相对低矮简陋的棚房居住着众多普通劳动者；小区西面的北街出城后经过熊家亭连通长沙、平江、湖北，南面的朝阳街经洗药桥东往本县东乡、省外江西。

中华人民共和国成立后，梅花小区大户人家房屋分给了城市里许多没有住房的人，其中黎家大屋 200 多间房屋，共住进居民 61 户。至 1994 年，总人口达 274 人，其规模之大，在县城独一无二。到 20 世纪中后期，梅花小区范围内分布着医疗、学校、食品、南杂、剧院等数十家店铺和政府部门、银行、邮政、粮食等数十家单位；

有住户 800 多户，商铺 200 多家。成为浏阳城区的核心区域。

世纪之交，浏阳城市提质改造工程启动。最初选址时定了黄泥湾路、豪兴街和梅花小区三个小区。有关部门经过多番走访、对比和调研后，最终因梅花小区得天独厚的中心位置而入选。

针对当年梅花小区的梅花巷、胡家巷一片，街道狭窄弯曲，消防通道不畅，几百人共用一个公共厕所，住房大都低矮潮湿等问题，市委、市政府提出“提升老街区、培育新街区、打造名街区”的总体思路，以提升商贸辐射能力进行提质改造，大力发展特色街区。梅花小区改为二横一纵的格局。其一横为梅花小区路，即北正南路往东至劳动南路，西入口处建有“梅花村”牌楼；二横为圭斋园至劳动南路口的径二路。其一纵是人民路至圭斋东路口的小区径一路；与其平行又分立了梅花一弄（街）、梅花二弄（街）、梅花三弄（街）。

提质改造后的梅花小区，成为浏阳高档服饰的集中区，梦特娇、罗蒙等各类品牌服装齐聚于此；以梅花三弄为中心，建成浏阳特产销售区，同时建有浏阳特产销售网；各类特色小吃店，宾馆饭店、美容美发、休闲娱乐应有尽有。小区成为一个功能齐全、设施配套、交通顺畅、环境优美的老城区商住中心。2002 年 7 月10 日时任湖南省委书记杨正午视察浏阳城市建设，见到提质后的梅花小区，土木结构的草房、瓦房、平房基本绝迹，居民家家住上宽敞、明亮、装饰豪华的钢混楼房；道路通畅、卫生清洁、功能齐全、商贸繁荣，赞小区为“城中之城”。

20 世纪 70 年代中期的浏阳县城　　（摄影：李锦荣）

21 世纪后，浏阳城市建设快速发展。小区东北角的香山国际、创意财富新世界，东面的名河鑫都，西南面的九方北正西等高楼雨后春笋般涌现，一大批新型商贸业态进驻这些大型楼盘。但梅花小区仍然是浏阳城区内，品味特色小吃和选购土特产品的首选地。

梅花小区在今日城市中的位置　　　　（王雄文　制）

上了岁数的人，无论仍然住在浏阳的还是远走他方的游子，说起浏阳城市，大家总是先想到梅花小区。走在小区内干净整洁的街道上，品尝特色风味小吃，总会想起当年那高大的房舍、逼仄的小巷、纯朴的民风，言语间总有说不尽道不完的情丝……

2017 年梅花小区（中间三栋高楼前）在城市中的位置　　　（王雄文　摄）

社会百业

朝阳社区是“全国科普示范社区”“全国妇联基层建设示范社区”“全省社区建设示范社区”“湖南省健康社区”“省充分就业星级社区”“湖南省创新创业带动就业示范社区”。

梅花小区共产党员用平凡故事书写人生，充分发挥了先锋模范作用；学雷锋志愿者遍布小区每栋居民楼。朝阳艺术团已经成为全国小有名气的民间艺术团体。

本章主要对位于梅花小区的党群组织、部分共产党员的优秀事迹，以及驻地机构、商贸经营、自治管理、基础设施等进行介绍。

党群组织

朝阳社区居委会

朝阳社区居委会于2002年12月16日成立，是浏阳市第一个社区居委会。社区范围东起圭斋东路金都大厦小区，西临新文路与人民中路路口，南至浏阳河中路步行桥，北抵圭斋东路湘东比一比超市，总面积0.9平方千米，房屋115栋，248个单元，常住居民户3118户，常住人口8505人，流动人员4750人，社区按居民居住情况划分为10个网格进行管理。社区党总支下设5个支部，共有在册党员268名。

2009年6月联合国人口基金会代表薄纳德先生到朝阳社区视察工作

（资料照片）

社区服务中心位于浏阳市人民东路93～95号。服务大厅里设有党群事务、政策咨询、人民调解、计生服务、用工信息等服务平台，对居民进行一站式服务。设有未成年人活动室、离退休干部服务中心、助残服务联系站、党员服务站、群众工作站、图书阅览室、计生服务室、雷锋超市等一系列服务设施。

人民东路朝阳社区居委会公共服务中心

（王雄文2017年摄）

社区坚持“以人为本，服务于民”的工作宗旨，实现“和谐社区”的工作目标，先后被评为“全国科普示范社区”“全国妇联基层建设示范社区”“全省社区建设示范社区”“湖南省健康社区”“省充分就业星级社区”“湖南省创新创业带动就业示范社区”“长沙市两型示范社区”“长沙市和谐示范社区”“长沙市残疾人工作五星级社区”“长沙市先进基层党组织”“长沙市党员服务中心示范社区”“长沙市创新型社区”“长沙市食品安全示范社区”“长沙市示范性基层团组织”等。

表 8　1958 年—2017 年中共朝阳社区(含原太平街)党(总)支部正副书记名录

支部名称	职　务	姓　名	任职时间	说明
居民一支部	书　记	陆学兴	1958 年 1 月至 1958 年 11 月	
	书　记	兰淑梅	1958 年至 1960 年	包括朝阳、正东、太平街
中心区支部	书　记	兰淑梅	1960 年至 1962 年	
朝阳街党支部	书　记	兰淑梅	1962 年至 1963 年	中心区支部分改为朝阳、太平两个支部
太平街党支部	书　记	黎银秋	1962 年至 1963 年	
朝阳街党支部	书　记	彭福兰	1963 年至 1969 年 1 月	
太平街党支部	书　记	袁菊华	1963 年至 1979 年 1 月	
中心街党支部	书　记	彭福兰	1969 年 2 月至 1976 年 1 月	1969 年朝阳与太平合并为中心街
	书　记	李玉兰	1976 年 2 月至 1979 年 7 月	
	书　记	彭福兰	1979 年 8 月至 1982 年	
朝阳街党支部	书　记	李玉兰	1983 年至 1996 年 12 月	1983 年中心划为朝阳、太平两个街
太平街党支部	书　记	彭福兰	1983 年至 1987 年 5 月	
	书　记	梁斌泉	1987 年 5 月至 1996 年 12 月	
朝阳街党(总)支部	书　记	梁斌泉	1997 年至 2000 年 9 月	1997 年，朝阳与太平合并为朝阳街
	书　记	曾佑红	2000 年 10 月至 2001 年 9 月	
朝阳社区党(总)支部	书　记	邓章荣	2001 年 10 月至 2007 年 9 月	
	副书记	刘秀莲	2001 年 10 月至 2011 年 1 月	
	书　记	胡燕群	2007 年 10 月至 2016 年 2 月	
	副书记	林　宇	2011 年 2 月至 2013 年 3 月	
	副书记	刘榴（兼）	2013 年 4 月至 2016 年 2 月	
	书　记	刘　榴	2016 年 3 月至 2017 年 12 月	
	副书记	戴素江	2016 年 3 月至 2017 年 12 月	
	副书记	李　霞	2017 年 5 月至 2017 年 12 月	

表 9　　1950 年—2017 年朝阳社区居委会主任、副主任名录

单位名称	职　务	姓　名	任职时间
朝阳街（村）居委会	主　任	胡湘屏	1950 年 4 月至 1951 年 12 月
	主　任	伍元向	1952 年 1 月至 1952 年 12 月
	副主任	周柱尊	1952 年 1 月至 1952 年 12 月
	主　任	柳海涛	1953 年 1 月至 1953 年 12 月
	副主任	张美兰	1953 年 1 月至 1953 年 12 月
	主　任	张美兰	1954 年 1 月至 1955 年 12 月
	主　任	刘庆民	1956 年 1 月至 1956 年 12 月
	主　任	赵凤兰	1957 年 1 月至 1957 年 12 月
	主　任	汪成来	1958 年 1 月至 1958 年 11 月
朝阳街居委会	主　任	蓝淑梅（兼）	1958 年 12 月至 1965 年 12 月
	主　任	彭福兰	1966 年 1 月至 1966 年 12 月
	副主任	朱细香	1966 年 1 月至 1968 年 12 月
中心街居委会	主　任	彭福兰（兼）	1967 年至 1975 年
	主　任	杨顺华	1969 年至 1971 年
	副主任	谢瑞莲	1972 年至 1982 年
	主　任	李玉兰	1976 年至 1982 年
朝阳街居委会	主　任	李玉兰	1983 年至 1996 年
	副主任	谢翠平	1983 年至 1989 年
	副主任	胡曼芝	1990 年至 2000 年 2 月
	主　任	梁斌泉	1997 年至 2000 年
	副主任	邓章荣	2000 年
	主　任	邓章荣	2001 年至 2007 年 9 月
朝阳社区居委会	副主任	刘秀莲	2000 年 10 月至 2001 年 9 月
	副主任	董文英	2005 年 3 月至 2007 年 9 月
	主　任	董文英	2007 年 10 月至 2011 年 1 月
	副主任	刘秀莲（兼）	2007 年 10 月至 2012 年 1 月
	主　任	胡燕群（兼）	2011 年 2 月至 2013 年 1 月
	副主任	刘秀莲（兼）	2011 年 2 月至 2012 年 10 月
	主　任	刘榴	2013 年 2 月至 2017 年 12 月
	副主任	XX	2012 年 11 月至 2017 年 12 月

表 10　　1950 年—2017 年朝阳社区居委会主要任职干部名录

单位名称	职务	姓　名	任职时间
朝阳街居委会	秘书	胡汉忠	1950 年 4 月至 1951 年 12 月
	秘书	刘国友	1952 年 1 月至 1952 年 12 月
	秘书	徐祥生	1953 年 1 月至 1955 年 12 月
	秘书	刘宜觉	1956 年 1 月至 1956 年 12 月
	秘书	任招生	1957 年 1 月至 1957 年 12 月
	秘书	陈秀英	1958 年 1 月至 1958 年 11 月
	秘书	曾媛珍	1958 年 12 月至 1965 年 12 月
	秘书	刘玉喜	1966 年 1 月至 1966 年 6 月
	秘书	张冬秀	1966 年 7 月至 1962 年 12 月
	秘书	刘瑞珍	1963 年 1 月至 1968 年 12 月
	委员	张秋莲、刘秀莲、彭化明	1997 年 1 月至 2000 年 2 月
	委员	张秋莲、刘秀莲、彭化明、胡曼芝	2000 年 3 月至 2000 年 9 月
	委员	周辉明、梁斌泉、邓梅生、胡曼芝、娄富开	2000 年 10 月至 2001 年 2 月
朝阳社区居委会	委员	曾佑红、周辉明、梁斌泉、邓梅生、娄富开	2001 年 10 月至 2003 年 10 月
	委员	寻庄花、许蓉兰、周辉明	2003 年 11 月至 2006 年 10 月
	委员	寻庄花、秦向辉、钟伟明、曾绍韩	2006 年 11 月至 2009 年 10 月
	委员	寻庄花、娄富开、钟伟明、曾绍韩	2009 年 11 月至 2009 年 12 月
	委员	朱志强、娄富开、钟伟明、曾绍韩	2010 年 11 月至 2012 年 10 月
	委员	娄富开、何素娟、彭东阳	2012 年 11 月至 2013 年 3 月
	委员	娄富开、何素娟、彭东阳、林宇	2013 年 4 月至 2017 年 4 月
	委员	陈丹丹、罗满生、林宇、张午生	2016 年 5 月至 2017 年 12 月

20 世纪 60 年代居民委员会全体工作人员合影
（资料照片）

梅花小区共产党员故事选录

清洁梅花菜市场：中共紫薇支部、浏阳市拆违控违大队一中队党支部党员在梅花菜市场开展活动，市场周边居民、经营户纷纷接力参与到“牛皮癣”、杂物清理工作中，并一起发放文明创建宣传资料，开展问卷调查。

志愿清洁员张伍生：67岁中共党员张伍生，2018年主动加入社区“去牛”小分队党员志愿服务队伍，承包自己所居住的金都大厦小区“牛皮癣”清除工作。在他的努力下，小区内8个单元共56层楼，约2000余处陈旧“牛皮癣”被铲除，实现小区“牛皮癣”清零。

义务清洁工黄楚森：中共党员黄楚森，曾是一位抗美援朝“老兵”，也是一位有着68年党龄的中共党员。他始终以“做党员是终生的荣耀，也是永远的责任”为座右铭，每天都喜欢出去散散步，而散步前，都会拿着扫把在小区院子以及小区前的巷子里打扫，不管寒冬酷暑，总是重复做一件事情——打扫卫生、清除垃圾，当社区的义务清洁工。黄老用坏过多少扫帚，清理了多少垃圾，手上磨起了多少老茧，他自己都记不清了。他用共产党员的承诺和初心，让小区变得干净，让老巷变得和谐。

流动党员赵芳：一名中共党员就是一面旗帜。朝阳社区瞄准流动党员的示范引领作用，“党员老乡帮老乡，党员老乡带老乡”成为朝阳社区打造共建共享社会治理格局的“好抓手”。赵芳是生活在梅花小区的流动党员中的一员。2018年8月，朝阳社区开始进行“平安家庭”创建活动，赵芳主动向社区提出申请，利用晚上时间到梅花小区挨家挨户上门发放宣传资料，发动居民积极参与创建工作，并主动承担起自己居住的小区“平安家庭”申报资料的整理和汇总工作。“作为一名党员，能用这种义务活动的方式发挥自己的价值，感觉很有意义。”在她的示范引领下，越来越多的流动人员正在变“他乡”为“故乡”，社区的“青青乐园”文明志愿服务微信群内，流动人口志愿者占比达15%，积极参与到社区义务治安巡防、邻里纠纷调解、文明监督等志愿服务活动中，“外乡人”的“主人翁意识”不断增强，越来越多流动人口投入到新家园的建设和守护中。

浏阳市朝阳艺术团

1994年，朝阳健身队在朝阳社区成立。以秧歌、腰鼓、舞蹈、太极为主要项目。2004年，改名为“朝阳艺术队”，新增歌舞、戏曲、小品、相声、合唱等表演门类。2009年，在浏阳市委宣传部、浏阳市文体局、浏阳市民政局注册登记，正式定名为朝阳艺术团。

2017年，艺术团共有团员120名，内设军乐队、民乐队、合唱队和歌舞队。拥有专业的师资队伍，其中研究生学历2名，本科学历16名，专科学历31名，国家一级演员1名，中学一级教师9名。艺术团拥有400平方米的固定专用排练厅一个，100平方米的排练厅1个，服装道具保管室、办公室各1间。演出音响设备全套，排练音响5台、电视机2台、摄像机3台、放像机2台，军乐68件、民乐42件，电脑1台，演出服装638套、演出道具1028件。该团是浏阳一支建团最早、门类最全、资产最多、阵容最大的群众文艺团体。

2017年12月止，艺术团共参加义演1695场次，每年演出近100场次。多次参加浏阳市秧歌比赛、合唱比赛、军乐比赛、文艺节目比赛，均获一等奖或金奖。曾参加省市比赛演出16次，参加全国性文艺演出7次，先后获得多项奖励，其中全国性一等奖、金奖共5次，二等奖2次。

浏阳市朝阳艺术团部分队员2017年在朝阳社区办公楼门口合影　　（冯凤英　供照）

表 11　　浏阳市朝阳艺术团 2017 年成员名册

	姓　名	性别	年龄	政治面貌	学历	工作类别
1	冯凤英	女	73	中共党员	大专	演员
2	曾维平	男	67	群众	高中	演员
3	欧阳梅	女	65	中共党员	高中	演员
4	王继书	男	69	中共党员	高中	演员
5	刘小平	女	42	中共党员	高中	演员
6	屈爱珍	女	70	群众	中专	演员
7	付　钢	男	60	中共党员	大专	演员
8	张利娥	女	50	群众	高中	演员
9	邓子其	男	61	中共党员	高中	演员
10	朱　力	男	44	群众	高中	演员
11	任永兰	女	66	中共党员	高中	演员
12	寻　坚	女	55	群众	高中	演员
13	张　凌	女	61	中共党员	大专	演员
14	刘晓林	女	69	中共党员	中专	演员
15	张明华	女	71	群众	中专	演员
16	刘建光	男	67	中共党员	大专	演员
17	汤华祥	男	64	群众	高中	演员
18	张友如	女	57	中共党员	高中	演员
19	黄其珍	女	61	群众	中专	演员
20	邱清华	女	67	群众	高中	演员
21	汤华玲	女	65	群众	高中	演员
22	黄国荣	女	66	群众	高中	演员
23	王　波	女	62	群众	高中	演员
24	孙乃宁	男	66	中共党员	大专	演员
25	罗红霞	女	64	群众	高中	演员
26	魏申连	女	61	中共党员	高中	演员
27	黄清华	女	60	中共党员	高中	演员
28	王翠华	女	72	群众	中专	演员
29	宋海云	女	63	群众	高中	演员
30	邓夏妮	女	57	群众	高中	演员

续表 11-1

	姓 名	性别	年龄	政治面貌	学历	工作类别
31	谢 媛	女	54	群众	高中	演员
32	李 红	男	57	群众	高中	演员
33	凌亚邦	男	70	中共党员	大专	演员
34	叶少良	男	64	中共党员	高中	摄影组组长
35	张伍生	男	67	中共党员	高中	办公室
36	欧阳林	女	56	群众	高中	演员
37	邹国辉	男	37	中共党员	高中	演员
38	廖优兰	女	51	群众	初中	演员
39	谢明洪	男	44	中共党员	大专	演员、文书
40	唐柱子	男	63	中共党员	中专	演员、文书
41	甘艳平	女	38	致公党员	研究生	总导演
42	张爱红	女	41	群众	本科	导演
43	李 瑛	女	36	中共党员	专科	导演、演员
44	杜 敏	女	32	中共党员	专科	导演、演员
45	陈 慧	女		群众	本科	导演、演员
46	胡 莹	女	31	群众	本科	导演、演员
47	彭小波	男	31	中共党员	专科	导演、演员
48	吴 芳	女	37	群众	中专	导演、演员
49	刘 婧	女	37	群众	中专	导演、演员
50	刘美玲	女	37	群众	本科	导演、演员
51	邓圣龙	男	25	群众	本科	导演、演员
52	刘 俊	男	30	群众	本科	导演、演员
53	何书培	女	28	群众	本科	导演、演员
54	刘 光	男	29	群众	本科	导演、演员
55	刘 丹	女	28	群众	专科	导演、演员
56	刘 瑾	女	31	群众	专科	演员
57	邓日聪	女	30	群众	专科	演员
58	肖 锋	男	29	群众	专科	演员
59	卢义芳	男	41	群众	高中	创作老师
60	汤巧波	男	25	群众	本科	导演、演员

续表 11-2

	姓　名	性别	年龄	政治面貌	学历	工作类别
61	邹坤平	女	57	群众	研究生	导演
62	毛艳奇	女	30		专科	导演
63	何红耘	男	44	群众	专科	歌唱演唱
64	张剑红	男	51	中共党员	专科	演员
65	肖晓玲	女	38	中共党员	本科	演员
66	王祥亮	男	51	中共党员	专科	导演、演员
67	黎胜媛	女	48	中共党员	专科	演员
68	李媛媛	女	26	中共党员	本科	导演、演员
69	张细华	女	55	群众	初中	演员
70	李　剑	男	55	群众	高中	演员
71	凌　利	女	64	群众	初中	演员
72	黎灵招	女	52	群众	高中	演员
73	屈细萍	女	77	群众	高中	演员
74	徐志伟	男	63	群众	初中	乐器演奏
75	袁怀湘	男	62	中共党员	本科	乐器演奏
76	陈　平	男	70	中共党员	专科	乐器演奏
77	寻耀中	男	50	中共党员	中专	乐器演奏
78	张自政	男	68	中共党员	高中	乐器演奏
79	汤国荣	男	64	群众	初中	乐器演奏
80	李凤娇	女	35	群众	大专	乐器演奏
81	蔡贞旺	男	35	群众	本科	乐器演奏
82	曾雨苏	女	33	群众	本科	乐器演奏
83	余乐乐	女	28	群众	本科	乐器演奏
84	张亚玲	女	22	群众	专科	乐器演奏
85	邓昭智	男	64	群众	高中	乐器演奏
86	曾宏伟	男	53	群众	中专	乐器演奏
87	陈学凡	男	62	群众	专科	乐器演奏
88	黄昌宏	男	57	群众	专科	乐器演奏
89	陶菲菲	女	59	群众	专科	乐器演奏
90	付茂香	女	66	群众	高中	乐器演奏

续表 11-3

	姓　名	性别	年龄	政治面貌	学历	工作类别
91	熊新民	男	67	中共党员	高中	乐器演奏
92	张海鹏	男	31	群众	专科	乐器演奏
93	陈国光	男	72	群众	高中	乐器演奏
94	胡瑞林	男	60	中共党员	专科	乐器演奏
95	谢　巍	男	35	群众	专科	乐器演奏
96	汤　晓	女	23	群众	专科	乐器演奏
97	黄明华	女	54	群众	高中	乐器演奏
98	汤　峰	男	63	群众	高中	乐器演奏
99	易春平	男	61	中共党员	专科	乐器演奏
100	朱玲玲	女	37	群众	专科	
101	龙　超	男	29	群众	专科	
102	杨孝亿	男	20	群众	高中	
103	王　智	男	23	群众	大专	
104	李　阳	女	27	群众	本科	
105	王　凤	女	30	群众	本科	
106	陈俐娟	女	22	群众	专科	
107	董伏艳	女	34	群众	专科	
108	李樾丽	女	33	群众	专科	
109	武　幸	女	37	群众	专科	
110	吴巧添	女	24	群众	专科	
111	赵　乐	男	25	群众	本科	
112	陈　健	男		群众	高中	创作老师
113	王娜娜	女		群众	高中	创作老师
114	肖远平	男		群众	高中	导演
115	李　平	女		群众	高中	导演
116	朱鸣涛	男		学生	小学	小演员
117	李炀熹	男		学生	小学	小演员
118	陈曼清	女		学生	初中	小演员

驻地机构

党政机关

浏阳市供销合作总社

圭斋东路浏阳市供销合作总社

（王雄文 2017 年摄）

位于圭斋东路 2 号。1951 年 3 月，浏阳县合作总社成立，6 月建立基层合作社。1954 年，供销社所辖各生产合作社，移交县政府手工业管理科管理，县合作总社更名为浏阳县供销合作社，1983 年改为浏阳县供销合作联合社，2005 年正式列为市政府直属事业单位，并更名为浏阳市供销合作总社。主要职能是贯彻执行中央、省、市人民政府和上级供销合作社有关农村经济工作方针、政策、法规；研究制定全市供销合作社的发展战略和规划，指导全市供销合作社的改革和发展。2017 年底，所属企业总资产达 1.5 亿元，年销售额 5.6 亿元。

圭斋东路长沙市住房公积金管理中心浏阳管理部

（王雄文 2017 年摄）

长沙市住房公积金管理中心浏阳管理部

位于圭斋东路 10~14 号。2005 年 3 月，浏阳市住房公积金管理中心由浏阳市房产局移交给长沙市住房公积金中心垂直管理。截至 2016 年 12 月，全市累计归集住房公积金总额 31.3 亿元，累计发放住房公积金个人贷款 22.2 亿元，个贷余额 12.7 亿元，帮助 13571 户中低收入家庭解决住房困难。

浏阳市城市管理局城管综合执法大队

2004年8月，浏阳市城市管理局加挂浏阳市城市管理行政执法局牌子。同年12月，局机关迁入行政中心附二栋一楼。城管综合执法大队迁至市人民东路53号原浏阳市人民法院办公楼办公。

人民东路浏阳市城市管理局城管综合执法大队　（王雄文2017年摄）

淮川税收管理服务中心

地处梅花小区二街，成立于2014年8月1日，主要负责淮川街道辖区内个体工商户的税务登记、税源巡查，税款催缴，以及相关的税收代征代管工作。中心现有干部职工20人，先后获长沙市、浏阳市两级“青年文明号”称号。

梅花二街的淮川税收管理服务中心　（王雄文2017年摄）

原浏阳市人民法院

浏阳县法院成立于1950年，1951年1月起在人民东路53号办公。随着1993年浏阳撤县设市更名为浏阳市人民法院。法院紧扣“公正与效率”工作主题，弘扬“崇德、尊法、精业、勤政”的治院理念，认真落实司法为民各项措施，为维护社会公平正义，促进经济社会又好又快发展作出了积极贡献。1997年、2001年被湖南省高级人民法院分别授予“文明法院”和“全省法院依法服务国企改革与发展专项审判先进单位”称号；2002年获最高人民法院、司法部“全国法院系统指导人民调解工作先进集体”称号；2004年被最高人民法院确定为全国18家法官助理制度试点法院。2006年搬迁至浏阳市行政中心环府路1号。

1950 年 11 月法院干部合影，左披大衣者为法院院长任庆先 （王雄文　供照）

20 世纪 50 年代的浏阳县人民法院刑事审判庭
（王雄文　供照）

20 世纪后期的浏阳县人民法院审判庭
（资料照片）

原浏阳市税务局

浏阳市税务局成立之初为税务科，在县政府内办公。1986 年位于圭斋东路 31 号（今 70 号）的办公、住宿场所竣工使用。1993 年建成一栋六层综合楼。1994 年 9 月，国税、地税分设，原市税务局财产按双方在职人数的比例划分，办公楼等建筑及场地留给国税局。市地税局 1995 年搬入劳动中路新址办公。市国税局 2001 年搬入白沙路新址办公。

今圭斋东路 70 号原税务局办公楼
（王雄文 2017 年摄）

原城关镇政府（原城关税务所）

1949 年 7 月 19 日 13 时解放军进驻城关，浏阳从此解放。1950 年 4 月 1 日，城关区公所成立（后改为城关镇政府）。区公所将原中枢镇所辖的6个保改为6个居委会，办公设主斋路中枢镇中心学校。因办学需要，城关镇政府迁到人民东路90号，与城关税务所合署办公。因地域限制，1989年择址新建到长南中路（今金沙中路）211号。

人民东路原城关镇政府（原城关税务所）原址（王雄文 2017年摄）

教育机构

人民路小学

位于梅花一街96号。解放前名为亲睦学校，解放初期由祝融、宗兴、中和、亲睦4所学校合并创建，命名为亲城完小。1952年全县所有完小按城乡顺序编排，称为第二完小。1963年又按学校所处地理位置更名为城关镇城南完小。1993年浏阳撤县设市，正式更名为人民路小学。校园占地面积8760平方米，建筑面积6300平方米，现有教学班33个，在校学生1771人。教师90人，其中，湖南省特级教师1人，长沙市骨干教师5人，浏阳市名师骨干教师6人，小学高级教师68人。

梅花一街人民路小学 （王雄文 2017年摄）

至2017年，学校先后获“全国语文教学研究实验学校”“湖南省优秀示范家长学校”“湖南省卫生文明单位”“湖南省课题实验学校”“湖南省全民健康生活方式示范学校”“长沙市校本研训示范学校”“长沙市常规管理工作先进单位”“长沙市经典诵读特色学校”“长沙市绿色学校”“长沙市优秀少先队集体标兵”“长沙市知识产权教育试点学校”“长沙市品德课程先进集体”“长沙市基础教育网络联校主校”“浏阳市文明单位”“浏阳市德育示范学校”“浏阳市教育科研先进单位”“浏阳市首批专利工作试点单位”“浏阳市课改实验单位”等称号。

浏阳市机关幼儿园

浏阳市机关幼儿园创办于 1953 年 9 月，当时称浏阳县机关托儿所，地址在梅花二街 54 号。最初，只招收县直机关干部子女，由县政府人事科主管。1955 年改名为浏阳县机关幼儿园。1967 年 8 月至 1971 年 4 月，因“文化大革命”而停办。1971 年 5 月重新开园。1993 年，随浏阳撤县设市更名为浏阳市机关幼儿园。2001 年 11 月，移交淮川街道办事处管理。

梅花二街机关幼儿园　　（王雄文 2017 年摄）

浏阳市机关幼儿园 1997 年在原址基础上投入资金 1000 万元进行重建，重建后占地面积 3507 平方米，建筑面积 4097.9 平方米，按照设计标准可容纳 9 个班级 380 名幼儿入园。1998 年 9 月重建后的机关幼儿园正式开园，面向全社会招生。

1953 年开园以来，秉承优质办学前教育的理念，充分发挥公办幼儿园在幼儿教育、教学研究、师资队伍建设等方面的模范引导作用，很好地充当着全市学前教育的“领头雁”。历年承担着长沙和浏阳等地师范学校实习生的辅导工作，多次接受各地同行参观学习，是浏阳市第一家“示范性幼儿园”、全市唯一的“绿色幼儿园”。至 2017 年底先后被授予“爱国（启蒙）教育全国示范幼儿园”“长沙市示范幼儿园”“长沙市先进幼儿园”“长沙市巾帼文明示范岗”“长沙市保育保健示范园”等称号。

原圭斋路小学

学校位于今圭斋东路 38 号。民国前期叫澄中高小，民国后期称中枢镇中心学校。1951—1954 年更名为第一完小，1955 年为中心完小，1956—1958 年为中心初小，1958～1960 年为城中完小，1960—1965 年

原圭斋路小学旧址　　（王雄文 2017 年摄）

为浏师完小，1966—1967 年为中心完小，1968—1970 年为八一学校，1971—1993 年为中心完小，1993—2002 为圭斋路小学。2002 年，淮川街道办事处调整学校布局，学校撤销，房地产整体拍卖。

金融机构

工商银行浏阳支行

位于北正南路 98 号。支行于 1984 年 1 月正式成立，原址位于浏阳市人民东路 27 号，2002 年 6 月搬迁至现址。2005 年 10 月股改更名为中国工商银行股份有限公司浏阳支行。下辖天马路支行、环府路支行、城北支行、工业园支行 4 个二级支行。

北正南路工商银行浏阳支行（王雄文 2017 年摄）

至 2017 年底，支行先后被总行、省行、长沙市行授予“中国银行业文明规范服务百佳示范单位”“支援地方经济建设先进单位”“巾帼文明示范岗”“先进集体”“三八红旗集体”“优质文明服务示范窗口”“内控先进示范岗”“盈利贡献先进集体”“芙蓉标兵岗”等多项荣誉称号。

农村商业银行淮川分理处

北正南路农村商业银行淮川分理处（王雄文 2017 年摄）

位于北正南路 100 号，原为银杏城市信用社，于 1992 年 3 月成立。它是专门为“两小（个体、私营）经济服务的集体企融机构，由人民银行浏阳支行管理。自 1999 年 3 月 22 日起，纳入浏阳市农村信用合作社县信用联社管理，更名为“浏阳市银杏农村信用社”。业务经营范围按农村信用社分社、储蓄所的业务经营范围执行。

人民路邮政银行（邮政营业厅）

位于人民东路35号。民国7年（1918年）7月，在浏阳县城西门启蒙书院开办电报支局，办理电报业务。民国19年（1930年）浏阳县政府在城关迎佛寺内设置有绳式10门交换机1部，是浏阳正式开办地方电信的开始。1951年11月，浏阳邮局与浏阳电信局合并，成立浏阳县邮电局，县人民政府指拨县城太平街王祠为局址。1953年邮政储蓄业务停办，邮政继续办理汇兑业务。1986年，邮政储蓄正式恢复开办。2002年12月18日，浏阳市邮政局人民路营业厅竣工开业。2007年3月，根据国务院金融体制改革的总体安排，在改革原有邮政储蓄管理体制基础上，中国邮政储蓄银行有限责任公司正式成立。浏阳市邮政局人民路营业厅与浏阳市邮政银行人民路营业厅同一地址营业。

人民东路邮政局和邮政银行（王雄文2017年摄）

红军时期的浏阳邮政挎包（资料照片）

商贸机构

淮川大市场

市场位于北正南路工商银行南边，北正南路96号，占地面积3400平方米，原名城关集贸市场，后更名为淮川大市场。1987年1月1日建成开业。主要经营服装、小百货、布匹。2015年10月，经浏阳市人民政府批准同意，启动淮川大市场消防提质改造工程，总投资1300余万元，全部由市场服务中心自筹。该项目总建筑面积为

北正南路淮川大市场　　　　（王雄文2017年摄）

4146.7平方米，在原基础上重建一栋框架式两层建筑，中间保留一条宽4米、高4.5米的消防安全通道，连接市场主入口和侧入口；对市场临北正南路综合楼外墙及一、二楼门面进行美化、亮化，对市场主入口和侧入口按消防要求进行加宽改造；对市场内水电管路进行改造，配备完善消防安全设施，包括消防栓、灭火器、消防喷淋、火灾烟雾报警系统等；并配套其他装饰工程改造及安装中央空调等。淮川大市场于2017年2月复市开业，市场共有铺面342间，其中一楼168间，二楼162间，三楼12间。一、二楼经营品类为：男女时装、童装、针织品、鞋类、日化用品、百货、中老年服饰和日杂、床上用品。三楼经营缝纫修补、来料加工。淮川大市场是浏阳城区最早的综合市场，地理位置优越，货真价实，是广大市民理想的购物市场。

梅花小区农贸市场

位于梅花二街24号。1998年10月动工兴建，1999年1月1日竣工开业。占地面积2400平方米，建筑面积1900平方米，经营面积1826平方米，摊位、门面186个，经营户77户，从业人员近200人。经营蔬菜、肉食等商品，年销售额在400万元以上。市场主要服务于唐家洲、朝阳、联城三社区的居民。市场本着“打造环境、创新模式、繁荣市场、服务市民、增加效益”的宗旨，从设施建设、诚信经营、卫生整治、自我管理、加强监管、倡导文明等方面积极创新，得到上级和居民的好评。2013年获“湖南省文明集市”称号。

梅花小区农贸市场　　　　（王雄文2017年摄）

湘东贸易公司

浏阳市供销合作社于1992年10月8日成立浏阳市湘东贸易公司，注册资本和实缴资本均为170万元。是一家以营销为主的企业，办公地址位于浏阳市圭斋东路2号。公司秉承“诚信、专业”的经营理念，坚持用户至上、质量第一，经过不断努力和超越，发展成为在行业内具有相当规模、较大影响力、成长迅速的商贸企业之一。经营范围有酒类、文化用品、建材、装饰材料、化妆品等销售；烟草制品、百货、日用杂品、五金产品、纺织品及针织品、钟表、眼镜、工艺品等零售；机电产品批发；房屋租赁等。

湘东比一比超市

位于圭斋东路2号，是湖南比一比贸易有限责任公司经营的商业连锁企业，2002年1月18日开业。公司一贯注重下岗人员再就业，每次补员大都以下岗职工为主。公司自创办以来，先后出资500余万元捐助特困户、希望学校、特殊学校、民间修路筑桥等各种公益事业。无论对供货商还是对消费者都真诚相待，对同行合理公平竞争；在商品进购上坚持索取工商证、税务登记证、质检报告、卫生许可证四证，拒绝“三无”产品上柜；对待厂家供货商坚持定期兑付款项。公司先后被评为“消费者信得过经营单位”“全国光彩之星企业”“省文明经营户标兵”“湖南省诚信守法个体工商户标兵”。被商务部确定为“万村千乡市场工程试点企业”。

金松茂金店

金松茂百年名店牌匾　　（王雄文2017年摄）

金松茂从江西迁住浏阳原梅花巷2号，于1892年在昇坪街26号（今人民路与新文路交界处东北角），创建金松茂金店。集金器设计、加工、生产、销售“一条龙”服务。1994年的《浏阳县志》记载：“县内金器加工唯见县城金松茂一家，至解放前夕歇业。”其房屋改办浏阳县图书馆。1994年，“金松茂”金店第四代传人金仁义，在城区圭斋西路76号重新办照开业，续营了几个地方。2002年3月，浏阳市企业文联赠送其“百年名店”牌匾。同年10月，在国家工商总局商标局商标“续展注册”。2004年，中国中轻产品质量保障中心授予“质量信得过产品”称号。2005年，从圭斋东路127号搬到城区豪兴街二弄14号营业。

其他机构

原城关敬老院

1959年，城郊人民公社在梅花巷梅花碧境内（今梅花小区人民路小学西，税务局宿舍处）创办了城关敬老院，集中供养“五保”老人16人。1983年城关镇政府在梅花巷新建敬老院一所，安置老人23人。1993年投资60万元，在城东新村境内兴建“老年公寓”，1994年10月，第一期工程竣工，有36位老人住进新居。至1998年已经安置近50人。2005年，城关敬老院整体搬迁至城东社区“老年公寓”今址。

1992年的胡家巷原城关敬老院外墙

（钟红艳　供照）

原城关粮站

1949年12月，浏阳成立县粮食局，设胡家巷神坛内。1950年县粮食局在财神庙（今人民东路39号）建立粮食第一仓库，1956年改称县粮食局直属粮店，后改称城关粮店，1965年后改称城关粮站。店点由1个增至中心、建新、城北、南市、城东、城西6个。负责城关镇各街道居民和190多个机关事业单位干部职工的粮油供应。2000年12月宣布撤销。

人民东路原浏阳县城关粮站旧址

（王雄文2017年摄）

原城关油漆社

油漆社宿舍位于梅花一弄弄口，即圭斋东路16~18号。根据健在的原油漆社职工王冬元（女）、李习知、聂长根、肖远富、刘良福等回忆，1952年，时年16岁的聂长根到县城柴家巷28号（今浏阳河大酒店），拜油漆师傅罗栋贵学艺。1955年，罗栋贵与汤长喜、李习文、李习知等5人组织油漆互助组。1957年在邦泰里汤长喜房子正式成立油漆社。厂址先后设在城区南市街木器厂、城郊占佳岭造船厂、城区百了街天后宫后面、城区慈善堂（今圭斋路比一比）。20世纪90年代，城市建设需要，被置换到今油漆社宿舍处，并集资建房。不久，改制后解散。解散时仍有职工40余人。

20世纪70年代，油漆社特别是其土漆，在全省乃至全国都小有名气。从起初的漆火箱、面盆之类的家具到房屋、军工产品、汽车等等。业务遍及浏阳、长沙、湘潭、株洲、沈阳。主要业务范畴，有浏阳县委会、县政府办公楼，文家市秋收起义纪念馆；省图书馆、省物理研究所、省军区等门窗建筑；沈阳兵工厂的武器包装箱、部分武器、电瓶等。

原浏阳县中医院

20世纪50年代初，钟荣益等6位老中医，按上级要求在胡家巷中部民建中学偏西的李家大屋成立了城关镇中医联合诊所。1956年8月，城关镇中医联合诊所和县总工会职工联合诊所合并，在浏阳城关镇胡家巷刘氏宗祠（今梅花二弄西）组建浏阳中医院。1957年邻近的黄氏宗祠拨入医院，医院建筑面积增至2000平方米。1964年医院筹资1.6万元兴建一栋300多平方米的病房，开放病床50张。1971年1月，成立浏阳县中医院党支部。1972年11月，经县委常委会议决定，选择革命坡法院旧址新建中医院（今址），建筑门诊部1966.35平方米，住院部976平方米。1975年1月迁入新址，即今北正中路67号。

天正诊所

天正诊所位于梅花一街74号，是一家以针灸为特色的医疗机构。

1965年，谢万坤在空军长春卫校毕业，分配到沈阳空军176疗养院理疗科，师从针灸大师徐苯人，专业从事银针、艾灸、推拿按摩、拔罐，长达6年时间。1971年复员后，任浏阳市关口卫生院院长，继续运用针灸治病。至2017年已有50余年临床经验。他将师傅徐苯人的“快速针刺疗法”发扬光大，推陈出新，独创“谢氏针灸疗法”，治愈病人数千人。对于头痛、手痛、脚痛、腰痛、背痛、颈椎痛、风湿病、失眠，妇科病类的月经不调、痛经、闭经等，男科病类的前列腺炎、遗精、阳痿、性功能衰退等，都有明显疗效。

2013年，谢万坤正式申办诊所，治愈患者、世界杂交水稻之父、中国工程院院士袁隆平题写店名，并为《疑难杂症治愈记》一书题词。

商贸经营

淮川自古便是浏阳商贸中心，也是湘赣边贸中心，而梅花小区由于其独特的地理位置和历史地位，成为淮川古城的中枢。

20世纪80年代的浏阳城区街市
（资料照片）

梅花小区以前的范围内有胡家巷、梅花巷、粮仓街、太平街、北正街、圭斋路等街道，附近有周家码头、红丝桥码头，小区西面的北街出城后经过熊家亭连通长沙、平江、湖北，南面的朝阳街经洗药桥东往本县东乡、省外江西，交通便利，商贸业发达。梅花巷南出口有江西吕姓开的“致中和药号”，巷北有“琳琳酒家”，巷内有王姓夫妇专做“盐旱茶”，还有专治麻痘的刘德深诊所、专治跌打损伤的沈岳武诊所，湘东大舞台（剧院）也在这里。胡家巷有一张姓小吃店，专做年糕、糯米桂花水饼、绿豆稀。除致中和药店外，还有开元堂药店、钟季彪西药店、采芳斋、天兴斋、源春斋等副食店；酱园、中一百货、大成布店、上品鞋店、王凡和百货、金松茂金店、虹影照相馆……还有银行、粮店，数十家行业店铺琳琳琅琅分布在各条街道。

梅花小区街市
（王雄文2017年摄）

1996年起，浏阳市委、市政府将梅花巷与毗连的胡家巷一并拆除，建成今日的梅花小区。其中西起北正南路，东至劳动南路的梅花小区路、南起人民东路北至圭斋东路的小区径一路、北起圭斋园东至劳动南路口的径二路，构建成一个以浏阳特产街为核心的商业网络。至2017年底，梅花小区范畴内有金融、保险业5家，大型超市3家，宾馆旅社14家，医疗卫生16家，农特产品27家，鞋类服装270多家，同时还有南杂水果、超市市场、饮食旅社、玩具日化、足浴美容、医疗卫生、邮政通信、拍卖代管、广告软件、建筑装修、银行金融、金银珠宝等各类个体经营门店共计750多家。

表12　　2017年梅花小区商贸经营网点一览表

北正南路					
店名	门号	项目	店名	门号	项目
太平鸟服装	1	服装	咖啡馆	16	咖啡
湘辉水果商行	5/7	南杂水果	妙妙童装	20-22	服装
巴拉巴拉专卖	11	服装	艺品造型	24-1	美发
便民亭	13		阳阳日化店	26	日化
不可比喻专卖	17/19	服装	流行美	30	饰品
冰激凌批发	23	食品	淮川布店	34	布匹
陈卤记	27	卤味	艾米搭工作室	38	女装
七波辉专卖店	33	服装	酷宝贝	42	童装
李宁专卖店	39/45	服装	GX	44	服装
服装店	49	服装	快乐宝贝童装	48边	
万里香酒家	55/57	饭店	第五季茶馆	56	茶饮
夏娃之秀	61	服装	都市姐妹	64	内衣
新百伦	67/69	鞋类	刘记布店	68	布匹
清清服装店	75/77	服装	彬彬童装	72	童装
名尚鞋店	79/81	鞋类	多姿多彩	76	女装
靓点鞋店	87	鞋类	华宇公司	89	建筑
升级中鞋店	93	鞋类	彭记酱干	3	食品
康足鞋业	4	鞋类	金鼎黄金	9	珠宝
海时尚	6-1	美发	太阳电器	13	家电
昕薇服饰	10	服装	商厦宾馆	15	旅社
娄楼内衣店	14	内衣	女装店	21	女装

续表 12-1

店名	门号	项目	店名	门号	项目
步缘鞋城	25	皮鞋	西阁	70	女装
小猪班纳服装	31	服装	罗妹童装店	74	童装
天工皮艺坊	35/37	包具	工商银行	78/98	银行
品欧皮具	47	皮具	紫东拍卖	89	拍卖
诗燕服饰	51/53	服装	索泉亚美彩妆	89	彩妆
玩具城	59	玩具	浏阳金店	108	黄金
森马潮鞋馆	63/65	鞋类	竹雨声	110	女装
安踏专卖店	71/73	鞋类	良品铺子	116	食品
轩衣酷服装店	77/79	服装	佧茜文服装店	120	服装
特步专卖店	83/85	鞋类	欧之星	126	女装
城市热点	91	鞋类	谷仓农业公司	128	农业
邓嫂糖油粑粑	2	餐饮	百美鲜花	134	鲜花
卡托姿	6–2	服装	亚希美妆店	138	彩妆
张记印章	8	刻章	教会诊所	24–2	诊所
女主角	12	服装	艾尚护肤连锁	6	彩妆
谜秀服装店	16	服装	农村商业银行	100	金融
瞳画童装馆	18	童装	浏阳金店二楼	102	代保管
口口香快餐	24–2	餐饮	善变服装店	114	女装
曼婕妮亚	32	鞋店	炒货店	118	炒货
罗青定制	36	服装	海贝	124	女装
依曼丽	40	内衣	湘淮律师事务	128 号	(2 楼)
金秋时节	46/48	服装	微时尚	130	服装
王姐布店	50	布匹	山羊叔叔	136	食品
百利安内衣	54	内衣	口口香餐饮店	24—1	餐饮
亲亲鹿童装	62	童装	报刊亭		报纸杂志
梅花一弄					
点 one–tuo	1–3	女装服装	戚戚	5	服装
尚格	1–5	服装	小时代	10	女装
7 样服装店	3–1	服装	园盛名店	15	酒业
龚记茶楼	26	茶楼	主角	12	服装
花店	10	花店	洋品服装店	紫云阁	服装

续表 12-2

店名	门号	项目	店名	门号	项目
人从众公司	29-2		永泰宾馆	1	住宿
moon mood	30	服装	IF	1-2	服装
女孩们	33	服装	小时代	1-4	服装
巴黎小镇	35	服装	服装	2	服装
Ω范	37	服装	梅园茶楼	3	茶楼
私人衣橱	39	服装	君尚工厂肆店	7	服装
仙姬	51—2	养生	菁菁茶艺会所	14	茶楼
麻将馆	紫云阁	娱乐	君尚季候风	17	服装
金税客服中心	紫云阁	维护	雅菡养生馆	28	养生馆
原来的我	38	服装	威特洗衣店	28-1	洗衣
辛发亭	A102	甜品	彩票投注店	32-1	彩票
外贸品牌	1	鞋子	色鬼	34	服装
茶马古道		茶楼	我们	36	服装
聚雅轩茶楼		茶楼	亚希护理中心	38	美容
酷的被雷劈	3	精品店	情调小栈	40	服装
平价水果	7	水谷	美容营养会所	紫云阁	美容
爱尚包包		包包	皮皮家菜馆	紫云阁	餐饮
梅花二弄					
申通快递	1	快递	淘淘格子屋	19/20	童装百货
我家小厨房	A103	素食	火舞精灵	6	服装
美容会所	1附	美容	格格吉祥	7	百货
茶壶		茶楼	棒球小子	9	服装
蓬莱阁茶楼		茶楼	先锋厅	11	衣服
去哪儿	15\16	饰品	依饰品	13/14	饰品
梅花三弄					
蜜蜂哥哥	6/8	蜂蜜	绿野土特产	30	特产
大围山腊味	12	土特产	奥润鞋服店	34	服装
老味道	16	土特产	大围山蜂业社	4	蜂蜜
景寿堂	20	土特产	大圣腊味	10	土特产
名品阁	24-1	服装	德旺斋	14	土特产
棒球小子	26	服装	毛哥土特产	18	土特产

续表 12-3

店名	门号	项目	店名	门号	项目
靓点服装	22	服装	兴家土特产店	19	土特产
幸福狐狸	24	内衣	欢茶	17	奶茶
芝九堂	28	饮料	万强土特产	11/13	特产
卡媄利亚	32	服装	金琦丽	7	食品
七彩水族	38	鱼类	蜜蜂哥哥	3	蜂蜜
汪氏蜜蜂园	40	蜂蜜	振兴广告	15	广告
正好广告	42	广告	微雅达	9	食品
足下生辉	44	鞋子	廖妈店	5	特产
劳动南路					
三友票务	7	飞机票	壹品发艺美发	9	美发
金利来服装	11/15	服装	房地产公司	17	地产
民河衣都	19/21	服装	芙蓉商行	23/25	烟酒
千金大药房	27/29	药品	实惠水果店	31	水果
绘本亲子创意	31-2	书籍	日杂店	33	日杂
鸿业百年行	35	医疗器械	鑫源水果商行	37	水果
卡托姿	37-1		美时幕	39	美容
益丰大药房	41/45	药店	围山土榨油坊	49	
竹蒸笼菜馆	53/57	餐饮	玛丽食品商行	61/63	食品
邹强服装店	65/67	服装	丰汇水果店	69/73	杨清香
中心日化	75/77	日用品	南杂	81	
	81	糕点	天天美鲁粉	83	卤粉
褶摺香蒸饺	85	餐饮	紫阳修脚房	87	足浴
宏瑶商行	89	烟酒	迎春理发	91	理发
烤兔子肉	93	餐饮	风光桥商行	2	烟酒
荷百味美食	4	美食	靓姐商行	6	食品
彩票商行	8	彩票	酒香满城	10	酒
杭州小笼包	12	餐饮	中意广告装饰	14	广告
老中医化妆品	16	化妆品	创美广告	16	广告
老牛肉面馆	18	餐饮	龙泽园	20	小吃
天津鸡汁包点	22	包子	上品依折	24	服装
巴蜀足浴城	3-5	足浴	彭记酱干	26	食品
伊芙嘉	34	服饰	欧韩空间	30	女装

续表 12-4

店名	门号	项目	店名	门号	项目
零食很忙	38	零食	小辣椒	32	服饰
翠竹园	42	汤包	土榨茶油	36	茶油
社区服务中心	44/48	医务室	庆华花艺	40	鲜花
君庭装饰	88-1	装饰	午后英伦饮片店	46	饮品
报刊亭		报纸杂志	铭智信息技术	52/54	技术经营
为你靓精品屋	28	精品	佐登妮丝	88-1	美容
梅花一街					
昕米莱	9	女装	君尚连锁店	28/30	服装
乐活服装店	13/15	服装	战地吉普	36	服装
浪莎	21/23	内衣	欧典服饰	42/44	服装
小丽衣橱	27	服装	罗蒙	1/3	服装
VV	31	服装	名店	11	服装
尚品	35	服装	EF	17/19	服装
城画	41/43	服装	木源汐	97	女装
帕莫斯	47	服装	日葵	103	女装
波西米亚	51	服饰	红馆	25	服装
正华土特产	53	土特产	岚洋名店	29	服装
幻木服装店	57-1	服装	升级中鞋店	33	鞋子
乐美家居	61	日用品	美红服装店	37/39	服装
木马韩	65	精品店	慧兰	45	服装
风格	69	服装	谷邦	49	服装
Coco	73	服装	海燕服装店	51-1	服饰
正华土特产	77/79	食杂	卧底	55	内衣
大黄蜂	85	童装	象时装	57-2	服装
金露园	89	茶具	曼诺服装	63	服装
胡桃里	93	服装	芮玛	67	服装
顺玲砂锅粉	107	早餐	MISS 韩衣裤	71	服装
刘氏香卤	111	刘利		75	布鞋
熙兰雅服装	4/6	服装	华强土特产	81-83	土特产
天使舞台服装	12	服装	小布衣	87	服装
江南布衣	16	服装	雅彤雅调	91	服装
洛可可	20	服装	报刊亭		报刊

续表 12-5

店名	门号	项目	店名	门号	项目
古木夕羊专卖	95	服装	符琳	92	文具
板鞋店	101	鞋子	人民小食堂	98	餐饮
妆点人生	105	日化	联邦怡诺士	104	服装
老王超市	109	水果烟酒	绿色沙漠	108-1	食品
维伊服饰	113	服装	佐登妮丝	114	美容
真情告白	8	服装	AD	118-1	女装
臣枫	12/14	女装	她图	54/56	服装
花言茶语茶馆	18	餐厅	红红工作室	58	服装
罗蒙	24/26	服装	梅花 6 号	68	餐饮
季候风	32/34	服装	名尚	74-1	服装
金利来	38/40	皮具	天正诊所	74-3	诊所
伊芙丽	46/48	服装	DORA 朵拉	75	服装
华南虎	50/52	服装	钦慕	78	服装
伶俐服装店	54/56	服装	芭努努	82	童装
梅子家菜馆	62	餐饮	欧韩站	86	服装
华亮烧烤	70	夜宵	米尚	90	服装
乡到家包子铺	74-2	食品	晓波商行	96	文具
“虾一跳”馆	74-4	食品	纪优希女装	102	女装
九福茶苑	Mar-00	茶艺	优康宝贝	108	婴幼用品
尚空间	80	服装	名佳名店	110	服装
开智音响	84	音像	婴童生活馆	116	
名品	88	服装			
梅花二街					
梅花便利店	5	便利	鞋库部落	44	鞋子
老年娱乐室	12	娱乐	人民医疗推拿中心	50/52	足浴
振耀商行	16	商行	光明乳业	56	食品
田园烤鸡	22	小吃	贵哥卤肉店	60	食品
乐乐商行		干货	小杨锅贴	64	食品
姐妹水果店	26-2	水果	章鱼小丸子	70	小吃
高原红	30	水果	臭榴芒甜品店	72	天平
娱乐室	34	娱乐	卓越水果店	5	水果
米西换了餐厅	38/40	餐饮	老罗记凉粉	13/15	食品

续表 12-6

店名	门号	项目	店名	门号	项目
榨油	6	榨油	板鞋店	46	鞋子
卤菜	菜市场	熟食	机关幼儿园	54	幼儿园
麻将馆	菜市场	娱乐	玉米水蒸饺	58	餐饮
淮川税收中心	6/10	税收	多乐	62	面包
惠仁诊所	14	医疗室	唐唐酸奶屋	66	牛奶
麦佳小镇	20	早餐	无懈可鸡	72	食品
惠民粮油商行	24	粮油	鲜果映像	76	食品
梅花商行	26	南杂	莎莎商店	9	南杂
服装店	28	服装	星班客	17	饮料
格莱美文具	32	食品	饮食店	菜市场	快餐
服装店	36	服装	水果店	菜市场	水果
闫氏炒货	42	食品			
梅花三街					
美丽牙科	4	牙科	中国体育彩票	29	彩票
老明亮	6/8	眼镜	车床加工	33	加工
星期八	9	服装店	住养风味小吃	37/39	小吃
风信子	14	美发	发拉丽理发店	43	理发
精艺制版	22	设计	匠心发型室	47	理发
广发蛋挞王	26	食品		53	日化
阿加喜	30/32	小吃	领秀	57	食品
豆花妈妈	40	食品	答案饮品店	10	食品
革命小串	44−1	小吃	爱美人	20	彩妆
美思蜜可	48	饮品	绝味九九	24	熟食
豆丁零食铺	54/56	食品	裕德名茶	28	茶叶
中乔生发黑发	58	养发	私房甜品	34/36	食品
手艺	62/64	美发	脆皮玉米小吃	42−1	小吃
伊伊食品商行	68	南杂百货	德国鱿鱼	46/48	小吃
麻将馆	72	麻将	三毛炒粉	50/52	夜宵
英格莱洗衣店	76/78	干洗店	时代旅馆	54/56	旅馆
本草堂诊所	90/92	诊所	饺子馆	60	餐饮
开胃王泡菜	21−1	餐饮	开心花甲	66	餐饮
绿洲小吃店	23/25	快餐	那简咖啡馆	70	咖啡馆

续表 12-7

店名	门号	项目	店名	门号	项目
虾胡闹夜宵店	74	夜宵	落脚皮具养护	35	皮具护理
格式文具精品	80/88	精品店	龙门花甲	41	餐饮
广式肠粉糖水	94/96	餐饮	一茶百味	45	奶茶
繁花	21−2	花艺	时尚主角	49	理发
何先森	27	小吃	f微雕化妆店	55	化妆品
木子理发	31	理发			
人民中路					
寻味最牛牛杂	168−1	食品	小琳琳珠宝	186	珠宝
歌天丽	173 附	皮具	拾艺堂	194	银器
七彩流苏	178	金银珠宝	童来福	198	母婴
人民日化店	182	日化	报刊亭	196	报纸杂志
小琳琳珠宝	188	珠宝	啄木鸟皮具店	129	皮具
玲珑百货店	192	百货	钻石之恋珠宝	133	珠宝
老百姓大药房	196	药品	龙凤珠宝	137	金银珠宝
华阳商店	198 附	食品	袋鼠皮具	141	皮具
世纪情大金行	127	金银珠宝	人民金行 2 店	149	金银珠宝
瑞福珠宝店	131	珠宝	莱运动	153 楼	健身
七匹狼皮具	135	皮具	毛记刻字店	155	刻章
蒙娜丽莎皮具	139	皮具	新元便民店		报刊亭
SUKI	145	化妆品	康足鞋业	2	鞋子
中心日化	151	日化	湘辉水果商行	157	水果
人民金行	168	金银珠宝	电脑刻字五金		电脑刻字
欧时力	170	服装	金氏万福珠宝	180	珠宝
中国黄金	172	金银珠宝			
人民东路					
润和主义生活	8−1	化妆品	钰和堂药店	216	医疗诊所
女人空间	12	服装	杨氏素食菜店	8	食品
卡伊奴服装店	18	服装	九牧王服装店	10	服装
鸿源宾馆	20	宾馆	步步高鞋城	16	鞋类
美国船王	30/32	服饰	正圆房产	18	房产
佳升印刷厂	37	印刷	忘不了男装	34/36	服装
海澜之家	42/44	服装	摄影公司	37−2	后期制作

续表 12-8

店名	门号	项目	店名	门号	项目
水木打印社	50	打印社	莱特尼斯	46/48	内衣
家电维修	62	电器维修	沙驰男装	52/58	服装
鸿鑫商行	66	烟酒	丹可韵	64	服装
温州发廊	70	理发	美神名妆	68	日化
水果店	76	水果	老百姓餐馆	74	餐饮
过桥米线	80	餐饮	老友牛肉面	78	餐饮
素棉针织商行	84	针织	胡记香烛日杂	82	日杂
方式教育咨询	86	教育机构	韩亚美甲	86	美甲化妆
安琪儿美发店	88	美发	左脚右脚	86	鞋类
自信女人	92	服装	亦得书屋	90	书籍
创意思艺	98	美发	蓝天牙科	94/96	牙科
北方扯面馆	102	餐饮	德仁诊所	100	医疗诊所
加工新旧棉絮	110	棉絮加工	中国电信	106	电信
中国移动	116	通信缴费	面面俱到	112	餐饮
老约翰飞书	122	图书室	晶艺玻璃	118	玻璃店
平价超市	130	百货	V+ 茶艺	126	茶楼
义乌小百货	134	百货	朝阳轮胎	132	轮胎
有味粉店	138	餐饮	智丽佳人	136	美容院
久久红自助餐	142	餐饮	擦鞋店	140	鞋店
鸿业电子产品	178	医疗器械	笔艺斋	154	书店
家电维修	190	电器维修	卡昂副食批发	158	零食
尚茶海	194		老丁玉器	166	玉器
快餐店	200	餐饮	超市	186	超市
建湘文具批发	204	批发	港新鲜	192	小菜
许仙香烛店	198	香烛	早餐店	195	餐饮
惟善堂贸易	202	公司	柒牌服装	5/7	服装
喻记皮蛋香烛	210	香烛	中老年用品	17/19	服装
怡家超市	218	超市	上海船王服饰	25	服装
雅戈尔服装店	1/3	服装	邮政银行	33	金融
皇家雅阁	9	服装	帅帅商行	35-1	南杂百货
迪赛服装店	21/23	服装	JEEP	43	服装
穗之舞中老年	29/31	服装	爱慕婚纱	51	婚庆

续表 12-9

店名	门号	项目	店名	门号	项目
中国邮政	35	邮政	天赐黄金	57	金银
伟意商行	41	超市	999 快餐店	61	餐饮
路卡狄龙	49	服装	富元商行	65	超市
顺发金行	55	金银	诗情花意	71	鲜花
结巴快餐	59	餐饮	比邻便利超市	79	超市
首饰加工店	63	银器加工	芒果小达人	83	食品
张华皮护店	69	皮具	优玛尚品	85	化妆品
日用品中心	71-4		三信家电维修	89	修理
苏苏童品	81	服装	朝阳社区	93	居委会
包子店	85	饮食	前卫发型设计	101	美发
小时代服装店	87	衣服	中国体彩	113	彩市
杂粮面馆	91	饮食	红亮平价超市	115	南杂
爱尔化工公司	99	化肥	德邦药房	171	药店
德艺馨花艺	109	鲜花	旺旺造型	175	理发
蝴蝶兰	113	服装	思乐面馆	179	餐饮
紫藤阁茶艺	117	茶楼	住改非	189	餐饮
创星幼儿园	173	幼儿园			
圭斋东路					
比一比超市	2	超市	森贝全球购	18	进口
喜赚奢品行	4	物品回收	清依坊	18-1	服装
明杨眼镜	6	眼镜	CG 潮格	18-2	服装
鸿发打印社	8	打印复印	聚星艺都	18-3	美发
住房公积金中心	10/14	公积金	中国铁通	20	通信
莉子时尚铺	13	服装	十三画服饰	22	服装
法妮娜	24	服装	不只是奶茶铺	90	
v seven	26	女装		92	体育用品
宝玉轩	28	玉石	胜者体育用品	94	体育用品
美丽掌柜	30	服装	鲜汁肉包	94-1	餐饮
名鞋名店	32	鞋	和田办公	96-1	办公用品
酷衣服装店	34	服装		96-2	副食品
埃索皮具	36	皮具	寿司老爸同乐	98	
霞黛芳	38	内衣	梦洁家纺	100	床上用品

续表 12-10

店名	门号	项目	店名	门号	项目
靓典	40	服装	璞舍音乐酒店	102	宾馆
瑞丽	44	服装	苏尼尔服装店	104	服装
T'S 这一站	46	女装	伊梦	106	女装
芒果小镇	48	甜品店	阳洋动漫乐园	108	儿童乐园
时尚屋	50	服装	爱尚美形象	108 附	美发
红迪斯	52	服装	美食美客食品	110	食品
阳光地带	54	耗材	国酒茅台	112	烟酒
第一站	56	服装	美石石锅拌饭	114	餐饮
猎兽王	60	鞋	春风药店	116	药品
悠味轩食品店	62	饮品	e 号冰站	118	饮品
格调	64	服装	茜茜食品店	120	食品
名品牛仔	66	服装	金三角冰淇淋	122	食品
国税办公楼	68		名典图文	124	打印复印
麦子熟了	70	食品	甜 8 度	126	饮品
闺蜜服装店	70−1	女装	卡蔓美发店	130	美发
壹加壹	72	食品	包太郎煲仔饭	132	餐饮
悦己	74	服装	兰州拉面	134	餐饮
科剑	76	软件	家家水果店	176	水果
金玉	78	玻璃	鸿发房产中介	178	中介
欣悦商店	82	食品	小卖部	180	南杂
甜猫	84	甜品店	阿龙蒸菜	184	餐馆
台臻	86	饮品	麻将馆	188	麻将
希德盛车行	88	自行车	佳美餐馆	190	餐饮
赛哥餐馆	204	餐饮	金都餐馆	192	餐饮
东路诊所	210	诊所	居安中介服务	242	房屋中介
康达盲人沐足	212	按摩	新世纪旅行社	244	旅行社
养心书画	216	字画装裱	康复药号	246	药品
平安旅行社	218	旅游	牵手旅行社	248	旅游
浏阳电信营业	220	电信	秦通信息技术	250	土特产
辉爷信息咨询	222	信息咨询	环瑞科技	250	电脑维修
紫和商店	226	食品	大夫鼻炎腰痛	252	针灸
e 美人	D—1	服装			

续表 12-11

店名	门号	项目	店名	门号	项目
万里摩托修理	228	修理	嘉瑞用品中心	42—5	日用品
焦点美发店	234	理发	手工陶艺体验	A—1	陶艺制作
彩票	236	彩票	方便吧餐饮	14 楼	商务服务
金点广告	238	广告	珍草堂	240	理发染发

自治管理

20 世纪末开始，小区居民们普遍认同“小区我的家，自治管理就靠你我他”的自治管理理念，广泛参与管理小区自己的事情，通过民主协商的方式解决小区公共事务。

21 世纪初，小区改建后不久时，出现治安管理欠缺、卫生环境较差、门卫工作不负责任等问题，居民们自觉通过民主协商解决。自己组织巡逻队彻夜巡逻，密切配合上级公安部门积极解决、处理问题；居民贺志屏等几位热心人士牵头，居民们积极响应，义务整理、集资将小区空闲地硬化，改变了卫生状况。后又经过居民们讨论，争取上级重视，自己踊跃捐资，将小区道路改油砂、在公共区域安装监控、将小区周边全部绿化，彻底改变了居住环境；小区 D 栋、F 栋原来的门卫工作不负责，院子里乱糟糟，让人心烦。居民们认为：自家的事还得靠自己管。居民刘忠平、唐建荣等人牵头组成了物业管理小组，全体居民共同参与制定了管理制度，提出相关措施，通过报名竞选，择优确定了自己满意的门卫。

居民们积极参与《居规民约》制定，及时向居民代表反映所需；积极参与居委监督、居民议事会；积极参与解决社区内公共事务和公益事业方面的问题；自觉履行《自治公约》《居规民约》。居民们自主选举出小组长、网格员，完善网格化管理；推选产生楼栋长，及时反映居民的诉求，掌握和反映最真实的第一线民情资料，居民自治管理形成无缝对接；小区党员联户，强化自治管理功能。居民选出的业主委员会，积极向社会各方反映业主意愿和要求，并监督和协助物业服务企业或其他管理人员履行物业服务合同，解决诸多居民生活需求。2016 年—2017 年，以楼栋长为主的居民微信群，实现了全天候接收与传递各方面信息，服务居民。

表 13　　2017 年梅花小区组长、网格员、联络员名录

网格	组长	任职时间	网格员	联络员	备注
梅花网格	刘世新（已故）	？—2003 年 9 月	魏宏	宋晓媛	
	贺志屏	2003 年 7 月至 2017 年			
朝阳网格	邱晓意	？—2006 年 9 月	谭迅	官雄风	
	冯　旗	2006 年 10 月至 2017 年			

表 14　　2017 年梅花小区楼栋长、联户党员名录

楼　栋	楼栋长	联户党员	备　注
原双跃组居民老一栋	寻孝文		志愿者
圭斋东路2～114 号楼	罗朝霞		志愿者
梅花三街 66～94 号楼	张吉林		志愿者
劳动南路 27～49 号楼	罗满生	罗满生	
梅花二街 12～24 号楼	蒋友根		志愿者
梅花二街 72号楼	易桃香		志愿者
人民东路 111号梅花小区菜市场 4 栋	周荣军	周荣军	
梅花三街 51号金三角小区1 号楼	孔满英		志愿者
梅花三街 51号金三角小区3 号楼	耿郑振	耿郑振	
梅花小区 A栋宿舍（梅花三弄 19 号）	熊春芳	熊春芳	
梅花小区 C栋（梅花二弄15 号）	吴开林	吴开林	
梅花小区 E栋（梅花三弄1 号）	吴光高	吴光高	
原双跃组教师宿舍楼	易晓波		志愿者
梅花三街 19～29 楼	曾全香		志愿者
劳动南路	寻庄花	寻庄花	
机关幼儿园宿舍	谭　静		志愿者
菜市场边私产楼（26～42 号）	蒋友根		志愿者
人民东路 99 号、101～107 号、109 号	刘　燕		志愿者
人民东路 97 号 5 楼社区楼上（菜市场 5 栋）	张丰文	张丰文	

续表 14

楼　栋	楼栋长	联户党员	备　注
梅花三街 51 号金三角小区 2 号楼	寻　艳	张丰文	志愿者
梅花三街 51 号金三角小区 4 号楼	喻晚佳		志愿者
梅花小区 B 栋（梅花三弄 22 号）	张志强		
梅花小区 D 栋（梅花三弄 20 号）	周承红	张志强	志愿者
梅花小区 F 栋（梅花三弄 2 号）	贺志屏		志愿者

附:居民公约

（2008 年 10 月居民代表大会制订，2013 年居民代表大会修订）

为了加强本小区的自治管理，维护全体业主和物业使用人的合法权益，维护好公共环境和公共秩序，保障物业安全与合理使用，创造优良的居住环境；根据国家有关的法律法规，经业主大会讨论通过，制定本公约，以共同遵守。

一、全体业主和物业使用人应加强安全防范意识，自觉遵守有关安全防范的规章制度，做好防火防盗工作，保护家庭财产和人身安全。

1.严禁利用楼道堆放杂物，封闭安全门和安全通道。

2.严禁损坏消防设施和在消防栓口堆放杂物。

二、业主自主承担本楼层公共区域内的卫生保洁，并自觉将垃圾入桶。

三、未经业主委员会同意，严禁在本小区内任何位置悬挂广告牌和其他与小区管理无关的的任何牌匾，楼体外立面严禁损坏或自行改造，严禁在墙体外立面悬挂或安装任何设备物体（包括空调外机）。

四、为确保小区内环境整洁，严禁在本小区内种菜，饲养宠物狗、鸡鸭、大型犬，不听劝阻的后果自负。

五、抽油烟机应自觉接入厨房内的排烟道，禁止在外墙打孔排放。

六、楼顶层公共部分安装太阳能热水器等设备应不影响其他业主，严禁擅自使用或占用楼顶屋面，严禁封闭屋顶通道。

七、严禁对房屋内外承重墙、梁、栓、板、阳台私自乱凿、拆、搭建改造等。

八、全体业主应按时缴纳物业管理费用，确保小区正常有序地运转。

基础设施

民国20年（1931年）以前，梅花小区内的机关、单位、商铺、居民，全都用煤油灯照明。民国20年（1931年），私营浏阳光耀电灯股份有限公司开始供应城区部分机关、单位店铺照明。1952年电灯公司转为地方国有，浏阳县人民电厂开始供城区照明。1963年12月道吾山一级电站竣工发电，转以水电为主、火电为辅，供应城关用电。1979年新建城关110千伏变电站，1981年4月1日竣工运行。至1985年，全县形成以城关为中心变电站的输电中转网，城关地区全由电网供电，城关电管站负责城关地区的电力维修、管理、收缴电费。从1990年代至2012年，电力供应充足，很少停电。

小区居民饮水用水自1981年自来水供应前，都是汲取井水和挑用浏阳河水，或到考棚西云露门内的文泉井和胡家巷内的旧井提水，或到浏阳河边的红丝桥下的码头挑河水。20世纪50年代起，城区各机关、厂矿相继打井98口，但城区居民大多数仍挑用河水和汲取井水。为了保证居民的身体健康，城关镇党委、政府，曾组织党、团员和街道干部为居民洗井消毒，并在浏阳河汲水码头设立卫生岗，在居民水桶中投放适量漂白粉，进行消毒处理。后因地下水污染严重，1979年，决定取其深层地下水，建设城关集中给水工程。在东郊的水佳村车湾组，开挖两口深197米和124米的机井，装设深井泵，安装日产3500~5000吨机组各一台，管径分300毫米、200毫米和100毫米。采用干管供水和蓄水池相结合的环状设计方案。1981年1月开始供水。截至1987年，共铺设管道22821米，其中主管道16031米，设供水站14处，日供水量5890吨，年供水量215万吨，城区使用自来水人数占总人口的90%，梅花小区居民全部用上自来水。

为了解决城关地区需水量日益增长的需要，在关口水佳村建成城关第二水厂，1988年7月12日竣工通水。主井深151米，副井深150.8米，铺设管道5003米，架设电机专线1457米，日产水能力52000吨，经环保部门鉴定，水质完全符合要求。1992年开始筹建第三水厂，取水口设在浏阳河城区上游，设计日供水量30000立方米，1994年12月一次调试成功，梅花小区居民生产、生活用水从根本上得到解决。

此外，小区道路、排水、广电、公交等公共设施，在1999年起的城区整体改造中，逐步完善。

2004年，人民路全面硬化。2005年，社区建立文体活动室和排练厅。2008年社区服务站按高标准建设成功。2011年，社区完成规范化建设。2015年，背街小巷、街心花园的提质改造完成。2016年，淮川大市场提质升级改造；梅花一街公共停车场建成，新增车位48个。2017年，辖区道路“白改黑”全面完成。

附：途经梅花小区公交车线路表

2路：自来水公司至蕉溪岭隧道

线路长度：单程11.5千米

运营时间：夏季：6:20—17:50；冬季：6:30—17:15

票价：全程2元/人次

站点：上行：自来水公司→市一中南门→建设银行→中医院→花炮女神→妇幼医院→邮电宾馆→邮电路口→马鞍山→集里医院→集里路口→黄泥坳→信息园→烟草局→花炮广场→太和路口→拘留所路口→蕉溪岭隧道；

下行：蕉溪岭隧道→拘留所路口→太和路口→花炮广场→信息园→黄泥坳→集里路口→中心加油站→马鞍山→羊角湾街口→邮电宾馆→正宜园→妇幼医院→花炮女神→中医院→湘东比一比超市→市一中南门→自来水公司。

5路：浏阳城区至关口占佳岭

线路长度：单程8千米

运营时间：夏季：6:30—18:30；冬季：6:30—18:00

票价：全程2元/人次

站点：上行：通程商业广场→浏河市场→人民路口→圭斋路口→烈士公园南门→湘东比一比超市→市一中南门→思邈公园→浏河东路→三元宫→观礼台→占佳岭；

下行：占佳岭→观礼台→三元宫→浏河东路→思邈公园→自来水公司→市一中南门→建设银行→谭嗣同故居→商业大厦→人民医院→解放路口→浏河市场→通程商业广场。

7路：通程商业广场至长坪

线路长度：单程11千米

运营时间：夏季：6:30—18:00；冬季：6:30—17:45

票价：全程2元/人次

站点：通程商业广场→浏河市场→人民路口→圭斋路口→解放路口→湘东比一比超市→市一中南门→思邈公园→浏阳河东路→恒大华府→政东广场→东方丽苑→外国语学院→田家炳中学→关口中学→市交警大队→长坪→沿原路返回通程商业广场。

18路：往返通程商业广场站

线路长度：单程12千米

运营时间：夏季：6:30—18:00；冬季：6:50—17:30

站点：环线：水岸山城→浏阳河广场→六桥→浏阳河东路→思邈公园→自来水公司→建设银行→鸿宇广场→车站路比一比超市→邮电路口→马鞍山→集里医院→妇幼保健院→中医院→湘东比一比超市→市一中南门→思邈公园→浏阳河东路→六桥→浏阳河广场→水岸山城。

20路：浏阳汽车站至市民之家

线路长度：单程11.3千米

运营时间：夏季：6:20—18:30；冬季：6:20—18:00

票价：全程2元/人次

站点：上行：浏阳汽车站→电力局→花炮广场→信息园→黄泥坳→集里路口→中心加油站→马鞍山→羊角湾街口→金沙路市场→烈士公园南门→湘东比一比超市→市一中南门→思邈公园→浏河东路→复兴南路路口→市国土局→市民之家；

下行：市民之家→市国税局→环府路口→东方新天地→浏阳商会→关口办事处→东紫门北门→新文学校→政东广场→恒大华府→复兴南路路口→浏河东路→思邈公园→自来水公司→建设银行→烈士公园南门→鸿宇广场→金沙路比一比超市→邮电路口→马鞍山→集里医院→集里路口→黄泥坳→信息园→烟草局→花炮广场→浏阳汽车站。

22 路：浏阳公交总站至新月半岛外滩一号

线路长度：单程 9.5 千米

运营时间：夏季：6:40—19:00；冬季：7:00—18:30

票价：全程 2 元 / 人次

站点：上行：关口汽车站→农副产品大市场→平鼎景都→亚太国际新城→工人文化宫→行政中心北门→政东广场→行政中心南门→恒大华府→菜园小区→浏阳河中学→桔园小区→香山国际→自来水公司→建设银行→烈士公园南门→圭斋路口→人民路口→浏河市场→浏青路口→利通广场→碧景湾→天马公园→早城二期→人民路二小→外滩一号；

下行：外滩一号→将军东路→新月半岛→唐家洲二路口→早城二期→天马公园→碧景湾→利通广场→浏青路口→浏河市场→人民路口→圭斋路口→烈士公园→湘东比一比超市→市一中南门→香山国际→桔园小区→浏阳河中学→菜园小区→恒大华府→行政中心南门→政东广场→行政中心北门→工人文化宫→平鼎景都→农副产品大市场→关口汽车站。

27 路：道吾学校至九方北正西

线路长度：单向线路长度：11.3 千米

运营时间：6:30—18:30；间隙发车时间：20 分钟

票价：全程 2 元 / 人次

站点：上行：道吾学校→南泥湾二站→南泥湾一站→三馆→城隍庙→碧桂园岭秀→碧桂园→庆泰路市场→北城社区→农技局→集里办事处→鑫岛明珠→疾控中心→新城国际→技术监督局→百合花园→正宜园→妇幼医院→花炮女神→中医院→湘东比一比超市→市一中南门→梅花三街→周家巷→九方北正西；

下行：九方北正西→谭嗣同故居→中医院→花炮女神→妇幼医院→正宜园→人和家居→百合花园→技术监督局→新城国际→疾控中心→百顺→集里办事处→农技局→北城社区→庆泰路市场→碧桂园→碧桂园岭秀→碧桂园城市花园→城隍庙→南泥湾一站→南泥湾二站→道吾学校。

人民生活

“出门即是幸福圈，回家便是安乐窝”。生活在梅花小区的居民，年轻的大都在自己的岗位和事业上打拼，年老的有着自己喜爱的活动。小区医疗教育机构完善，民风淳朴，干群关系融洽，社会和谐稳定。群众文化走入了居民之中，在外小有名气。本章内容包括居民收入、消费结构、教育卫生、群众文化、社会救助、住房保障、宗教信仰、风俗习惯、方言俚语、新风新事10个方面。

有了经济保障的老人们在聊天　（王雄文 2017 年摄）

居民收入

1949 年 8 月以前，小区内梅花巷大多是比较富裕的人家，收入颇丰；胡家巷大多靠小买小卖、手工业为生，收入微薄；龚家塘、周家码头一带大多是无业者，入不敷出。民国 26—37 年（1937—1948 年）的 12 年间，城区物价上涨 492 万倍。银元兑换法币，民国 26 年为 1:1，民国 37 年为 1:600 万。居民卖儿卖女、乞讨流浪。

1949 年以来，居民年收入情况为：1949 年 290.2 元、1952 年 298.2 元、1962 年 591.7 元、1975 年 547.9 元、1985 年 1045.6 元、1995 年 3886 元、2002 年 15540 元。2002 年与 1949 年对比，增长 54 倍，扣除物价上涨因素，实际增加 44 倍。居民收入性质主要为工资性、经营性、财产性、转移性、救助性等。其中工资性收入为主要收入来源，经营性收入、财产性收入占较大比重。

2017 年居民人均可支配收入为 36437 元，比上年增长 8.3%。

消费结构

小区居民消费，在 1949 年 8 月前是家无隔夜粮，穿着补丁裳，甚至衣不遮体。一件衣服老大传老二、老二穿过给老三；新三年旧三年，缝缝补补又三年。1950 年广大居民得到政府分配住房后，教育消费增加，吃和穿仍为主要消费；20 世纪与 21 世纪之交的 30 年，住房消费猛增，居民住房得到彻底改善。

2017 年居民消费总支出 21869 元，较 2016 年的 20680 元增长 5.7%。生活消费已不再局限于以往的食品、衣着等消费层次上，逐步向更高的层次扩展，呈现出多层次的消费结构。2017 年食品烟酒人均消费支出 6128 元，占人均消费总支出的 23.5%，占比与 2016 年相比下降 0.95%。教育文化娱乐与医疗保健支出增加，为八大类消费中增长幅度最大的类别，其中医疗保健类人均消费同比增长 13.2%。

教育卫生

中华人民共和国成立前，浏阳城关地区仅有县立初级中学一所，初中学生 300 人，公立中心国民学校 1 所，保国民学校 9 所（当时实行保甲制，初小按保设立），私立高小有商益、豫章、同德、修善 4 所，族姓私立初小 4 所，在籍小学生约 930 人，没有幼儿园。1949 年浏阳和平解放后，1951 年将原有私立学校全部接管，调整为一、二、三、四、浏中附小 5 所完全小学，2 所初级小学。1954 年，城关地区设城东、城中、城北 3 所完小，城南、城西、南市、民建 4 所初小，小学生增至 1793 人。

至 20 世纪 90 年代，梅花小区有圭斋路小学和人民路小学。2002 年，调整学校布局，圭斋路小学撤消，留有人民路小学。机关幼儿园创办于 1953 年 9 月，园址在今梅花二街 54 号。成立时为浏阳县唯一的一所机关托儿所，后更名为机关幼儿园。

梅花小区内，梅花巷原有专攻麻痘科的刘德深和专治跌打损伤的沈岳武，医术高明，为民治病，不计较钱财，受到人们的好评。有致中和药店、开元堂药店、钟季彪西药店。20 世纪 50 年代，李家大屋有一个中医诊所，也就是浏阳市中医院的起源地，刚成立时，仅有钟荣益等 6 位医师在厅屋坐诊。

2017 年底，梅花小区有人民路小学、机关幼儿园、维也纳春天幼儿园、吉梵幼儿园，还有各类作文、书法、托管教育培训机构 14 家。有社区卫生服务的工作站 1

所、医务室 1 所、医疗室 3 所、诊所 6 所、药店 6 所，共有医疗机构 16 家，还有针灸、养生馆等数家。常住人口中有 38%的人参加了医疗保险，同时还有部分居民申报、享受大病医疗保险。

表 15　　2017 年梅花小区教育卫生机构一览表

店名	经营项目	地址
阳光屋作文培训	培训机构	劳动南路 17 号
书法培训中心	培训机构	劳动南路 75 号
兰亭艺术培训教育	培训机构	梅花一街 15 号
托管	培训机构	梅花一街 64 号 4 楼
人民路小学	学校	梅花一街 92 号
机关幼儿园	幼儿园	梅花二街 54 号
玲丽彩妆美甲培训	培训机构	人民东路 6 号
吉梵幼儿园	幼儿园	人民东路 22 号
弘扬艺校	培训机构	人民东路 31 号二楼
凹凸个性教育	培训机构	人民东路 77 号
维也纳春天幼儿园	幼儿园	人民东路 173 号
剑桥英语培训学校	培训机构	圭斋东路 38 号
佳能培训学校	培训机构	圭斋东路 38 号
黎明作文学校	培训机构	圭斋东路 68 号
昂立国际教育音乐	培训机构	圭斋东路 68 号
天天向上培训学校	培训机构	圭斋东路 68 号
中国古筝网教学	培训机构	圭斋东路 68 号
邦本学校	培训机构	圭斋东路 68 号
乐府专业培训	培训机构	圭斋东路 68 号
千金大药房	药品	劳动南路 27/29 号
益丰大药房	药店	劳动南路 41/45 号
朝阳社区服务中心医务室	公共医疗	劳动南路 44/48 号
天正诊所	诊所	梅花一街 74--3 号
惠仁诊所	医疗诊所	梅花二街 14 号
美丽牙科	牙科	梅花三街 4 号
本草堂诊所	诊所	梅花三街 90/92 号
老百姓大药房	药品	人民中路 196 号
蓝天牙科	牙科	人民东路 94/96 号

续表 15

店名	经营项目	所在地段
德仁诊所	医疗诊所	人民东路 100 号
德邦药房	药店	人民东路 171 号
钰和堂药店	医疗诊所	人民东路 216 号
东路诊所	诊所	圭斋东路 210 号
康复药号	药品	圭斋东路 246 号
灸大夫鼻炎腰痛馆	针灸	圭斋东路 252 号
姜艾馆	养生馆	圭斋东路 254-1 号

群众文化

在“城中之城”的梅花小区，旧时常见的群众文化主要有民谣（童谣）。晚上乘凉，父母教唱，孩子们学唱：“月光光、夜光光，梭罗树，好烧香。烧了公公裙带，烧了婆婆裤带。上拜拜，下拜拜，拜到明年正月好世界。世界不奈何，捡个珍珠砣。珍珠砣上不开花，有女莫嫁他家。”小孩子们一边唱着“牵羊，卖羊，卖到浏阳，浏阳世界好，买哒羊崽不吃草；老板老板买羊啵”的儿歌，一边游戏。或者，几位好邻居一起小声地对唱《下江宜》《吴燕花》等山歌；也有一些拉二湖、吹笛子的。居民用来排解生活的苦闷，寻找些许乐趣。

1949 年中华人民共和国成立后，扭秧歌成为人民群众喜欢的文化活动。唱山歌、唱革命歌曲，人民群众用歌声来表达翻身解放的喜悦。贴对联、剪窗花等诸多群众文化活动蓬勃兴起。1966 年至 1975 年间，群众中流传着一种“忠字舞”，几乎大街小巷可见，男女老少都会跳。20 世纪 80、90 年代，人们忙于发家致富，群众文化受到冷遇。家庭条件好些的主要到烈士公园跳交谊舞，后来到歌厅嗨歌。

21 世纪后，人们工作之余，生活有保障，特别是退休的老年人有了大量空闲时间，以健身舞为主的群众文化活动得到空前发展。21 世纪以来，人们重视身体锻炼，又有更多的中青年人加入其中。21 世纪的梅花小区，群众文化精彩纷呈。清晨，圭斋园里、街心花园里，人们散步、舞剑、打太极拳、走台步，多姿多彩。

以退休干部冯凤英为首的“雷锋志愿者协会”的文艺志愿者们，组建了军鼓队、腰鼓队、舞蹈队、戏曲队、合唱队等。他们穿上迷彩服、背起军鼓，热情地向居民展示精彩的表演。他们用文艺的形式讲述中国故事，讲述身边的好人好事，形成了群众演群众的故事，群众看群众的演出。通过群众中的故事创作群众喜闻乐见的文艺演唱资料，排练各种形式的节目，在屋场、广场、小区、街头演出，很受居民喜欢。他们经常受邀到厂矿、企业、农家屋场，到长沙，到省里，到北京城演出。文艺队伍越来越红火，越来越受人喜爱。

文化志愿服务队 2017 年合影　（冯凤英　供照）

浏阳市朝阳艺术团 2017 年“六一”儿童节在长兴湖假日大酒店演出《妈妈的回忆》　（冯凤英　供照）

居民们在才常广场练习太极拳　（王雄文 2017 年摄）

居民们在才常广场演奏　（王雄文 2017 年摄）

傍晚，居民们在才常广场跳舞　（王雄文 2017 年摄）

社会救助

晚清时期的救助机构主要有养济院，用所属田租助养孤贫；同善堂，用所属田租、铺租救助溺水者；育婴堂，救助收养的弃婴。社会救助主要依靠各种“义举”，官方建坊赐匾等方式推动。

民国时期的救助机构主要有救济院，用所属田租、房租、地方预算等施行救助；养老所直属救济院，院养孤老，每人每月给米一斗（15市斤即7.5千克）；儿童保育所为原育婴堂，因日寇轰炸和侵占而毁、迁，民国35年建在县城皇仓街刘祠(今人民路小学)。因社会动荡、来源有限，救助亦有限。

中华人民共和国成立后，原慈善救助机构先后解体。人民政府先后制定了一系列社会救助政策。在梅花巷创办了敬老院，孤寡无助人员做到了应养尽养。经济来源主要为政府财政支出。同时有不少社会贤士捐助。1985年，成立了“社会保障基金会”，接收各单位和广大群众捐款，救助对象生活得到切实保障。

至2017年，梅花小区社会救助对象中有五保户2人（其中社会孤老2人），军烈属1户，伤残军人2人，2017年发放低保金308748元，这些资金全部由市级财政拨款。此外，元旦、春节，街道、社区筹集钱、物，为低保对象中的特困户送温暖，发动共产党员和有识之士向有特殊困难户献爱心。

表16　2013—2017年梅花小区低保金发放统计表

	2013年		2014年		2015年		2016年		2017年		合计(元)
	户数(户)	金额(元)	户数(户)	金额(元)	户数(户)	金额(元)	户数(户)	金额(元)	户数(户)	金额(元)	
梅花网格	4	8600	3	7520	3	6210	2	2400	1	1350	26080
朝阳网格	3	8250	2	5400	2	4200	1	1980	1	1260	21090
合计	7	16850	5	12920	5	10410	3	4380	2	2610	47170

住房保障

1949年以前，梅花小区除谭家大屋、黎家大屋、宋家大屋、贺家大屋等几栋主要建筑为砖瓦楼房外，大多数居民住宅为土木结构和棚屋。棚屋是居民房屋，用稻草覆盖，多处可见天日，周围用高粱秆做挡风挡雨的墙壁。有人戏称“外看千只屋

2017年的梅花小区安置房与商住房错落有致　　（王雄文2017年摄）

柱落地，内有二十四只鼓眼天窗”。棚屋普遍破烂、低矮、潮湿。居民人均居住面积不足4平方米。许多居民无房居住，寄居在寺庙、祠堂，甚至露宿街头。

1949年8月后，居民基本分得住房。随着经济的发展，住宅有不断改善。至20世纪70年代，茅草房已经基本绝迹。1978年以后，住宅大为改观，钢筋水泥混合结构的红砖青瓦楼房陆续出现。至1990年，小区户均拥有居住面积50.04平方米，人均拥有15.44平方米。近年来，住房面积不断增大，2017年底，居民户均、人均拥有居住面积分别为120.4平方米和40.13平方米。

针对部分购房困难的居民，社区根据情况，报请上级批准，予以安排廉租住房。

表17　　2017年底梅花小区公产住房廉租登记表

网格	房屋地址	住户姓名	人口	网格	房屋地址	住户姓名	人口
朝阳	人民东路107号	张运生	3人	朝阳	人民东路107号	李政雄	2人
朝阳	人民东路107号	谌水秋	3人	朝阳	人民东路107号	文细华	3人
朝阳	人民东路107号	钟细明	3人	朝阳	人民东路107号	刘　芳	1人
朝阳	人民东路107号	市场管理处		朝阳	人民东路107号	吴新慧	3人
朝阳	人民东路107号	苏特夫	1人	朝阳	人民东路107号	黄红英	1人
朝阳	人民东路107号	李东阳	4人	朝阳	人民东路107号	李四杰	1人
朝阳	梅花二街72号	张梅珍	1人	朝阳	梅花二街72号	罗平湘	3人
朝阳	梅花二街72号	唐厚平	2人	朝阳	梅花二街72号	王银香	4人
朝阳	梅花二街72号	徐拈花	3人	朝阳	梅花二街72号	唐　炳	3人
朝阳	梅花二街72号	曾庆平	3人	朝阳	梅花二街72号	赖微斯	1人
朝阳	梅花二街72号	傅向东	1人	朝阳	梅花二街72号	胡志平	3人

续表 17

网格	房屋地址	住户姓名	人口	网格	房屋地址	住户姓名	人口
朝阳	梅花二街 72 号	邹小平	4 人	朝阳	梅花二街 72 号	邵海涛	3 人
朝阳	梅花二街 72 号	李湘宇	2 人	朝阳	人民东路 109 号	冯辉本	1 人
梅花	梅花二弄 1、2 号	沈国仁	1 人	梅花	梅花二弄 1、2 号	焦媛英	1 人
梅花	梅花二弄 1、2 号	何清莲	1 人	梅花	梅花二弄 1、2 号	李　仁	4 人
梅花	梅花二弄 1、2 号	黄小金	2 人	梅花	梅花二弄 1、2 号	赵志和	3 人
梅花	梅花二弄 1、2 号	郭轶群	5 人	梅花	梅花二弄 1、2 号	张华荣	3 人
梅花	梅花一街 59 号巷	张明忠	2 人	梅花	梅花一街 66/70 号	严小菊	2 人
梅花	梅花一街 66/70 号	王柏成	3 人	梅花	梅花一街 66/70 号	毛检林	2 人
梅花	梅花一街 66/70 号	顾国民	3 人	梅花	梅花一街 66/70 号	余敬文	3 人
梅花	梅花一街 66/70 号	高　平	1 人	梅花	梅花一街 66/70 号	钟纯伟	2 人

宗教信仰

“儒墨由来道不同，偶停骖从谒禅宫。菩提一点归心上，兜率诸天在眼中。”这是明朝郑序的《兜率寺》前半首。

兜率寺，后为财神庙，位于今梅花小区人民路邮政局东侧。当年殿宇恢宏，香火旺盛，是浏阳城重要宗教场所和休闲场所。兜率寺左边有白马寺，后为县城城隍庙。中华人民共和国成立前，每当庙会，人山人海，热闹非凡。庙前，开有致中和等多家药店。1950 年寺庙拆除，建成大米厂、粮食仓库、城关粮站、粮站职工宿舍等。粮站职工宿舍和大米厂围墙至今仍然保留下来了。

“大事小事，鞭炮香烛神纸贡果进寺”，这句俗语是对宗教信仰的写照。不过，有些人进寺庙也进道观。

女人结婚后没有及时怀孕，提着贡果茶叶、香烛神纸、鞭炮便到观音庙里求签问卦，弄点香灰在贡果上茶叶内，回家泡茶吃贡果；或请菩萨发药单子，吃几剂药。怀上小孩后，女人有什么不适，又到观音菩萨前打一阵神讲（敬神）。请菩萨发茶，安胎、化疾。女人要生产了，要到观音庙里跑几趟，求菩萨保佑平安生产。

孩子成长的过程中，如果做了糊涂事，或者做事不怎么利落，不坚强，人们总是到文殊菩萨那里求签求方，使孩子有化解，变得更加坚强、智慧。

人生当中，总有许多不平事，有许多受冤枉的时候，想不出解决的办法。人们跪拜在济公活佛香案前，将其不平事、受冤枉事一概倾诉。求济公活佛指点，求济公活佛前去摆平。一番倾诉，一番跪拜，心里似乎也舒畅多了，也不那么计较了。觉得济公护佑了这些遭遇了冤枉、遭受了不平的人。

人们在需要解决问题苦思无策时，总是跪拜在齐天大圣像前，口中念念有词："齐天大圣大神在上，我因某某事情，久思无良策。您老人家是聪明绝顶，方法良多，又肯替百姓除妖，因此，求教于你。请指点迷津。帮助化解某某难题，或者是护佑平安归来。"

关圣帝君是最受崇拜的大神。小孩子受了惊吓、做房子动工、结婚做酒、外出求财看期，有不平等事情等，都会到他老人家面前跪拜问卦，按他"授意"的去办。他定好了初一外出，决不会等初二才走。

每年农历八月，民间自发组织前去南岳朝南岳大帝。

除了求神拜佛，民间还有止血、收惊、画符下攒、捉鬼、做道场等许多宗教迷信活动。时代进步，大多数已经淡化、消失。但敬神求佛仍然比较盛行。

风俗习惯

"城中之城"的梅花小区，其风俗习惯在浏阳城区有一定的代表性。

结　婚

旧俗女孩月经初来，便称为"做了大人"。十七八岁未出嫁的，常被讥讽为"养老女"。有收养童养媳的习俗，曾流传着一首歌谣：

"童养媳妇真可怜，丈夫打来婆婆嫌；吃过几多猫儿饭，睡过几多灶门前。"

旧时还有讨"大婆娘"的习俗。小俩口吵架时，有一首顺口溜：

"大老婆，细老公；打不赢，拜祖宗。"

旧时婚姻程序大致有：

1.说媒。即所谓"天上无云不下雨，地上无媒不成婚"。结婚要有媒人，至今仍然保留了这个习惯。自由恋爱的，举行结婚仪式时，仍请一人上台介绍。

2.发“八字”。媒人开始提亲，男方将出生年、月、日排成八个字发给女方。

女方收到后，请算命先生“合八字”，以“相合”“相冲”定可否。这个习惯，目前基本消失。

3.“定庚”。“定庚”俗称“扎庚”。男方备聘金、礼品、服饰、鞭炮，偕同媒人送给女方。“定庚”，目前已经简化为“定婚（亲）”。双方约定日期，男方办酒席，用金钱、物资付给女方。

4.婚宴。旧时结婚喜期必须定两个，以避开新娘月经来潮之日。婚礼简繁，视贫富而定。如今保留了结婚仪式和丢红包，增加了吃喜糖。

结婚证领取后，选定婚期，下期单、送修书、发请帖。期单用A3大的红纸折做成开口封套，无缝一面正中写“预报佳期”四个字。里面用一张刚好放得进去的红纸，纸上竖着写上：

小顽缘托

高门　良辰谨诹

公元☆年☆月☆日农历☆岁☆月初☆迎鸾大吉（注意字数要成双）

伏惟

鉴允

☆☆郡☆☆氏谨订（☆为补充）

一般的主要亲戚在婚期七天前下“书”，其他亲朋在三天前下“帖”。目前，开始流行电话请客。又大大地简化了手续，节省了时间。

嫁　女

嫁女的过程相对简单。首先是置嫁妆，一般都讲究二铺二盖，甚至四铺四盖；根据家庭情况购置其他东西；原则上是依据新郎的礼金多少置办，不赚女婿的钱。家庭条件好的，爱女心切的，倾其能力也是多数父母的心愿。

如今虽然呈多元化，但婚期前要照结婚照，做结婚相册。结婚时，女孩子要穿婚纱，显示高贵。

与其他地方不同的是，不做起嫁酒，只做回门饭。即在女儿嫁出去第二天，派人（新娘姐弟）把新郎、新娘接回娘家，请来娘家亲戚朋友吃回门饭。

添　婴

旧俗，旧法接生，孕妇坐着分娩，婴儿呱呱堕地时，即鸣鞭炮示庆，接着备酒肉等礼物向岳父母家报喜。婴儿出生三日时为“三朝”，婴儿的外公、外婆备摇篮、坐篮及婴儿鞋帽、衣被等礼物前往道贺，主家放鞭炮迎接，以上宾相待。邻里也聚集道贺，礼物中含一份大米，意为添丁进粮。“三朝”日期，婴儿的阿婆将艾叶、枫树球、鸡蛋等煮汤为婴儿洗澡，叫“洗三朝”。洗完，用鸡蛋给婴儿揉全身，以求健康；再给婴儿换上新衣服，穿戴整齐，由长辈抱着拜祷天地及祖宗神灵，俗称“拜三朝”；之后到房屋周围游一圈，叫“游三朝”，说是可以防脐风。“三朝”宴席不必丰盛，俗称“三朝汤”。“三朝”亦说“汤饼之期”。分吃红蛋，至少每人一个。回赠客人的“汗茶”包中也夹带红蛋两个。“三朝”日由长辈取号、字、派三个名字，用红纸楷书贴到厅堂墙上祖宗神位之下。婴儿满月、周岁，习俗均筵客庆贺。“三朝”做酒，大门对联一般是：

筵开汤饼　　室集嘉宾

现今做“三朝”，大部分旧习摒弃，但每人一包红蛋是不可少的。

生　日

人的生日，是很受器重的。有“大人生日一餐饭，小孩生日一个蛋”的说法。每年生日不是满十，叫散生；由家人煮两个荷包蛋给过生日的人，再加几个菜，家人聚在一起吃餐饭。在附近做工的也不到主家吃，一定要赶回家吃；过生日的人，家人叫他（她）“生日老子”；孩子生日，叫“长尾巴”，父母要煮荷包蛋给他们，还拿点钱给他零花；父母生日，子女买衣或酒送给大人。如在外打工，必有电话祝福。如果满十必有几桌，五十、六十就更多一些客，七十、八十是子女们为父母做的寿酒。

旧式做寿，礼节复杂。改革开放后，删繁就简，拜寿仪式如下：

1.仪式开始。

2.寿星就位，主持人就位。

3.来宾上堂，子孙侍立。

4.鸣炮，奏乐，乐止。

5.主持人讲话（赞颂寿星，向来宾致欢迎词）。

6.来宾致词（来宾代表讲话）。

7.拜寿。

8.家属致谢辞。

9.礼成，鸣炮。

10.引宾客入席。

这样做寿，既简单又隆重，既朴素又热闹。虽然取消了不少礼节，但仍保留了写寿字、对联、放鞭炮以及敬寿酒、吃寿面等习俗。

丧 葬

旧俗，“麻衣挂壁方成子，送老归山才是儿”。老人病危，亲人守候“送终”。一咽气便撤下帐子，晚辈跪拜床前，焚化纸钱，哭泣尽哀。安置遗体后，即将病塌上的席子、枕头、稻草等全部送往室外焚烧。接着烧纸轿送行，称为“落气轿”。然后由一人携铜锣、水壶、杯子，带领“孝子”至附近最佳泉井边，让孝子跪下舀水，按死者年龄每岁舀一杯，每杯敲锣一下。舀完捧归，取贡香（老柏木）或蕲艾、樟树枝煮汤，拭抹遗体，从上至下，前面抹七下，后面抹八下，叫前七后八。接着为死者更衣，里外三层或五、七层，有的最里层为绢衣裤。亡父母出殡前，儿子、儿媳见人须下脆。治丧请家庭中长辈主持，女丧还必须尊重“娘家”，亦称“尸亲”的意见。母死，须立即向“母党”报丧，伏地而泣。长辈牵起后再禀报说情，长辈慰勉节哀，方可告辞回家。平日不孝敬父母的，则在灵堂前加以训斥，“孝子”不能反驳，静候息怒，招呼起来时，方可肃然起立。

治丧规模，贫富不一。富户 5～7 天，中等 3～4 天，贫穷的不做，草草入土。有请道士做道场的，有请和尚做法事的，有请礼生开祭的，也有三者并举的。出殡前夕，亲属守灵至黎明。

中华人民共和国成立后，公社化时期，人死亡后，大都由单位或村组主持开追悼会，寄托哀思。现在，移风易俗，大都响应国家号召火化，简易安葬。但守灵和儿女跪拜灵前、迎接吊唁客人的习俗一直保持下来了。

传统节日

传统节日是中华民族千百年延续下来的节日，均为农历日期。

春　节：农历正月初一为春节。将腊月二十四至正月十五叫“过年”，是中国古老节日中最重要的一个节日。

过年最主要的是办年货、放鞭炮，还要清扫做卫生。进入腊月，各家各户就开始办年货，即过年时吃的、用的各类商品。

另外，主人要想想一年来的经济往来，年前不能给人家的，要在腊月二十五前挂账。同样，不到腊月二十六，你也不要去收账。女人要安排搞环境卫生。每个人都要洗过年澡、剃头发。年前要贴春联、贴福字，甚至挂上大红灯笼。

目前，有些人会简化一些程序。但有两件事，任何人绝对都会做到的。一是在外打工的人在年三十夜前赶回家过年；二是丰盛的年夜饭。民间的说法原来是“叫花子也有个年三十夜”。现在流行的说法是“有钱没钱，回家过年”。

元　宵：正月十五元宵节，亦称“上元节”，为春节活动的最后一天。“元宵节的灯”是指元宵节天快黑时在住房周围全部点上灯；房里全部点亮灯。房子周围是有讲究的，四角、楼梯口都要点。这些灯，一般就是用蜡烛。传说，元宵点了灯，家里不进虫蚁。元宵要吃“元宵坨”即汤圆。元宵汤圆以糯米粉为团，加糖及芝麻

20 世纪 90 年代城区元宵舞龙　　（萧行敏　摄）

作馅。食用方法可蒸可煮可炸可炒。“正月十五闹元宵”，一个“闹”字道出了元宵节的欢腾、热闹，也道出了元宵节与其他节日的不同之处。要开展许多活动，如耍龙、舞狮、踩高跷、猜灯谜、放花灯等。

三月三：称“上巳辰”，古人在这春意盎然的时日里，踏青幽会，互定终身。小区居民一直保持的习俗是：吃荠菜煮鸡蛋佐以红枣、黄豆，传说吃了明目。

清明节：又称踏青节、祭祖节等。节期在仲春与暮春之交，既是自然节气点，也是传统节日。扫墓祭祖与踏青郊游是清明节的两大礼俗主题。无论多忙，清明前后到亲人坟上至少也得插上一支挂山钱，表达哀思。

端阳：五月初五为端阳节（端午节），家家门悬菖蒲、蕲艾，以除疫病。用雄黄置白酒中叫“雄黄酒”，饮后以汁涂儿童额部防疔疖，洒房屋四周防蛇蝎。用箬叶裹糯米煮成粽子，宴客及馈送。浏阳河红狮桥至周家码头一段，每年端阳节开展龙舟竞赛。

六月六：俗称“鄱官节”。曝书籍、谱牒、珍贵衣服。曝晒贵重衣服相沿至今。

中元节：七月十五日为中元节，又称鬼节。初十日将祖先神主从神龛上捧下，置桌上，启其门，燃香烛，供饮食果品，叫做接“公公婆婆”。十五日封纸钱为包，洒以鸡血，焚门首或十字路口，叫做“烧包”。当日送祖，仍将神主安放龛上。现在，虽不接神主，但烧包、烧纸钱的习俗仍沿袭下来，浏阳河沿岸码头、空闲地，烟火不断。人们将烧包作为对祖先的怀念。

中　秋：八月十五日为中秋节，晚间团坐赏月，吃月饼、梨子、鲜藕等，祝愿家家团圆，天长地久，平安幸福。旧时，孩子们还玩“打中秋菩萨”游戏，用稻草扎成人体模样，将一根棍子支撑，“稻草人”全身插满点燃的神香，一人背“中秋菩萨”四处狂奔，众人持竹桠奋力追打，打得火花四射，以灼痛背菩萨的人为乐。寓意时光流逝，奋力追逐光阴的意思。当今中秋，吃月饼开始淡化，但中餐还是要做几个菜纪念一下。

重　阳：九月初九为重阳节，旧传是日登高可以避灾。民国以后，城区各中、小学校多在是日组织爬山活动。解放后，学校师生、退休老人多组织登高玩赏。1989年起，国家将重阳定为老年节，人们大都要举行丰富多彩的敬老、爱老、助老活动。

农 事

民国及以前，小区居民有不少是粮农或菜农，有的粮菜兼种。禾种下泥，点燃三根神香，将三页钱纸插在田埂上，祈求山神土地驱赶麻雀。解放以后，此习渐除，改为扎稻草人或老鹰立在秧田边，以此来吓唬麻雀。人民公社以后，生产队常派遣老人或小孩守在秧田边，敲打铜锣，护秧驱雀。插秧之日，黎明时分鸣炮、放铳，敬“秧田菩萨”。开始下田扯秧，称“开秧田门”，众人道贺，恭喜主人“插米树”。上下午休息吃艾粑粑、糍粑、汗茶以及晚餐的酒宴，统称“吃桃（稻）酒”。每年夏至过后三天叫“分龙”，一律不准担粪桶。俗传“龙”爱清洁，担了粪桶，“龙不下雨”，便有干旱。遇到干旱年头，大家便一齐指责分龙之日担了粪捅的人，罚他请戏班唱皮影戏。

民国及以前没有薄膜履盖，缺乏科学技术，季节较迟，一直遵循“桐叶马蹄大，禾子下泥无大碍”“懵懵懂懂清明下种”“清明前后，种瓜点豆”的习惯。菜农栽黄瓜那天，视为“节日”，早早留好腊肉，在栽黄瓜这天吃。刚栽下的黄瓜，不用粪瓢浇水，而用烧水的瓦壶浇，以防瓜秧受伤。为抢“头价”，第一批黄瓜自己不吃，送到市上去卖。

民国及以前农民普遍缺衣少食，生活困难，到处流传着《十二月歌谣》，真实地反映了农民的生活情况，录记于下：

正月饮宴好，二月又来了。

三月餐混餐，四月吃间餐。

五月不奈何，六月扮早禾，

七月算一算，八月有戏看（庙会唱戏）。

九月收成好，十月充“财佬”。

十一月下不得地，十二月“做皇帝”（注：除夕躲债，称“做皇帝”）。

捕 捞

小区内原黎家大屋有荷塘，小区前有龚家塘，居民中有以捕鱼为生，或有闲时捕鱼习惯。旧俗有“干塘干圳，大家有份”的说法。无论谁家干塘捉鱼，只要正鱼（草、鲢、鲤）捉完以后，手持捞网，蹲在塘岸等待的男女老幼便一拥而下，捞的捞、摸的摸，获取的大多是鲫鱼、财鱼、桂鱼、梭鱼、虾子等一类杂鱼，很少有空手而归的。旧时，严禁“拦河洗毒”（毒鱼），如有毒鱼者，均被千夫所指、众人辱骂，无地容身。

民国及以前，浏阳河常有鸬鹚捕鱼船。凡驾鸬鹚船的，原为潘、柴、贺三姓。旧志载：“潘姓鸬鸟渔舟莫知所始。”民间传说：元军攻破长沙后，血洗浏阳，摇篮里的婴儿也不放过；唯有周姓、吴姓、潘姓、柴姓、贺姓共5姓人躲在南市街阴沟内，才死里逃生。后来朝廷传下玉旨，给予特殊优待，恩准周、吴二姓打春（送春送财神），潘、柴、贺三姓架鸬鹚船，不许其他姓氏涉足此二业。柴、贺二姓后因人丁不旺，抛离此业。因而驾鸬鹚船捕鱼便成为潘姓人独揽。旧时，鸬鹚船主每年农历十月二十八日，必须赶到西乡龙潭白沙庙（潘姓家神）集合，逾期到达者，由董事令人砸破其船头，当众示儆。人到齐后，一律斋式沐浴，至十一月初一祭神“开潭”后，方可茹荤。是日，宰猪宰羊，祭拜河神，并设酒宴，尽欢始散。从初一至初四，各船捕纳“官鱼”共四百斤，外缴光洋28元，然后诸船各奔东西，自由捕捞，至次年九月初一日“禁潭”，停止捕捞。

工商业

民国及以前手工业主，很多在小区设立作坊，雇工操作。有的业主对雇工比较刻薄，每月初一、十五午餐才有肉吃，称“打牙祭”。端阳、中秋、重阳或“师祖诞辰”则设宴犒赏。九月以前各行各业生意都比较清淡，一般都只是白天做工，晚上不加班。重阳以后进入生意旺季，大部分作坊都开始加晚班，有“吃了重阳酒，夜工不离手”的说法。每年十二月二十三日各作坊都下工，二十四日过小年，休息一天，结付工钱，次日凌晨即做好早饭，让雇工赶路回家过年。

民国及以前，城区商店营业一般都到农历十二月廿九为止，三十关门过年，元宵节后才开店门。旧时经商，赊账较多，无论赊欠或借欠，旧俗每逢初一、十

20世纪中期的浏阳饭店　（资料照片）

五或节日为忌日，不能收账，在路上遇到欠债人，债主不能随便讨债，一定要登门讨债。商店或作坊较大的，每年年底，常雇请四五人分头收账。晚上收账，一般都要举提笼（灯笼）。三十晚上直到初一拂晓，如收账的人提笼不灭，虽是大年初一，不作犯忌，欠账人不能怪责。无钱还债、久拖不还的，常常躲债。除夕躲债，叫“做皇帝”。父欠账，子还钱，被看作天经地义。

各行各业在学徒进师、出师时，均须宴请师傅及其同行好友。进师酒由师傅指名邀请，出师酒由学徒自主邀请。出师后，每年要向师傅拜年拜节，送端阳礼、中秋礼、生日礼、年礼。俗云，“三代不忘师，九代不忘媒”，此习俗沿袭至今。

方言俚语

浏阳有赣语、湘语和客家语三大方言，占有中国八大方言片区中的三种，形成“一县三音”的特点。以城区为中心的方言属于赣方言系统的“浏阳方言”，俗称“浏阳话”，是域内居民主要交际语言。为湖南十大最难懂方言之一。

区别特征

浏阳方言与浏阳东南西北四乡方言共同具备赣方言的某些特点，但又有明显的区别特征。

表 18　　浏阳四乡方言声调情况与中古声调系统比较表

<table>
<tr><td>中古调类</td><td colspan="2">平</td><td colspan="3">上</td><td colspan="2">去</td><td colspan="3">入</td></tr>
<tr><td>清浊</td><td>清</td><td>浊</td><td>清</td><td>次浊</td><td>全浊</td><td>清</td><td>浊</td><td>清</td><td>次浊</td><td>全浊</td></tr>
<tr><td>北乡话</td><td>阴平 44</td><td>阳平 55</td><td colspan="2">上声 34</td><td>阳去 11</td><td>阴去 22</td><td>阳去 11</td><td>阴入 43</td><td colspan="2">阳入 33</td></tr>
<tr><td>东乡话</td><td>阴平 33</td><td>阳平 45</td><td colspan="2">上声 24</td><td colspan="3">去声 11</td><td colspan="3">入声 42</td></tr>
<tr><td>南乡话</td><td>阴平 33</td><td>阳平 55</td><td colspan="2">上声 24</td><td colspan="3">去声 11</td><td colspan="3">入声 44</td></tr>
</table>

说明：表中各调的调值，分别以北乡蕉溪、东乡石湾、南乡大瑶和域内浏阳话为代表

浏阳方言有声母 26 个，包括零声母和[v]。声母 t、t' 的舌尖部位比普通话略前，有的卷舌程度比普通话弱。

浏阳方言韵母有 36 个，包括 m 和 n。韵母有开齐合撮四呼，但撮口呼只有一个 y 韵。浏阳方言有五种声调(轻声在外)。

表 19　　　浏阳方言五种声调情况表

调类	调值	调号	例字
阴平	33	┤	刚丁初商夫班聋翁
阳平	55	┐	朋门陈寒牛文符题
上声	24		表猛古好武老府纸
去声	11	┘	倍妇孟汉试岸附代
入声	44		必密急各木白服直

五种声调除上声外，都是平调型；入声不带辅音韵尾，但读起来有短促之感。与北京话相比，浏阳方言连续一般不变调。

语法特点

浏阳话没有儿化韵（“儿”字读成[y]），因此没有儿尾词。但浏阳话却有比儿尾更具有语法、修辞功能的“崽”[tsai]、“唧”、“哩”等词尾。如：

鸡崽，鸭崽，狗崽，猫崽，猪崽，牛崽；鸡崽唧，狗崽唧，猫崽唧，牛崽唧。

烟筒崽，书包崽，手巾崽，茶杯崽；烟筒崽唧，手巾崽唧，老虎崽唧。

细桌子崽，红帽子崽，小汽车崽，细蝴蝶唧，红帽子唧，白尾巴狗崽。

男孩——伢崽、伢崽唧；女孩——妹崽、妹崽唧；小孩儿——细人唧、细伢崽；小男孩儿——细伢崽、细伢崽唧；小女孩儿——细妹崽、细妹崽唧；老年人（男）——老倌子、老倌子唧；老年人（女）——婆婆子、婆婆子唧、老婆婆子唧；妇女（已婚）——婆娘唧、大嫂唧。

“男孩儿”可以叫“妹崽”或某“妹”，“女孩儿”也可以叫“伢崽”或某“伢”，如：贵伢，金伢，红妹，燕妹；贵伢崽，金伢崽，红妹崽，燕妹崽。

亲属称谓

祖父——公公、公唧；祖母——婆婆；外祖父——外公、外公唧；外祖母——外婆、外婆唧；父亲——爹爹、爹唧；母亲——m 妈、m 妈唧；伯父——伯伯；伯母——嬷嬷；叔父——叔唧；叔母——婶唧；妯娌——姆唧、婶唧；舅父——舅公、舅公唧；舅母——舅婆、舅婆唧；姐姐——姐唧；妹妹——老妹唧；哥哥——哥哥、老兄；弟弟——弟弟、老弟唧。

短词短句

有什么事——告麻里；睡觉——困告；口渴——巧干答；摔倒了——拌干一高；愚笨——捱滞；傻——宝气；这里——已唧；他们——他里；窗户——坎眼；鸡蛋——驳驳；一会儿——哈唧；可怜——作孽；冰冷的——沁人，冰冷咯；一点点——玷唧；什么——马哩；形容人幼稚——三岁搭两岁；形容人很悲惨——作孽巴沙；形容人做不好事——做不得一滴唧用。

你吃了饭没有——嗯，你哩吃哒饭冒；你现在在哪里啊——嗯已道库到哒唧；鸡蛋放在窗台上——驳驳放哒坎眼上。

新风新事

梅花小区保留了许多原住居民，又有较多的外地居民迁入。因此，既有诸多的传统文化，又吸收了诸多外来文化，加上现代文化，梅花小区发生了不少值得称道的新风新事。

居民投票选门卫

门卫由单位挑选，或者公开招聘；由居民自己来投票选举，却很少见到。

通过选举“为自己找一个称心如意的门卫”的事情就发生在梅花小区。

梅花小区 D 栋、F 栋共有 89 户住户，原来的门卫工作不负责，院子里乱糟糟的，吵得人心烦；主要没有安全责任意识，2003 年正月就有小偷进入好几个家庭。居民们茶余饭后坐在一起聊天：“咱自家的事还得自己管。”居民刘忠平、唐建荣等人立即牵头组成了物业管理小组，下设行政办、卫生管理办、治安办、财务科等“职能部门”及“单元长”。管理小组上任后，第一件事就是听取居民意见，组织居民竞选门卫。

2003 年 3 月的一个周末上午，居民们早早聚在一起，对报名竞选的 12 名候选人认真筛选:“某某胆大负责；某某细心扎实；某某稳重有余，灵气不足……”，居民们各抒己见，共同商讨自己认为最合适的人选。9 点，候选人相继即兴演讲，展现自己的工作优势，畅谈自己的工作打算。“我上岗后一定尽自己努力把保卫工作和卫生工作搞好，给住户们一个洁净、安全、温馨的环境……”经过大家民主投票，得票前 3 名的候选人通过初试，进入试用阶段，每人试用 2 个月。6 个月后根据工作情况，再由居民投票，选 1 人正式上岗。

D 栋、F 栋居民投票选门卫，使他们的居住环境越来越文明、越来越温馨。

雷锋超市

位于梅花小区人民东路 93 号，2006 年 5 月 26 日，长沙市首个“雷锋超市＂在这里正式挂牌成立。该“超市”前身是“爱心超市”，这一天也是“爱心超市”成立周年纪念日。

“雷锋超市”取名超市，却没有金钱和物质的交换，也没有明码的标价，它设在社区，货架上摆满油、米、被子、衣服等日常生活用品，物资来源一部分由民政部门调拨，一部分由社区居民和驻区单位捐赠。社区的低保户持 A 卡按月领取救助物资，困难户持 B 卡在逢年过节时得到帮助，遭受重大变故的家庭持 C 卡可以得到应急救助。

“雷锋超市”以雷锋的名义和道德的自觉开辟了一条新的分享经济社会发展成果的途径，这里既是一个献爱心的地方，也同样会让千千万万接受过救助的人心生感恩，他们感激这个社会以及身边相识和不曾相识的好人，他们可能永远也不会知道

2006 年 5 月，中共浏阳市委书记易佳良（右二）考察朝阳社区雷锋超市（资料照片）

这些人姓甚名谁，然而，他们感动之余，也决心尽力回报社会。

“雷锋超市”，不仅是有价的物质帮扶，更是无形的精神力量。

3000 人加入雷锋志愿者协会

“姓名：冯凤英；志愿者类型:文艺志愿者……”

2006 年 5 月 26 日，有 3000 余人先后来到小区和冯凤英一样填写了淮川街道社区志愿者登记表，加入了“雷锋志愿者协会”。

“雷锋超市”在朝阳社区挂牌成立，“雷锋志愿者协会”马上组织起来了。冯凤英和她的朋友们一起，穿上了迷彩服，背起了军鼓，用她们的热情向社区居民展示了中老年人的精神风采。精彩的表演，年轻人都称开了一回眼界。

“我们的义务表演虽然不能给居民提供衣、食、住、行等方面的物质资助，但给了居民一个耳目一新的精神感受。我们的努力就值得。”社区的文艺爱好者组织了军鼓队、腰鼓队、舞蹈队等。他们最实际的目的是让社区老年人老有所乐，同时还要给敬老院等行动不便的老人义务表演，给其带去欢乐。

圭斋园里的休闲也文化起来

时间已经是上午 10 点半了，晨练的人群早已散去。暖融融的太阳底下，圭斋园里显得极其温馨。两位老人正围在石桌椅上下象棋，不时传来善意的争吵声。这是“军师们”不断“飞象”“走马”地为双方支招。几位年轻的妈妈推着婴儿车，幸福地交流各自的育儿经验。老奶奶们则提着刚从菜市场买的新鲜蔬菜歇歇脚，有一句没一句地拉家常。这便是圭斋园里最为普通的一个生活场景。

“退休后，儿子、媳妇上班，孙子上学了，一个人呆在家里怪孤单的。想出来走走，圭斋园可能是我最适合的去处了。早上老人们在这里打太极拳，一轮下来整个人都显得特别精神。”家住梅花小区的陈老先生一边晒太阳一边絮絮地说。

陈老先生无不遗憾地说浏阳的户外健身广场真的很少，像朝阳社区梅花小区这样能为居民提供一个活动场所的也不多。才常广场是个不错的地方，可临步行街的各个商家放的音响一家赛过一家。对于爱静的老年人来说，宁愿选择一个安静一点的地方。再说圭斋园的文化气息比较浓，又立了全国“诗词之乡”的石碑，社区健身场所就应该与文化联系起来。地方大小倒是无所谓，最重要的是要布置得温馨一

2003 年 9 月诗词之乡在圭斋园授牌　　　　（王　青　摄）

点、文化一点。有些老人身体不太好，只能在家门口走走，有个像圭斋园这样的小广场可以活动活动，也是对社区老年人的一种关怀。

“老年人不能老呆在室内，出来活动一下手脚更加有益身体。”“我家住在黄泥湾那边，而我双休经常带孙子来走走，给他讲讲圭斋先生的故事，还有以前的梅花巷……无意中给他增加点知识也不错，爷孙俩其乐融融呢。”互不相识的老人们越说越融洽，看来，有文化味儿的社区健身场所的需求是越来越迫切了。

园内的门球场，几位老人正在打门球。淮川街道的第一次社区门球赛就是在这里举办的。

城管局情牵特困户

2005 年 1 月 1 日，特困户肖霞桂终于解决了多年的“心头病”。原来，他们一家两口仅有一间居室，吃、住、用都挤在一起，一直很想增加一点居住面积。通过位于梅花小区人民东路的市城管局多方争取、协调，肖霞桂他们终于增加了一间居室。同时，老两口还接到了市城管局干部刘世如送来的 200 元现金以及油、大米等生活物资。

市城管局自开展“一帮一”活动以来，9 名城管员联系朝阳社区 9 名困难户，2005 年上半年共做实事 26 件，帮助联系再就业、进行义务打扫、照顾老人等，还先后送去了慰问金 1800 元及油、肉、米等日用物资，使社区居民感受到城管局带来的一片温情。

2002年10月朝阳社区直选现场 （王 青 摄）

“我就是要自己投自己的”

2006年9月7日早上6点刚过，小区居民王大妈就把一家老小叫起来投票，“再不起来，就要排队了！”王大妈急匆匆地走在前边，儿子、媳妇和女儿紧跟其后。

6点30分，人民东路原市财政局门口人头攒动，已经排起了长长的队伍。朝阳社区在此设立了固定投票点，摆在桌子上的选举箱格外引人注目。已近古稀的王大妈接过工作人员的“朝阳社区委员会便民联系卡”，拿出随身携带的老花镜，仔细地看了起来。

7点，王大妈从工作人员手中接过“朝阳社区第六届社区居民委员会候选人提名票”。不远处一个叫嚷的女子吸引了她的注意。上前一打听，原来这名女子的丈夫没有经过同意，就将她的提名票给“帮着填了”，该女子跑过来，要工作人员重新拿张提名票给她填，“我是我，他是他，每个人都有自己的投票权。我就是要自己投自己的。”工作人员笑着说：“对，谁也不能侵犯自己的投票权，这是每个公民的权利。”王大妈点点头，表示赞同。

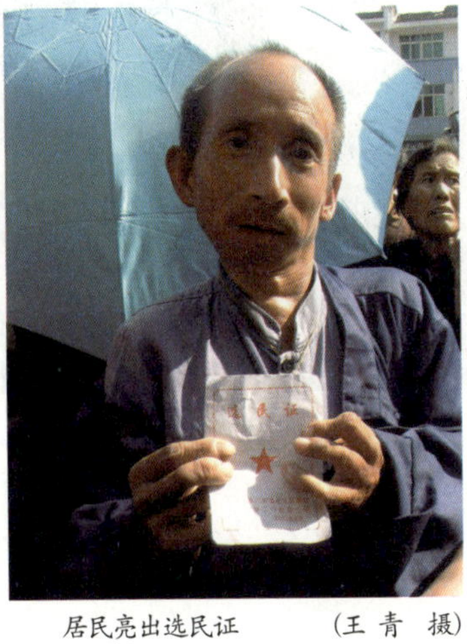

居民亮出选民证 （王 青 摄）

社区居民正在投票 （王 青 摄）

书记、市长共同打扫圭斋园

“城市是我家，清洁靠大家”。2007年10月19日，浏阳城区再次举行“万人清洁浏阳城”活动，迎接中国浏阳国际花炮节的举办。市委书记易佳良，市委副书记、市长梁仲及市领导吴震、付旭明、孙建科纷纷拿起扫帚，与市民一起清扫街道、公园。

上午9时许，市领导一行来到划定的责任区梅花街，领取了清扫工具后，立即投入清扫队伍中。他们分工合作，有的扫地，有的捡垃圾，有的清除“牛皮癣”，不一会儿，个个都是汗流浃背。易佳良与梁仲负责清扫圭斋园，只见他们不停地舞动扫把，将一片片树叶、一堆堆垃圾清扫干净。发现有的垃圾被粘住了，易佳良便弯下腰去用手撕起来，一边环卫处的工作人员打趣道:“易书记，你扫地比我们环卫工人还细致啊!”许多市民看到市领导在清扫街道，也纷纷主动投入到清扫的队伍中来。一位年轻的母亲捉住小孩的双手，在现场手把手地教孩子扫地呢。没有身份高低，大家一齐行动，用自己的双手扮靓共同生活的城市。

2007年10月中共浏阳市委书记易佳良（左）、市长梁仲（右）清扫圭斋园，参与创建卫生城市　（资料照片）

人物家庭

“七尺微躯酬故友，一腔热血溅荒丘”。唐才常的《狱中题壁》，回应了谭嗣同的“吾自横刀向天笑，去留肝胆两昆仑”。两位近代改革先驱、元代文学和史学大师欧阳圭斋，是梅花小区历史人物的典型代表。出自小区的各界精英、诸多的革命烈士不胜枚举。

家是最小国，国是千万家，家国两相依。梅花小区，作为浏阳古城人口最集中、居住率最高的老城区，保持和传承了诸多优良家风家训。在传承的基础上，吸纳、创造、创新了传统家风家训，具有鲜明的时代特色。

本章有已故人物（革命先烈）、当代人物、家庭简谱、家风故事、家训家规五个方面的内容。

已故人物

人物传记

欧阳玄

欧阳玄塑像　　（王雄文　摄）

欧阳玄（1283—1357年），字原功，号圭斋，与欧阳修同宗。住浏阳县城南面天马山麓。系元代著名的史学家、文学家。

欧阳玄8岁能诗文，有令其赋梅花诗者，玄立成十首，晚归又赋百首。14岁应县试取第一。随后潜居攻读，凡经史子集，伊洛诸儒学说，无不研究。元延祐元年（1314年）应乡试，以《天马赋》登亚榜。次年，以乡贡中第三名进士。授平江州同知，旋调芜湖县尹、武冈令，后入京为国子监博士，累迁翰林院等制兼国史院编修官。以史学成就最为突出，同时也以诗文闻名天下，因其学识渊博，文绩卓著，人称“一代宗师”，与王约并称元代“鸿笔”。

至正三年（1343年）诏修宋、辽、金三史，起用欧阳玄为总裁。全书467卷，尽由他援笔审定。馆中有恃才负气者，玄初不予争执，待呈稿修订后，往往使之愧服。此外，还著有《四朝实录》（泰定、明宗、文宗、宁宗四朝）一卷，《经史大典》八百八十卷、目录十二卷、公牍一卷，《太平经国》二百二十二卷，《元律》一卷，《至正条格》二十二卷，《睽车志》一卷，《奎斋集》十五卷。其中，《睽车记》用神鬼喻世警人，比《聊斋》故事早300余年。明文学家宋濂将欧阳玄与欧阳修并提，称“双璧相望，照耀两间”。

欧阳玄死后，追封楚国公，谥号“文”，葬宛平县香山石井村。后由其孙继宗移归，葬浏城南天马山麓“罗汉晒肚”处。

后人将欧阳玄与北宋名宦杨时（曾任浏阳县令，有惠政）并称为“二贤”，建二贤祠入祀。民国时拆城墙修马路，以其一段命名“圭斋路”。至2002年，拉长修直拓宽了该路，为浏城东西主大道，并塑欧阳玄像立于该路圭斋公园中。

谭嗣同

谭嗣同（1865—1898年），字复生，号壮飞，祖居谭家大屋位于梅花巷丹桂坊。后分居于城北正街大夫第（今北正南路）。清同治四年二月十二日（1865年3月10日）在北京宣武城南孏眠胡同出生。5岁启蒙，10岁受教于名儒欧阳中鹄。12岁结识大刀王五等，学剑习武。13岁回浏阳，再师欧阳，与唐才常相友契。后二年，又师从涂启先深究诗文。嗣同鄙弃八股文，而父命难违，不得不勉强应付，因此，常有“一生才力尽消磨”之叹。

谭嗣同（资料图片）

其父谭继洵外任甘肃秦巩阶道时的隆冬，谭嗣同驰马7昼夜，行程1700多里，粮尽则“斧冰作糜”。20岁入新疆巡抚刘锦棠幕。谭继洵升湖北巡抚，谭嗣同随去武昌，时与唐才常、刘松芙等相聚，交流维新变法思想。光绪二十一年（1895年），与唐、刘等共议后，在浏阳县城奎文阁办算学社，开湖南新学之先河。以后漫游陕、甘、苏、皖等十多省，接触下层社会，目睹各地饥民惨状，立志救民于水火。

光绪二十四年（1898年），应湖南巡抚陈宝箴邀，回湘参与新政，办《湘报》，办“时务学堂”，成立图书室，捐献藏书101种、557册。创立南学会，自任会长，宣扬“爱国之理、救亡之道”。同年六月，光绪帝推行新政，征召谭嗣同进京。谭深知变法之风险甚大，行前嘱妻李闰：“视荣华为梦幻，视死辱为常事，无喜无悲，顺其自然。”又谓时务学堂师生：“我不病，谁当病者？”九月十五日，被授以四品军机章京行走，遂积极推行新政。慈禧太后怒，欲废光绪帝，取消新政。二十一日，慈禧囚光绪帝于瀛台，下令捕新党。梁启超力劝谭嗣同一同出走。谭嗣同谢曰：“不有行者无以图将来，不有死者无以酬圣主。”大刀王五及日本友人复劝其逃，谭嗣同又谢曰：“各国变法无不以流血而成，今日中国未闻有因变法而流血者，此国之所以不昌也。有之，请自嗣同始!”二十四日，谭嗣同被捕。二十八日，就义于北京菜市口。刑前高呼：“有心杀贼，无力回天，死得其所，快哉，快哉!”当时由浏阳会馆长班李凤池收尸入棺。次年由其亲属运棺回浏，葬于原牛石乡翟水村石山下（现荷花街道办事处所辖）。

民国2年（1913年），县城建谭烈士专祠，后又以嗣同为县城路名。1983年，湖南省人民政府拨款复修谭祠、谭墓，并建谭嗣同纪念馆，对外开放。

唐才常

唐才常（1867—1900年），字绂丞，后改佛尘，又自署洴澼子。清同治六年四月初九（1867年5月12日）出生于浏阳县城之孝义里（原胡家巷内，今梅花小区）。幼从父读，及长，与谭嗣同共学于欧阳中鹄。

唐才常　（资料图片）

光绪十二年（1886年）以县、府、道三试冠军入泮，为清代浏阳连夺“小三元”之第一人。光绪十八年（1892年），与谭嗣同倡立浏阳群萌学会。光绪二十年（1894年）春，应谭嗣同邀，赴湖北考入两湖书院，课余在外兼教习。常与谭嗣同、刘松芙等切磋学问，议论时政。甲午之战，中日《马关条约》签订，唐才常慨叹:“非是和倭，直是降倭，奸臣误国，古今所无。”光绪二十一年（1895年），致书浏阳欧阳中鹄、邹岳生等，建议购洋枪，开算学馆。集资办算学社于奎文阁。光绪二十二年（1896年）易社为馆。光绪二十三年（1897年）举先绪丁酉科拔贡。时陈宝箴等维新派主湘政，唐才常应邀赞襄，设学会，办警察，办《湘学新报》，任《湘报》总撰，倡办时务学堂，大力推行新政。

光绪二十四年（1898年）“戊戌政变”前夕，应谭嗣同电召，赴京参政。方抵汉口，闻谭嗣同死难，遂赴上海结同志谋应变。不久赴香港、新加坡、日本各地联络侨胞，筹集款项以图起义。光绪二十五年（1899年），游香港、南洋各地，劝康有为与孙中山合作救国难。唐才常与孙中山会于日本，商讨湘鄂及长江起兵计划，订殊途同归之约。又筹款32000元，携至汉口，准备起义。并建自立军。后因事泄，唐才常与林圭等十余人先后被捕，七月二十八日（1900年8月22日）同被杀害于武昌紫阳湖畔，年仅33岁。其题狱壁诗有“七尺微躯酬故友，一腔热血洒荒丘”之句。

民国19年（1930年），当局拨款修其墓（墓在武昌东湖）。其遗属将修墓余款3万余元，捐赠东湖中学建庚子烈士堂。浏阳县当局为纪念他，将环城路之一段命名“才常路”。

丁静庵

丁静庵（1843—1901年），又名铸元，祖籍江西省金溪县竹溪，清道光二十三年（1843年）生。咸丰十年（1860年）到浏阳县城，在同乡所开王锦隆布号学徒。出师后，协助祖父丁玉圃经营培德厚商号。两年后，祖父返原籍，他主管店务。他看准鞭炮销路转畅，遂停营夏布和折表纸，专营鞭炮。在广东佛山镇八间楼开设鼎和元爆庄。又在香港德铺道西设分庄，开创浏阳鞭炮的海外市场。使浏阳鞭炮畅销国内外。丁静庵暇时喜读《周易》《史记》等书，常引太史公语，谓人“不能不知理财”，经商者应“智于权变，勇于决断，仁于取予、强于自守”，要“乐观时变，人弃我取，人取我予。”因此，县内名儒欧阳中鹄称誉他是“商界特殊人才”。

丁静庵经商30余年，积资巨万，却布衣粗食，崇尚俭朴，从不坐车轿。他还乐善好施，对伙计回乡者必送程仪，奔丧者必送奠仪。举凡修桥补路或救灾，他都乐于捐资相助。城西、城南两座万寿宫，就是他捐资修建的，城南万寿宫后来改作了豫章小学（即原浏阳十五中，今名河鑫都）。

光绪二十七年（1901年）九月，病逝于浏阳，名人刘人熙等均往吊丧。

黄　徵

黄徵（1873—1932年），原名祖勋，字颖初。浏阳城关人。清同治十二年五月二十二日（1873年6月16日）出生。4岁时，父远游，随母寄居舅家，由其母刘大家（音姑）课读。徵早慧，12岁即作《促织诗》：“促织复促织，夜阑应禁声。母劳嗟可息，窗畔已鸡鸣。”于是才名远播。15岁，由戚族资助就读于县城二贤祠，与谭嗣同、唐才常同出名儒欧阳中鹄门下。17 岁，于母族刘昆山家设馆教书。19 岁中秀才。

光绪二十二年（1896 年）冬，应谭嗣同聘赴金陵（南京），襄助文牍。光绪三十二年（1906 年）春，担任《浏阳乡土志》采访，旋任总纂。同年，萍浏醴起义军攻浏，修志事遂中止。光绪三十三年（1907 年）任教长沙中路师范。宣统元年（1909 年）举优贡，列廷试二等，以两广盐运司经历待用。次年赴广东候补，在官报局任职。宣统三年（1911 年），因辛亥革命爆发，经沪返湘。民国元年（1912 年）至民国 20 年（1931 年），除曾任财政部统计处审计主任、湖北电政总务科科长及供职湖南省建设厅外，主要工作于铁路部门，先后任株萍铁路局文牍、秘书，湘鄂铁路局文牍课课长，京汉铁路局秘书等职。曾与詹天佑同事。民国 20 年（1931 年）冬，因病辞职。农历十二月十八日（1932 年 1 月 25 日）卒于武昌寓所，终年 59 岁。

宋天放

宋天放（1898—1941 年），1898 年生于浏阳县城。是北京大学马克思学说研究会发起人之一，北京共产主义小组成员。北京“五四”爱国反日大游行行动小组策划人之一，火烧赵家楼、痛打章宗祥、“二七”大罢工直接参与者。曾编写《京汉铁路工人流血记》，并任中共北京区委党刊《工人月刊》编辑。善书法、金石、篆刻。1941 年逝世，时年 43 岁。

谭影竹

谭影竹（1902—1951 年），清光绪二十八年（1902 年）生于浏阳县城一商家。13 岁到长沙读中学。民国 9 年（1920 年）到长沙《大公报》印刷所学铅印排字，参加船山学社夜校学习。在夜校认识了毛泽东、郭亮、何叔衡等，加入了马克思主义学会，开始从事工人运动。1922 年加入中国共产党。先后担任过中共常德特委书记、湖南省总工会执行委员、长沙市总工会委员长等。因挪用公款，受到党内警告处分。1927 年 5 月“马日事变”后，组织推荐去汉口任中华总工会组织部部长。因思想动摇，称病去上海，骗取中共中央信任，被派去南昌工作。他趁机携活动费银元 500 元，逃往福建漳州，投靠其姨夫、国民党某师师长陈祖庚，化名李建，潜身任教。

1932 年春回长沙，公开叛变，得到国民党湖南省省长何键的重用。同年 5 月，谭任湖南省保安司令部特务股股长，在浏阳、平江、岳阳等县，大肆诱捕革命者，两年内共拘押逮捕杀害400余人，致使中共很多地下组织遭到严重破坏。他却因此发了横财，共积万余银元，买了朱云谷堂65亩田产。1949年10月，被湖南省人民政府公安厅逮捕，交省高级法院审判定罪，1951年3月在长沙伏法。

汤天成

汤天成（1919—1982年），1919年1月18日出生在达浒金坑一个贫苦农民家庭。1932年，随父兄参加省苏维埃没收惩罚委员会工作。1933年与组织失去联系。1945年，抗日战争胜利后迁到县城，在高升街开设汤天成酒作坊。

中华人民共和国成立后，他积极投身社会主义事业，于1951年2月任东长完小校长，城关区工商联主任，1954年11月加入中国共产党。1952年7月至1971年，先后任城关区副区长、区长，城关镇副镇长、镇长，永和区区长、商业局副局长、料源煤矿矿长、县供销社副主任、民政科副科长、文家市医院党支部书记等职。1972年任县人民医院副院长，1980年5月，批准退休。1982年7月3日因病去世。

黎贤禄

黎贤禄（1921—1995年），梅花巷黎家大屋人。原系云南省保安司令部参谋处少校参谋，1949年12月参加云南起义。1950年入中国人民解放军军政大学学习，同年任解放军13军随营学校文化教员。1952年资遣回乡，交群众管制。1982年平反，恢复其起义人员身份，明确为副科级干部。1995年5月病逝。

李　明

李明（1917—1997年），1917年1月出生在浏阳县城。青少年时期接受了马克斯列宁主义思想，立志参加革命，走上抗日救国、独立解放的道路。1938年1月参加革命，进入延安抗日军政大学学习。1939年2月加入中国共产党，先后担任晋察冀军区教导团副营长，四分区17团副参谋长、参谋长、副团长；张家口市卫戍司令部教导队队长、晋察冀军区教导师二团副团长、独立二旅副团长；四纵随营学校教育长。解放战争中，李明参加了保卫张家口、保南、正太、青沧、保北、大清河北、清风店和解放石门等战役战斗，为全国解放做出了重要贡献。中华人民共和国成立后，李明历任北京纠察总队支队长、大队长，北京公安总队司令部参谋长、第一副总队长兼参谋长、北京卫戍警卫二师师长、河北省军区司令部副参谋长、北京卫戍区司令部副参谋长。

1997年11月30日23时29分，因病医治无效在北京逝世，终年80岁。

黄慕兰

黄慕兰　　（资料照片）

黄慕兰（1907—2017年），黄徵（颖初）之女。祖屋在浏阳城碧玉巷10号（今嗣同路59号至问津寺之间）。光绪三十三年六月初九，即1907年7月18日，在浏阳城北门外（今梅花小区税务局宿舍东）的黄家祠堂里出生。1926年加入中国共产党，担任汉口妇女部部长。1927年国共分裂后不久，黄慕兰赴上海任中共书记处秘书兼交通员，周旋于旧上海的各种场合，在隐蔽战线屡建奇功，参与营救过周恩来、关向应等多名中共重要领导人，演绎了一个红色特工的人生传奇。解放后，黄慕兰以民主人士的身份在上海从事居委会工作和救济总会工作。

黄慕兰一生波折，经历多次牢狱之灾。前两次是被国民党关押。后受潘汉年案牵连，两度进入秦城监狱，前后被监禁17年。1980年，黄慕兰冤案昭雪，后任上海市政府参事并离休。2017年2月7日，黄慕兰在浙江杭州辞世，享年110岁。

黄彰任

黄彰任（1916年—2012年），原名黄彰信，黄徵（颖初）之子。1916年11月生于浏阳，后随父母居武汉。黄彰信读中学时因参与学潮被开除学籍。后持已故二哥黄彰任的文凭考入武汉大学土木系，从此一直沿用“黄彰任”之名。

黄彰任先后担任台湾大学土木系副教授、美国密歇根州公路局桥梁工程师、美国J.G.WHITE纽约总公司结构工程师、泰国森美实业公司总经理和泰国森美石油公司董事长等。

黄彰任关心家乡，在浏阳先后捐建人民医院医师公寓、办公大楼、医疗设备等。先后在美国设立黄彰任基金会，在瑞士设立欧阳遇基金会，资助赴欧美留学深造的家乡学子。

黄彰任对我国汉字书写方面进行大胆的改革。著《常用黄草字库》，包括繁简体字 6441 个，按拼音顺序排列，便于中文打字及学习的查考，亦为两岸文字统一的桥梁。2012 年 10 月 30 日，在美国洛杉矶因病去世。

张梅青

张梅青（1936—2002 年），女，民国二十五年（1936 年）十一月出生于城关镇东街。1957 年 7 月毕业于浏阳一中初中部，同年 8 月由县教育科派往大围山山区工作。先后在东门完小、三星完小任教。虽体弱多病，仍坚持跋山涉水，走村串户，决心为山区教育事业奉献自己的一切。张梅青于 1958 年被评为县建设社会主义积极分子，1959 年被评为湘潭地区建设社会主义先进个人；1960 年被评为湖南妇女先进个人，同年被评为全国文教卫生系统劳动模范，赴北京出席了全国劳动模范表彰大会。1969 年调回城关，执教于城东完小，至 1982 年退休。2002 年 1 月病逝。

晏瑞云

晏瑞云（1928—2003 年），女，1928 年 2 月 13 日出生，祖居枨冲镇枨冲村红星组。1933 年 2 月至 1938 年 9 月随父在津市读小学，1939 年 2 月至 1943 年 9 月在兰田、新化读初中、高中。1945 年 2 月至 1985 年 12 月先后在枨冲、桃源漳江、浏阳县城城关完小、城东完小和城关镇中心学校任教。1961 年被评为浏阳县城关镇名教师，1979 年被评为县教师战线先进个人，1980 年 1 月加入中国共产党，同年当选为浏阳县第八届人大代表，并被评为湖南省首批特级教师，当选为长沙市第七届党代会代表。几十年来，晏瑞云注意根据儿童的特点进行教学，积累了宝贵经验，为浏阳教育事业发展做出了积极贡献。2003 年 12 月因病在浏阳去世。

孔佛生

孔佛生（1919—2011 年），男。1919 年 1 月 14 日出生于浏阳上东乡田心村（今属大围山镇）。1937 年 6 月参加中国工农红军，后随湘鄂赣人民抗日军第一游击支队北上抗日。1939 年 12 月加入中国共产党。1938 年 7 月至 1940 年，任新四军一支队一团勤务员。曾担任新四军一师勤务员、执法员、警卫员、侦察员；皖浙支队排长、副连长、连长、营副政治教导员、副营长；中南军政大学上干队、第四高级步兵学校学员。

1995 年暑假，老红军孔佛生给浏阳县委机关小朋友讲革命故事（资料照片）

1953 年任中国人民解放军某部副团长。1955 年，被授予少校军衔，获独立自由勋章、三级解放勋章。1956 年 1 月起，先后任浙江军区干部文化学校二队队长、副校长，浙江军区训练团副团长。1958 年 7 月转业在浙江工作。1973 年任重庆钢校财务科科长。1974 年任浏阳县财政局副局长，住胡家巷。1979 年离休，1985 年起享受副厅级待遇。2011 年 4 月 21 日因病医治无效逝世。

革命烈士

本节收录了 20 世纪以来在革命斗争、保卫祖国和社会主义建设事业中牺牲的烈士。他们永远活在人民的心中。

表 20　　1926—1990 年梅花小区革命烈士名录

姓　名	出生地	生卒年	最终职务	牺牲简况
刘宜康	胡家巷	1907—1930	红三军团班长	在长沙市中山路阵亡
刘象福	胡家巷	1892—1930	县赤卫总队排长	在状元洲被杀害
李桃松(女)	新文路	1889—1932	乡妇联主任	在苏区第八区二乡工作，被杀害
张茂吾		1913—1932	区苏维埃交通员	在张坊被杀害
杨添荣	新文路	1887—1932	乡苏维埃财粮	在苏区八区二乡被杀害
邹介甫	新文路	1929—1951	解放一区区公所秘书	土改中在沿溪桥梓山坡被特务杀害
钟立明		1900—1930	乡缝纫工会委员	在大坪竹埠岭被杀害
钟立南		1882—1930	乡苏维埃交通员	化名马俊，大坪竹埠岭阵亡
钟立栅		1898—1930	乡苏维埃哨线长	在荷花坊被杀害
姜宗和	圭斋路	1887—1930	红一纵队副排长	在长沙县东山阵亡

续表 20

姓　名	出生地	生卒年	最终职务	牺牲简况
黄春元	圭斋路	1907—1928	桃源县中共地下工作者	在桃源被杀害
彭懋荣	胡家巷	1899—1926	县商民协会委员	在状元洲被杀害
彭懋绪	胡家巷	1886—1927	县篾业工会执行委员	在状元洲被杀害
魏左生	圭斋路	1902—?	红五军战士	在长征途中失踪，1956 年追认烈士
黎懋庄	中心街	1900—1929	湘鄂赣边游击一支队政委	在平江长寿街阵亡
王功眉	中心街	1898—1930	一区呼田乡苏维埃主席	在达浒呼田被杀害
王庆生	中心街	1890—1933	一区二十六乡苏维埃主席	在金坑板贝被杀害
甘厚国	中心街	1898—?	赤卫军独立团战士	1930 年失踪，1956 年追认烈士
刘沅丰	中心街	1889—1929	区农民协会委员长	在普迹被杀害
刘性珍	中心街	1884—1930	区苏维埃通讯员	在江西铜鼓阵亡
刘宜康	中心街	1907—1930	湖南省苏维埃土地委员	原籍金刚在江西桐木岭樟树坪被杀
汤陶氏（女）	中心街	1895—1932	乡苏维埃地下工作人员	在杨潭双江口被杀害
李三和	中心街	1902—1930	乡苏维埃主席	在大圣洲田阵亡
李先定	中心街	1899—1930	乡苏维埃交通员	在凤溪乌石病故，1956 年追认烈士
李寿元	中心街	1909—1930	区联队战士	原住金刚易马，在江西修水阵亡
李耕春	中心街	1889—1930	中共区委组织委员	在东门三元桥被杀害
李淮生	中心街	1893—1928	县工人纠察队队员	在状元洲被杀害
张子成	中心街	1927—1951	华东军区七十一师副班长	在苏州作战牺牲
陈友华	中心街	1904—1926	工人纠察队战士	在普迹阵亡
陈连生	中心街	1892—1930	少年先锋队员	在官渡被杀害
陈新瑜	梅花巷	1930—?	志愿军战士	在朝鲜失踪，1956 年追认烈士
娄正林	中心街	1880—1932	区赤卫军排长	在县城西门被杀害
胡志芳	中心街	1898—1930	乡苏维埃土地委员	在江西万载被杀害
唐际阶	中心街	1904—1927	县工农义勇队战士	在普迹阵亡
黄士华	中心街	1911—1931	红十六军战士	在文家市阵亡
陶光丁	中心街	1907—1931	县赤色警卫团特务长	在蒋埠江被杀害
谢启行	中心街	1926—1950	解放军一三三师战士	在广西桂林地区阵亡
蓝典吾	中心街	1900—1932	乡苏维埃交通员	在达浒邓家洲被杀害
谭显立	朝阳街	1913—1931	少年先锋队队员	在江西万载株木桥阵亡
谭显彬	朝阳街	1900—?	红五军战士	在长征途中失踪，1956 年追认烈士
戴仲干	中心街	1913—1930	县赤卫军支队班长	在江西莲花阵亡

当代人物

李东海

李东海，男，1958 年 8 月出生，中共党员，长沙市和浏阳市科协常委，高级工程师，优秀民营企业家，自强不息的残疾人。获长沙市第五届学雷锋扶残助残“善行四十佳”“十佳自强模范”荣誉称号。自创建浏阳市科技模型厂 30 多年来，培养了 500 多名专业模型技术人才，解决了 100 多位困难群众的就业问题，企业为长沙市科普教育示范基地，向中小学生面授科普知识、利用村村通进行科普宣传，收到良好效果。尽管已经致富，几十年来，却一直住在朝阳社区老房子内，把钱用在社会公益事业上，对残疾人、贫困学生等进行长期帮助。

唐自力

唐自力，男，1961 年出生。曾任浏阳枨冲供销社党支部书记兼主任 10 年，现任湖南比一比贸易有限责任公司董事长兼总经理、党支部书记。1999 年改制下岗创业，从小商店做到大超市，一步一个台阶，2017 年已发展到 11 家连锁超市、1 个配送中心和 1 个大型食品加工厂，60 多家万村千乡加盟店，拥有 5000 多名职工。自创办超市以来，共上缴国家利税 8000 余万元，其中 2017 年 760 万元；先后共出资 500 多万元捐助特困户、希望工程、特殊学校，民间修桥筑路等各种公益事业，一直坚持每年资助 10 名田家炳中学贫困学生；在 2003 年抗击“非典”、2008 年抗击冰灾中企业积极主动承担起稳定物价、保障供应、平抑市场的社会责任。先后被评为“长沙市再就业工程先进工作者”“长沙市第十八届劳动模范”“湖南省诚信守法经营标兵”等。

谢城佑

谢城佑，男，浏阳市政协委员。1970 年创办城关镇化肥厂，后开办爱民化工厂，逐渐走上致富道路。他致富不忘回报社会，倾情公益事业。1989 年，他腾出自己两层楼房，无偿捐给朝阳街居委会开办幼儿园，自己还拿出 6 万多元添置床铺、椅子、玩具。黄泥湾小学建校，他捐资 4000 元；淮川二中建校，捐资 10000 元；城关镇兴建敬老院，他捐资 10000 元；淮川办事处在城东村兴建老年公寓，他再次捐款 10000 元；多年来，他为公益事业和“五保户”、特困户、贫困学生、残疾人和公益事业捐款达 42 万元。《湖南日报》等报刊先后报道过他的事迹。浏阳市人民政府授予其企业“先进单位”称号，授予他“文明市民”荣誉称号。

贝劲松

贝劲松，男，1974 年 6 月出生。浏阳船仓人，住梅花小区 B 栋，研究生学历，工学博士学位，高级工程师，享受国务院政府特殊津贴，中直机关劳动模范。

1990 年在浏阳一中以当年浏阳高考理科第一名（长沙市第三名、湖南省第五名）优异成绩考入清华大学。1995 取得学士学位后免试在该校硕博连读。1999 年 12 月从清华大学计算机应用专业博士研究生毕业后进入中国人民银行清算总中心工作。曾任中心开发部技术总监、副总工程师、总工程师、党委委员兼副主任，现任中国人民银行清算总中心主任、党委委员。

胡明月

胡明月，男，省政协委员，浏阳市政协常委、远洋烟花制作有限公司董事长。1994 年经民政局批准，投资 20 多万元买下一栋楼房办起 HP 儿童院，先后收养了 20 多名孤儿，最小的出生才 7 天，最大的 12 岁。他全家同孩子们同吃、同住、同乐，全身心照顾孩子们的生活。并动员教书退休的母亲和岳父当孤儿院的义务辅导员，努力将他们培养成有用之才。这群来自贫困山区的孤儿，在他的精心培养下，茁壮成长，已有 5 人考入大学，其中 4 人已走上工作岗位。至

2002年，他投入200万元用于孤儿院的建设和孩子们的生活、学习费用，受到社会普遍称赞。中央电视台、湖南卫视、《人民政协报》、《羊城晚报》、香港《新地》周刊等10家新闻媒体先后报道过他的事迹。各级领导、海外华侨、台湾同胞前住考察。联合国妇女儿童组织官员称之为“浏阳模式”。

谢万坤

谢万坤，男，1944年9月出生。当军医6年，在关口医院工作10年。1981年辞去院长职务办猪场，成为浏阳第一个万元户，猪场成为第一个百头猪场；免费接待、培训4万多名来访、学习者；被民政部和总政治部评为全国模范退伍军人，先后受到李先念、王震、王首道、熊清泉、陈邦柱等中央、省级领导及袁隆平院士接见和推介。他将在部队学习使用过的针灸技艺发扬光大，自创谢氏针灸为民治病。为浏阳河旅游风光带建设积极建言献策，自掏30多万元在浏阳河天马大桥东建成楹联文化景点。

冯凤英

冯凤英，女，1946年8月出生，1982年加入中国共产党，淮川街道朝阳社区朝阳艺术团党支部书记。她在教育线工作了20多年，1994年退休后，牵头组建浏阳市朝阳艺术队（后为艺术团），担任负责人。在她的带领下，艺术团锐意革新，积极进取，发展壮大。先后组建了军乐队、民乐队、秧歌队、太极队、舞蹈队、合唱队多支才艺队伍，人数也由当初12人发展到120人。从1994年至2017年，每年义演近100场次；曾7次参加全国性文艺演出、20余次参加省市比赛。多个节目获省、国家一等奖、金奖。她带领着团队创作了68部文艺作品，宣传党的理论，弘扬社会主义核心价值观，深受群众喜爱。

杨仕伟

杨仕伟，女，1967年为城关出口花炮厂钻眼车间工人。先后任班组长、车间主任、生产科科长、厂长，花炮工程师。1970年，工厂急需和药工，这是男人做的高危工作，每天和药四五十斤。杨仕伟自告奋勇，成为第一个女和药工。而且改进方法，每天和药 100 公斤。此后，她做过筑药、封装、成品等工作。每做一项，都刷新了高速优质的纪录。成为湖南省第一个女花炮工程师。

杨仕伟担任厂长的 1977—1983 年，城关出口花炮厂安置城镇待业人员 1370 人，占城关地区待业总人数的 80%，被评为湖南省安置就业先进单位。她本人先后被评为第一届全国“乡镇企业家”、全国“三八红旗手”、“女能人”，被授予“中国改革功勋章”、长沙市“巾帼十杰”等荣誉称号，享受同级劳动模范待遇。先后当选为第八届全国人大代表、第九届湖南省人大代表。

家庭简谱

淮川街道朝阳社区辖区面积 0.9 平方千米，辖 20 个居民组，有住宅楼 110 幢，户籍居民 3456 户、9465 人。梅花小区（梅花小组和朝阳小组）2017 年底户籍在案的住户共有 584 户计 1388 人。其中男 812 人，女 576 人。

表 21　　2017 年梅花小区家庭档案资料一览表

一、双跃组居民老一栋（梅花二弄 1 号和 2 号）							
户　主	籍贯	民族	家庭成员	户　主	籍贯	民族	家庭成员
李　仁	浏阳	汉	张华珍(妻)李婷(女)	易晓波	浏阳	汉	
陈菊阳	浏阳	汉		陈菊阳	浏阳	汉	
黄小金	浏阳	汉	陈以聪(夫)陈方强(儿) 熊昌萍(儿媳)陈晓妍(孙女)	涂国良	浏阳	汉	涂传道(父)廖满媛(母) 周立荣(妻)涂思源(儿)
邓淑媛	浏阳	汉	邹发祥(夫)	周建伟	浏阳	汉	周梓科(儿)　张梅(妻)
汤由善	浏阳	汉	张玲	汪钢军	浏阳	汉	周稀莲(妻)　汪思雨(儿)
苏启志	浏阳	汉	宁小清(妻)苏雅婷(女)	张　梅	浏阳	汉	
屈建国	浏阳	汉		任清华	浏阳	汉	戴翠梅(妻)任昊(儿)
黄明芳	浏阳	汉	赵志和(夫)赵健(儿)	尹一唯	浏阳	汉	
郭轶群	浏阳	汉	贝小兰(妻)郭剑锋(儿)	陈小阳	浏阳	汉	
李　芳	浏阳	汉		易兴成	浏阳	汉	
张华荣	浏阳	汉		焦迎春	浏阳	汉	邓竹林(妻)焦清谷（儿）焦守文(次子)

续表 21-1

户主	籍贯	民族	家庭成员	户主	籍贯	民族	家庭成员
二、双跃组教师宿舍楼（梅花一街 53～59 号）							
户 主	籍贯	民族	家庭成员	户 主	籍贯	民族	家庭成员
刘建平	浏阳	汉	张明忠(夫)张继红(女)	宋正生	浏阳	汉	宁凤兰(妻)宋德辉(儿)宋明(孙)
张凤英	浏阳	汉		肖金生	浏阳	汉	孙仲英(妻)
杨秀连	浏阳	汉		寻孝文	浏阳	汉	易晓波(夫)易慧琳(女)
吉琦玲	浏阳	汉	陈沪钦(夫)陈婵(女)	涂楚文	浏阳	汉	吴明兴(夫)
邓 华	浏阳	汉	刘宏君(妻)邓超(儿)	刘 强	浏阳	汉	鲁小男(妻)刘齐丹(女)
李效禹	浏阳	汉	喻干生(夫)	李 晖	浏阳	汉	郑丹(儿)陈子如(儿媳)郑菁辰(孙女)
黎命秋	浏阳	汉	杨金莲(妻)黎军(儿)黎芷萱(孙女)	王建辉	浏阳	汉	罗菊芳(妻)
罗栋坚	浏阳	汉	刘双贞(妻)罗锐(儿)	宋正生	浏阳	汉	宁凤兰(妻)
			黎月香(媳)罗以晴(孙女)	刘 娇	浏阳	汉	
屈斌钦	浏阳	汉	张花兰(妻)	潘 霞	浏阳	汉	李志刚(夫)
李荣光	浏阳	汉		林先仁	浏阳	汉	陈丹华(母)庞安(妻)林俊坤(子)林思纯(女)
易雪英	浏阳	汉		毛 媛	浏阳	汉	
三、梅花组垃圾站站边楼（梅花二弄 1 号）							
邱文新	浏阳	汉	程春连(妻)程果(儿)罗盼(儿媳)	张溯利	浏阳	汉	陈运连（妻）张星亮（女）
陈仕中	浏阳	汉	刘杏仁(妻)邱中正(儿)	邱华山	浏阳	汉	
邱衡山	浏阳	汉		–	–	–	
四、圭斋东路 82～114 号楼（梅花三街 1～9 号）							
叶兴发			曾兰英(母)	柳 震	浏阳	汉	
周 平				张文春	浏阳	汉	
彭 银	浏阳	汉		黄競雄	浏阳	汉	
饶继方	浏阳	汉	唐红梅(妻)饶卓(儿) 胡爱辉(儿媳)饶梓莹(孙)	鲁满秀	浏阳	汉	付景琳(儿)徐苗(儿媳) 付芳梦(孙)
胡 晓	浏阳	汉	胡言成(父)林芳桂(母) 叶守贵(夫)叶紫涵(女)	付新明	浏阳	汉	鲁满香(妻)付景运(儿) 张红霞(媳)付庆韬(孙)
赵 强	浏阳	汉 汉	卜伟红(妻)赵航(儿) 卜才轩(侄子)卜前建(亲戚)	金海珍	浏阳	汉	邓日富(夫) 邓思思(女)
罗 伟	浏阳	汉	罗承豪(儿)	罗光明	浏阳	汉	刘惊涛(妻)罗承志(儿)
肖柏林	浏阳	汉	肖胜(儿)肖霞(女)	周华春	浏阳	汉	
曹典辉	浏阳	汉		肖爱国	浏阳	汉	
赵湘林	浏阳	汉		聂友明	浏阳	汉	

续表 21-2

户　主	籍贯	民族	家庭成员	户　主	籍贯	民族	家庭成员
五、梅花三街 19～29 号（私产）							
曾全香	浏阳	汉		李佐林	浏阳	汉	陈建新(妻)刘丽平(媳)李峻熙(孙)
刘国文	长沙	汉		–	–	汉	–
六、梅花三街 66～94 号楼（私产）							
杜远骝	浏阳	汉	李桂文(妻)杜志舜(儿) 杜锦康(孙)杜心慈(孙女)	冯　伟	浏阳	汉	厉红燕(妻)冯绪锴(儿) 冯绪镭(儿)
李清远	浏阳	汉	肖谋道(儿)刘小光(儿媳) 肖淋森(孙)	冯　旗	浏阳	汉	黄学钊(女婿) 余智勇(子)
李清连	浏阳	汉		冯　红	浏阳	汉	鲁仲明(夫)
曾佑超	浏阳	汉	王芙蓉(妻)曾可(儿)	熊少峰	浏阳	汉	
陈英富	浏阳	汉	曾淑华(妻)	李朝普	浏阳	汉	
张端勇	浏阳	汉	陈菊生(母)	李东海	浏阳	汉	罗淑华(妻)李雅琪(孙女)
张春连	浏阳	汉	曾珍(夫)曾翼(儿) 曾小丽(女)	吴桂香	浏阳	汉	刘哲(夫)刘雨霖(孙女) 刘楚雯(孙女)
冯辉龙	浏阳	汉	冯斌(父)喻美珍(妻) 冯远(女)王方(女婿)	张吉林	浏阳	汉	
七、劳动南路							
张运珍	浏阳	汉	廉秀英(母)李艳森(夫) 李英科(儿)	张发清	浏阳	汉	罗湘林(夫)
唐友明	浏阳	汉		吴燕芳	浏阳	汉	吴凯(儿)
刘国文	浏阳	汉		罗奇高	浏阳	汉	
邹先辉	浏阳	汉	寻庄花(妻)邹俊(儿) 黄蓉(媳)邹娅淇(孙女)	张希名	浏阳	汉	
胡　湘	浏阳	汉	彭莲香(妻)胡喆(儿)	黄杏芳	浏阳	汉	
陈松权	浏阳	汉	张嘉连(妻)陈维(儿)	周欣欣	浏阳	汉	周绍武(父)左传芳(母) 李小军(夫)李周维(儿)
胡汉玲	浏阳	汉	李南英(妻)胡自豪(儿)	陶贤坤	浏阳	汉	
徐明亮	浏阳	汉	张甫英(妻)徐磊(儿)	张海祥	浏阳	汉	王梅荣(妻)张珏(女)
屈冬霞	浏阳	汉	张杰仁(婆婆)陈烨(夫) 陈绘如(女)	黄建新	浏阳	汉	
罗昌武	浏阳	汉	焦赛辉(妻)罗锐(儿)	邹运生	浏阳	汉	

续表 21-3

户　主	籍贯	民族	家庭成员	户　主	籍贯	民族	家庭成员
八、劳动南路 27～49 号楼							
李启珍	浏阳	汉		曾海龙			
陈万庆	浏阳	汉	谭巧玲(妻)	吴　佳	浏阳	汉	吴钰晴(女)吴文轩(女)周莉(妻)
陈年翰	浏阳	汉	黎小玲(妻)陈馨钰(女儿)	谢　辉	浏阳	汉	邵玉立(妻)谢添翼(儿)谢天翔(儿)
刘　玉	浏阳	汉	刘坚龙(夫)	胡招荣	浏阳	汉	
罗清泉	浏阳	汉	方良玉(妻)	唐　杰	浏阳	汉	
黄　云	浏阳	汉	李舟(夫)李钧(儿)	罗　萍	浏阳	汉	刘伯福(夫)刘佳奇(儿)
王小艳	浏阳	汉		卢桂珍	浏阳	汉	
黄　云	浏阳	汉	李婷(女)缪伟(女婿)	-	-	-	-
九、梅花一街、二街							
李双传 林耀连(妻)	浏阳	汉	谭术静(媳)李政(儿) 李曼妮(孙)李磊(儿) 李睿(孙)李家友(父)	林金城	浏阳	汉	李姣(妻)林耀辉(儿) 林婉沁(女) 胡耀珍(母)
何力强	浏阳	汉	唐小玲(妻)	吴春霞	浏阳	汉	
周松林	浏阳	汉		伍彩霞	浏阳	汉	陈优兵(夫)
章家奇	浏阳	汉	温连英(妻)章忠建(儿) 章洪榜(孙)廖湘玲(媳)	陈国彦	浏阳	汉	黄燕(妻)
李伟彬	浏阳	汉	钟丹(妻)李心仪(女)	唐明强	浏阳	汉	何美玲(妻)
何庆玲	浏阳	汉	黄国平(夫)黄孝鹏(儿)	许思丽	浏阳	汉	付湘华(夫)付群(儿)
陶庆明	浏阳	汉	唐芳(妻)陶茜雅(女)	许　伟	浏阳	汉	黎玉桃(妻)
朱　艳	浏阳	汉	翁天扬(女)	许跃翔	浏阳	汉	陈伏明(夫)陈思(女)
邹建珍	浏阳	汉	李锋(夫)李梓萌(女)	何邦润	浏阳	汉	
屈克和	浏阳	汉	屈传绪(父)许洪莲(母) 黄莹(妻)屈剑豪(儿) 屈森响(儿)	丁如意	浏阳	汉	
袁海林	浏阳	汉	屈花香(妻)袁明亮(儿)	卜　练	浏阳	汉	
宋向红	浏阳	汉	胡晓晴(女)	丁金质			汪小蕾(孙女)汪磊(儿)王宏亮(媳)
十、机关幼儿园宿舍（梅花二街 68 号）							
孔　兵	浏阳	汉	谭芳秀(妻)孔明威(儿)	寻　辉	浏阳	汉	
刘　莹	浏阳	汉	向日平(夫)向上(女)	邱利红	浏阳	汉	杨俊钦(夫)杨鹏程(儿)
彭容彬	浏阳	汉		王爱军	浏阳	汉	
谭　静	浏阳	汉	肖安仁(夫)肖馨仪(女)	罗会光	浏阳	汉	

续表 21-4

(续)十、机关幼儿园宿舍(梅花二街 68 号)							
户　主	籍贯	民族	家庭成员	户　主	籍贯	民族	家庭成员
钟桂连	浏阳	汉	许友明(兄)刘春华(嫂)许光前(婶)许全生(夫)许十光(儿子)汪阳、许子炎(亲属)	陈辉腾	浏阳	汉	唐端明(母)邓香花(妻)陈芝兰(女)陈浩(儿)
许光宇	浏阳	汉	杨明春(婆婆)刘和平(妻)许婧涵(女)	张秋明	浏阳	汉	朱海年(夫)朱育博(儿)朱嘉妮(女)
十一、梅花二街 12～24 号楼							
黎培彬	浏阳	汉		谢玉成	浏阳	汉	
彭　波	浏阳	汉	孔章平(妻)彭维尔(女)	林志刚	浏阳	汉	罗朝晖(妻)林逸生(儿)
屈先觉	浏阳	汉	屈剑(儿)屈敏(女)李平花(妻)屈紫涵(孙)	张建国	浏阳	汉	徐拈花
胡伯延	浏阳	汉	任伶俐(妻)胡轶韬(儿)	张　英	浏阳	汉	
周美玉	浏阳	汉	徐华辉(妻)周滔(女)周潭(儿)	周梅珍	浏阳	汉	王汉录(儿)陶美(媳)王明(孙)
章诗彪	浏阳	汉		梁斌泉	浏阳	汉	蒋功明(夫)
周正恒	浏阳	汉	周毅敏(儿)焦红球(妻)	–	–		–
十二、菜市场边私产楼(梅花二街 26～42 号)							
黄汝兰	浏阳	汉		周霞生	浏阳	汉	罗美珍(妻)
周　强	浏阳	汉	周懿(儿)周睿(儿)	张如武	浏阳	汉	张天忠、刘建松(儿)刘鹏(孙)刘慧忠(孙女)肖伟(儿媳)
何德伟	浏阳	汉		文拥军	浏阳	汉	
十三、梅花二街 72 号楼							
高　山	浏阳	汉		汤香兰	浏阳	汉	汤咏明(父)
张明厚	浏阳	汉		赖恩斯	浏阳	汉	
刘　雨	浏阳	汉	程荣华(妻)刘欣瑜(女)张淑萍(母)	曾庆平	浏阳	汉	
肖长青	浏阳	汉		唐　炳	浏阳	汉	
罗澄宇	浏阳	汉	陈平(妻)罗越(女)邹小平(母)	张建国	浏阳	汉	
邵海涛	浏阳	汉	曾兰英(妻)邵毅(儿)	周文波	浏阳		周菊圃(父)江福珍(妻)
吕建国	浏阳	汉		刘世新	浏阳	汉	

续表 21-5

户主	籍贯	民族	家庭成员	户主	籍贯	民族	家庭成员
(续) 十三、梅花二街 72 号楼							
暨茂和	浏阳	汉	朱庆香(妻)暨政(儿) 黄连容(媳)暨雅萱(孙女)	李惠琴	浏阳	汉	
邹海波	浏阳	汉		唐厚平	浏阳	汉	帅冬煌(妻)
周连堤	浏阳	汉		徐林怀	浏阳	汉	
易桃香	浏阳	汉		–	–		
十四、人民东路 99 号、101～107 号、109 号(私产)							
谢小年	浏阳	汉	邓珊(妻)谢松林(女) 谢婵(女)谢喜秋(弟)	余集由	浏阳	汉	田祝英(妻) 余婉婷(孙女)
戴文利	浏阳	汉		王勇	浏阳	汉	
陶静平	湘潭	汉	刘世安(夫)	李慧玲	浏阳	汉	李庆发(父) 吉佑连(哥)
罗伟	浏阳	汉	卢灵飞(妻)罗雨凡(女)	彭明芝	浏阳	汉	黄红英(母)阳伟(妻) 彭浩(儿)
彭顺成	浏阳	汉		屈建文	浏阳	汉	陈玉平(妻)屈洪(女)
刘开叔	浏阳	汉	谌水秋(儿)谌志钠(孙女)	宋珍南	浏阳	汉	李宏松(夫)
李政雄	浏阳	汉	刘燕(妻)	罗爱连	浏阳	汉	黄帅(子)黄欣怡(女)
钟细明	浏阳	汉	张文香(妻)钟瑶成(儿)	李四杰	浏阳	汉	贝先英(妻)李忠(儿)
文细华	浏阳	汉	彭芳(女)彭克明(夫) 张雅童(孙女)	陈国芳	浏阳	汉	姚安琪(女)
戴玉馨	浏阳	汉	戴文韬(儿)、黄妹云(妻)	冯先雄	浏阳	汉	–
吴新慧	浏阳		黄冬华(妻)	–	–	–	
十五、人民东路 111 号梅花小区菜市场 4 栋							
邱丽丽	浏阳	汉	刘明(奶奶)	寻建生	浏阳	汉	杨治伟(妻)寻觅(女)
周兆祥	浏阳	汉	周永盛(儿)易小年(妻)	冯菊英	浏阳	汉	姜锡强(夫)
邱建	浏阳	汉	戴跃林(妻)	陈升阶	浏阳	汉	陈全松(儿)孟秋凤(媳) 陈永鑫(孙)
李德正	浏阳	汉	胡杏祥(妻)	黄先辉			
张甫珍	浏阳	汉	张桐珍(姐)汪嘉力(儿)	徐克成	浏阳	汉	徐孟秋(二女)徐澍(儿) 王新元(妻)徐金婷(长女)
曾彪	浏阳	汉	曾子航(儿)陈湲(妻)	彭友华	浏阳	汉	李友方(夫)李诚恺(儿)
肖永乐	浏阳	汉		胡玉萍	浏阳	汉	

续表 21-6

（续）十五、人民东路 111 号梅花小区菜市场 4 栋							
户　主	籍贯	民族	家庭成员	户　主	籍贯	民族	家庭成员
田江辉	浏阳	汉		蔡　丹	浏阳	汉	孔小平(母)蔡文组(父)钟国辉(夫)钟清华(女)
谭曙光	浏阳	汉		许稳祥	浏阳	汉	
周荣军	浏阳	汉		王明生	浏阳	汉	张艳(妻)孔新和(母)
田素娟	浏阳	汉		肖张爱	浏阳	汉	罗时友(夫)罗熙莱(儿)罗凯莱(儿)
陈爱姣	浏阳	汉	胡毅强(夫)胡欣怡(女)	–	–	–	–
张福秋	浏阳	汉	胡雪飞(女)张龙华(女婿)张纤姣(外孙女)	陈雪俫	衡阳	汉	谭素珍(妻)陈志衡(儿)
曾　伟	浏阳	汉	周伟平(妻)曹志强(儿)	李光明	浏阳	汉	
江资耀	浏阳	汉	江才成(父)罗秋珍(母)江资美(妹)	陈素辉	浏阳	汉	申志强(夫)申湘(女)邵君芳(妹)
陈　卫	浏阳	汉		黄洪谷	浏阳	汉	卜彩凤(妻)
戴杭义	浏阳	汉	戴仲国(儿)林丽丽(儿媳)戴文峰(孙)	黄显福	浏阳	汉	易冬秀(妻)黄羽雯(孙)陈爱华(儿媳)黄洪检(儿)
王菊成	浏阳	汉	彭玉珍(妻)王诗晴(女)	胡四一	浏阳	汉	刘霞辉(妻)
聂志超	浏阳	汉	邱小平(妻)	李志成	浏阳	汉	曾春华(妻)黄益珍(母)
谭伟玲	浏阳	汉		范鑫泉	浏阳	汉	陈玉兰(妻)
孔小园	浏阳	汉	孙一鸣(儿)	童世璜	浏阳	汉	鲁教武(夫)鲁偲偲(女)
易达祥	浏阳	汉	戴佳林(妻)	谭日发	浏阳	汉	徐谷珍(妻)谭义(儿)
廖署英	浏阳	汉		温　浩	浏阳	汉	
程　文	浏阳	汉	黎洁瑜(妻)程舒凯(儿)	熊尚桂	浏阳	汉	刘庆元(妻)熊壮(儿)
刘　薇	浏阳	汉	彭贤文(夫)刘梓凯(子)彭梓杰(子)	严　涛	浏阳	汉	严示萱(女)郑娇(妻)郭桂英(母)
刘忠平	浏阳	汉	刘良清(儿)刘婕妤(孙女)陈银芳(儿媳)喻文广(夫)	汤兰芳	浏阳	汉	陶子平(女)陶景行(儿)陶贤国(夫)
柳爱民	浏阳	汉	陈章谷(夫)陈禹骁(孙)	刘国英	浏阳	汉	肖友明(夫)肖应林(儿)
曹砚平	浏阳	汉		林凰飞	浏阳	汉	陈红英(妻)
张三红	浏阳	汉	李莉(妻)张玥千(女)	刘定初	浏阳	汉	黄跃平(妻)
蒋伟娟	浏阳	汉		邓日胜	浏阳	汉	李子仁（妻）邓昊（儿）邓智勇（儿）

续表 21-7

户主	籍贯	民族	家庭成员	户主	籍贯	民族	家庭成员
（续）十五、人民东路 111 号梅花小区菜市场 4 栋							
陶艳芳	浏阳	汉	于勇(夫)于昆叶(女)	王玉辉	浏阳	汉	杨厚伟(夫)
黎运秋	浏阳	汉	陈华荣(妻)黎楠(儿)	陈　雷	浏阳	汉	
陈勇平	浏阳	汉		张　枫	浏阳	汉	张然(女)柳姿平(妻)
柳海波			柳建贤(父)朱同英(母) 罗富秀(妻)柳放(女)	陈　华			曾梅英(母)陈正维(父) 陈佳(女)陈铭(儿)
十六、人民东路 97 号 5 楼社区楼上（菜市场 5 栋）							
陈林英	浏阳	汉	胡明褥(夫)胡德灵(女) 胡馨月(女)	卜杏林			
许仁兴	浏阳	汉	熊文(夫)熊拓(儿)	陈孟辉	浏阳	汉	
张鑫尧	浏阳	汉	张明芳(母)张斗文(父)	徐光荣	浏阳	汉	谭发兰(妻)
贺雅玲	浏阳	汉	叶�(母)楼满良(父)	刘雁平	浏阳	汉	李漠相(妻)刘晶晶(女) 刘奔宇(儿)
陈定明	浏阳	汉	杨淑珍(妻)陈娟(女)林若依(外孙女)	姚　杰	浏阳	汉	姚傲(儿)张丽琴(妻)
邓水和	浏阳	汉	陈静(妻)邓健巍(儿)	袁方亮	浏阳	汉	陈红(妻)袁涵嘉(女) 袁亚辰(女)
胡　遥	浏阳	汉	彭满乐(妻)胡思渊(儿)	熊金钰	浏阳	汉	黄围香(妻)熊雨曲(女)
邓春辉	浏阳	汉	徐雪聪(女)瞿志荣(夫) 瞿强(儿)	胡杏元	浏阳	汉	谢雨晨(女)
熊天平	浏阳	汉	胡利娟(妻)熊伯谦(子)	周党群	浏阳	汉	
谭运姣			钟自斌(夫)钟宇轩(儿) 钟统生(父)阳金杏(母)	李秋华	浏阳	汉	邱松(儿)邱婉玲(孙女) 张颖(媳)
罗再贤	浏阳	汉	卢玲(妻)罗洁宇(女)	陈富清			
李桂英	浏阳	汉	(心怡足浴)	–	–	–	–
十七（1）、梅花三街 51 号金三角小区 1 号楼							
陈伏秋	浏阳	汉	张文龙(夫)　张好娇(女)	汤松柏	浏阳	汉	
杨鲜艳				鲁光照	浏阳	汉	
张运粮	浏阳	汉		陈伶义	浏阳	汉	陈天豪(儿)
陈招双	浏阳	汉	罗凤英(妻)陈梦琪(女) 陈姿彤(女)	林佑兰	浏阳	汉	徐伟民(夫)徐骞骞(女) 徐静宜(女)童发南(母)
连平康	浏阳	汉	贝四连(妻)连阳波(儿) 连小燕(女)	孔满英	浏阳	汉	徐文告(儿) 徐梓晞(孙)

续表 21-8

(续)十七(1)、梅花三街51号金三角小区1号楼							
户　主	籍贯	民族	家庭成员	户　主	籍贯	民族	家庭成员
张宏标	浏阳	汉		熊　进	浏阳	汉	张红丽(妻)熊佳睿(儿)熊云兰(女)
王　碧	浏阳	汉	王伟才(父)周菊连(母)徐淑述(外婆)王志刚(儿)王爱平(妹)	罗庆华	浏阳	汉	张路明(夫)
邓岳龙	浏阳	汉	彭年珍(妻)邓莉(女)	黄　慧	浏阳	汉	
左　玲				厉普芬	浏阳	汉	
谢小勤	浏阳	汉		曾　建	浏阳	汉	谭新美(妻)曾凡响(儿)
钟永光	浏阳	汉		罗飞云	浏阳	汉	
曾爱平	浏阳	汉	陈伏连(妻)曾炳锟(儿)王江连(母)	朱建平			朱晓峰(儿)周惠(儿媳)
叶鏠贵	浏阳	汉	刘菊华(妻)	喻　莉			喻中因(父)傅细花(母)喻妮娜(女)
林红武	浏阳	汉	卢萍(妻)林蕊鑫(女)林蕊晶(女)	何　勇	浏阳	汉	陈美兰(母)何秋桑(女)韦晓凤(妻)
周淑媛	浏阳	汉		宋去游	浏阳	汉	李永玲(妻)宋鹏(儿)
胡美玲	浏阳	汉		叶小芳	浏阳	汉	张晓辉(夫)张叶思羽(女)
刘和节	浏阳	汉	黄易园(妻)刘江辉(儿)吕妮(儿媳)刘江玲(女)	袁炳生	浏阳	汉	黄文姣(妻)
黄小芹	浏阳	汉	毛述玲(母)黄学军(父)	张雁辉	浏阳	汉	
刘新民	浏阳	汉		肖东广	浏阳	汉	肖远和(父)黄爱华(母)肖嘉珊(女)熊荣芳(妻)
十七(2)、梅花三街51号金三角小区2号楼							
李　帆	长沙	汉		王岐黄	浏阳	汉	
宁剑发	浏阳	汉	邹瑞南(妻)、宁杰(儿)	姜　敏			
李秋平	浏阳	汉		寻　艳	浏阳	汉	文武全(父)伍紫涵(女)
黄杏芳	浏阳	汉		邱　琼			孟令虎(夫)谭婕(女)孟好(子)邱赞龙(父)胡云玲(母)
张瑞敏	浏阳	汉		—	—	—	—

续表 21-9

户　主	籍贯	民族	家庭成员	户　主	籍贯	民族	家庭成员
十七（3）、梅花三街 51 号金三角小区 3 号楼							
汤国清				李友凡	浏阳	汉	
袁建成	浏阳	汉	杨金华(女)	彭美玲	浏阳	汉	蔺超(夫)彭望明(父)李霞珍(母)蔺婵(女)蔺可佳(女)
吴　艳	长沙	汉	吴芝启(父)王辉英(母)黄思阳(女)	彭奇志	浏阳	汉	首敏锋(子)张运旦(夫)
李智民	浏阳	汉		熊春华	浏阳	汉	
饶玉成	浏阳	汉	江梅珍(妻)饶振华(儿)饶明禹(孙)毛承莉(儿媳)	杨根文	浏阳	汉	刘军(儿)彭甘瑞(父)彭紫涵(女)
杨　武	浏阳	汉	何亮明(妻)、胡冬梅(母)杨晨曦(儿)	周小林	浏阳	汉	彭春晖(母)周炯明(子)唐红娟(妻)
耿郑振	浏阳	汉	耿静好(女)	周玉琴	浏阳	汉	周一良(儿)李石初(夫)
赵　凯	浏阳	汉		谢　芳	浏阳	汉	
十七（4）、梅花三街 51 号金三角小区 4 号楼							
喻晚桂	浏阳	汉		沈　为	浏阳	汉	周海艳(妻)彭玉南(母)沈泽恩(女)
陈加兴	浏阳	汉	武映华(妻)	张胜利	浏阳	汉	
江敏敏				吴洪斌	浏阳	汉	
李冬长	浏阳	汉		李　婷	浏阳	汉	
张楚平	浏阳	汉	李河平(妻)张巧莎(女)张慧(女)	陈国标	浏阳	汉	
十八、梅花小区 A 栋（梅花三弄 19 号）							
熊春芳	浏阳	汉	刘光平(妻)熊馨(女)	胡茂松	浏阳	汉	
周志明	浏阳	汉	宋丽(妻)周林萱(女)胡建新(母)周才坎(父)	宋志伟	浏阳	汉	胡敏(妻)宋暨澜(女)肖行莉(母)
唐文辉	浏阳	汉	周美华(妻)唐一君(女)	汪子贵	浏阳	汉	汪鑫(儿)周灿军(妻)
陈宏亮	浏阳	汉	陈华虎(父)熊凤英(母)	邱　红	浏阳	汉	罗进(夫)罗岱魏(儿)
王建校	浏阳	汉		黎建辉	浏阳	汉	潘淑花(妻)黎铭(女)黄十月(外孙)黄刚(郎)
谭小佳	浏阳	汉	谢莎婷(女)	罗永康	浏阳	汉	宾小青(妻)罗文芳(女)
廖群辉	浏阳	汉		沈维妮	浏阳	汉	周战国(夫)

续表 21-10

(续)十八、梅花小区 A 栋宿舍(梅花三弄 19 号)							
户　主	籍贯	民族	家庭成员	户　主	籍贯	民族	家庭成员
邓　伟	长沙	汉	陈局(同事)陈玉辉(陈妻)陈昊宇(陈儿)	周凤英	浏阳	汉	周一鸣(儿)周楚娟(侄女)
骆彦琪		汉	李菊珍(妻)	寻院豪	浏阳	汉	张加华(母)罗定威(父)
朱颖辉	浏阳	汉	张政萍(母)朱北平(父)	李德意	浏阳	汉	
张健康	浏阳	汉		罗　军	浏阳	汉	刘曼林(妻)罗成(儿)
陈　誉	长沙	汉		张国启	浏阳	汉	聂福秋(岳父)
刘建平	浏阳	汉	张明忠(夫)	朱古训	浏阳	汉	
曹湘文	浏阳	汉	罗素文(妻)曹彬(孙)	晏友维	浏阳	汉	
陈　锋	浏阳	汉	屈美伦(妻)陈伟星(儿)	汪安波	浏阳	汉	赵生亮(妻)
十九、梅花小区 B 栋(梅花三弄 22 号)							
吴利香	浏阳	汉		邓映梅	浏阳	汉	李凡建(夫)李梓峰(儿)
肖美玲	浏阳	汉	高德贵(夫)高健(儿)高俊凯(孙)徐艳(儿媳)	肖美珠	浏阳	汉	胡自平(夫)宋梓瑜(外孙女)胡薇(女)宋威威(女婿)宋梓函(外孙女)
李精华	浏阳	汉		刘　浏	浏阳	汉	
张南会	浏阳	汉	屈明生(夫)	彭　芦	浏阳	汉	彭伊阳(儿)王欢(妻)
谢正秋	浏阳	汉	王云芳(妻)	赵静妮	浏阳	汉	李声浩(夫)李嘉(儿)
黄宏忠	浏阳	汉	鲁秀英(母)	吴为湘	浏阳	汉	彭朝辉(妻)吴瑶(女)吴为昊(侄子)
曾　丽	浏阳	汉	黄新虹(夫)黄梓茂(儿)熊谷香(母)黄梓绮(女)	周玲芝	浏阳	汉	
聂华兴	浏阳	汉		刘菊初	浏阳	汉	王子明(妻子)
刘里波	浏阳	汉		李有仁	浏阳	汉	黄喜南(妻)李君妮(孙女)李君豪(孙子)李子健(孙)
张志强	浏阳		张博(儿)罗爱(妻)	谢国华			宋海平(妻)
杨文丽	浏阳	汉	施祖蛟(夫)黄名媛(母)施洋子(女)	肖桂花	浏阳	汉	王秀梅(母)张啸钰(儿)肖楚琦(女)
黄　莺	浏阳	汉	罗申佑(夫)罗宜宁(子)	宋　丽			
贝承祥	浏阳	汉	丁亚平(夫)	罗奇高	浏阳	汉	罗争(儿)邹小利(妻)
李水生	浏阳	汉		袁章军			
邹石生	浏阳	汉		李辉明	浏阳	汉	

续表 21-11

户　主	籍贯	民族	家庭成员	户　主	籍贯	民族	家庭成员
（续）十九、梅花小区 B 栋（梅花三弄 22 号）							
周双贵	浏阳	汉		蔺剑文	浏阳	汉	雷妩(妻)蔺绍杰(儿)
周英许	浏阳	汉	周丽(女)付桑宁(外孙)付勇(女婿)	吴光文	浏阳	汉	
刘绍彭	浏阳	汉	陈喜华(妻)刘家仁(儿)于夸(儿媳)刘淅钰(孙女)	张　波	浏阳	汉	
刘玉莲	浏阳	汉	廖洪卷(夫)廖才志(儿)廖冰(女)廖力(女)刘情(儿媳)廖俸金(孙)	张新华	浏阳	汉	
陈正华	浏阳	汉	陈嘉年(女)熊银华(妻)唐翠元(母)	–	–	–	–
二十、双跃组梅花小区 C 栋（梅花二弄 15 号）							
刘　江	浏阳	汉	刘友华(妻)刘思雨(女)	张　军	浏阳	汉	周上庆(妻)张萱(女)
张　明	浏阳	汉	黎水英(妻)张脉野(女)	罗其敏	浏阳	汉	罗子川(儿)陈艳芳(妻)
汪建伟	浏阳	汉		赖传东	浏阳	汉	李小平(妻)廖拓兰(岳母)李佳娟(女)
郭尚阳	浏阳	汉	林密兰(妻)郭阁(儿)	邓少华	浏阳	汉	周姣玲(妻)邓毅豪(儿)
高　咏	浏阳	汉		曾凡俊	浏阳	汉	(租)
罗　刚	浏阳	汉	涂宇(妻)罗奕翔(儿)	娄伟华	浏阳	汉	唐佑春(夫)唐驰(儿)
娄永安	浏阳	汉		周亮宇	浏阳	汉	(租)
王永富	浏阳	汉	张惜琳(妻)王琴(女)李胡英(母)	吴开林	浏阳	汉	胡如华(妻)吴军(儿)彭巧玲(儿媳)吴梓慰(孙)
黄瑞源	浏阳	汉	肖丹(妻)黄潇梵(女)肖正明(父)崔兰英(母)	喻江辉	浏阳	汉	徐芳兰(妻)喻瀚(儿)
喻玉珠	浏阳	汉	王树(儿)	袁怀庆	浏阳	汉	彭新华(妻)、袁方正(儿)
施　旭	浏阳	汉		周　敏	浏阳	汉	
张浩军	浏阳	汉	张重(儿)	李　彪	浏阳	汉	
二十一、梅花小区 D 栋（梅花三弄 20 号）							
朱桂林	浏阳	汉		何　明	浏阳	汉	易灿(妻)何嘉怡(女)
邓　翔	浏阳	汉	汤介平(妻)邓磊(儿)	陈　翔	浏阳	汉	刘清文(妻)陈鹏宇(儿)
罗建平	浏阳	汉	闰春玲(妻)罗英(儿)	梁桂清	浏阳	汉	

续表 21-12

（续）二十一、梅花小区D栋（梅花三弄20号）							
户　主	籍贯	民族	家庭成员	户　主	籍贯	民族	家庭成员
施正光	浏阳	汉	邓新华(妻)施文杰(儿) 钟少华(媳)施俊辰(孙)	闰　国			徐莉(妻)闰子成(儿) 闰子赛(儿)闰振民(父)
涂　亚	浏阳	汉	沈娜(妻)	陈羽平	浏阳	汉	
易建湘	浏阳	汉	鲁承强(妻)周康涵(母)	朱柯夫	浏阳	汉	
张　伟	浏阳	汉		邓建熙	浏阳	汉	刘秧舞(妻)
李建中	浏阳	汉	周承红(夫)	刘玲芝	浏阳	汉	汤亮(侄子)
黄袁武	浏阳	汉	黄婷梅(女)黄舒梅(女) 吴运碧(妻)	李　满	浏阳	汉	胡永淑(妻)李旭(儿) 李阳(儿)李焕初(父)
钟伟明	浏阳	汉		徐伟峰	浏阳	汉	江秀英(母) 徐傲凌(子)
李秀芳	浏阳	汉	周浩(夫)周婳儿(女)	罗建平	浏阳	汉	
黄正国	浏阳	汉	谭华秋(母) 黄梓莹(女)	刘法湘	浏阳	汉	何祥珍(妻)刘叶(女) 刘辛义(儿)刘辛成(儿)
欧阳菊霞	浏阳	汉	王敏(女)刘松涛(外孙子)	孙聚禹			
刘　兴	浏阳	汉	胡多芬(妻)刘扬(儿)	王文华			
王　征	浏阳	汉	何力军(夫)何彬斌(儿)	黄大中	浏阳	汉	
杨淑霞	浏阳	汉		–	–	–	–
罗家兴	浏阳	汉	钟胜兰(妻)罗粲(儿) 陶晴(儿媳)罗裕茜(孙女)	杨　建	浏阳	汉	柳要仁(母)杨湘庭(父) 许艳红(妻)杨程(儿)
王　平	浏阳	汉	刘佳(妻)王晓彤(孙女)	刘家松			
李春艳	浏阳	汉		胡茶英	浏阳	汉	
夏仕林 刘友梅 (妻)			孙友兵(哥)孙宏东(侄子) 孙亚峰(侄孙)孙雯(侄孙 女)余卡梅(侄媳)	黄　剑	浏阳	汉	邓小英(妻) 黄翊武(儿) 罗正喜(岳母)
陈凯甲	浏阳	汉	毛伟(妻)陈宸(儿)	刘宏柏	浏阳	汉	
郑洪英	浏阳	汉	郑美霞(父)杨小林(母) 郑珍涛(侄子)钱俊安(子)	邓元海	浏阳	汉	易惠莲(妻)
黎申红	浏阳	汉	唐秋连(妻)	聂智勇	浏阳	汉	肖莎(妻)聂婷(女)
刘建成	浏阳	汉	杨念先(妻)刘瑶(女) 刘家蒙(儿)	李　卫	浏阳	汉	赵慧君(妻)李岳巍(儿)

续表 21-13

户　主	籍贯	民族	家庭成员	户　主	籍贯	民族	家庭成员
二十二、双跃组梅花小区 E 栋（梅花三弄 1 号）							
吴清华	浏阳	汉	孔娱(女)、邓芳芳(店员)、罗爱林(店员)	蔺松宜	浏阳	汉	余建平(姐夫)蔺松柏(姐)
周雄远	浏阳	汉	万艳湘(妻)、周宇锋(子)	苏素玲	浏阳	汉	
杨和国	浏阳	汉	张杏芳(妻)杨惠敏(女)	陈文秋	浏阳	汉	
周逢堤	浏阳	汉	林杏仕(妻)周小婷(女)周亦宸(女)	黄　英	浏阳	汉	何永贤(夫)何铭(儿)
蔺松泉	浏阳	汉		赵志堂	浏阳	汉	
吴光高	浏阳	汉	袁湘(妻)周汶羲(女)吴京辰(女)陈懿歆(外孙)	余文俊	浏阳	汉	杨秀兰(妻)余凯(儿)施丽清(儿媳)余睿熙(孙)
袁　征	浏阳	汉		刘勤英	浏阳	汉	王佩(女)
王　剑	浏阳	汉		李　林	浏阳	汉	张艳(妻)李若蕾(女)
张　桃	浏阳	汉	宁茂钦(夫)宁江霖(儿)	张志国	浏阳	汉	陈浩(承租人)
罗玉连	浏阳	汉	彭声根(夫)	陶熊祥	浏阳	汉	张美丽(妻)陶雷(儿)
二十三、梅花小区 F 栋（梅花三弄 2 号）							
刘幼波	浏阳	汉	张才平(妻)刘璐久(儿)	张良生	浏阳	汉	
甘　斌	浏阳	汉	王曼青(母)甘智仕(父)甘梓萌(女)周莉(妻)	李凡友	浏阳	汉	刘影虹(妻)、李鑫(儿)刘浦荣(侄子)
张　静	浏阳	汉	姜景晓(母)	黄　丰			
易　宇	浏阳	汉	陈翠平(妻)易薇(女)	周红球	浏阳	汉	肖婷(妻)周子淏(儿)
游聪明	浏阳	汉	张其玲(妻)游丽(女)游丹(女)	曾媛珍	浏阳	汉	李习文(夫)
宋汉文	浏阳	汉		姜林峰	浏阳	汉	罗璐(妻)姜含贞(女)
刘新辉	浏阳	汉	陶功记(夫)陶逸凡(儿)陶君昊(儿)杜旻(亲戚)	刘性义	浏阳	汉	欧春华(妻)
孙卫成	浏阳	汉	刘彩虹(妻)	王　浩	长沙	汉	周春欢(妻)王司宸(儿)唐庆明(岳母)王鸣予(儿)
许联铭	浏阳	汉	谭珍平(妻)许莉(女)	贺志屏	浏阳	汉	李秀娟(妻)贺军(儿)
冯春耕	浏阳	汉		徐　维	浏阳	汉	邓志红(妻)徐康昱(儿)杨先文(母)
胡国成				罗钦义	浏阳	汉	姜仁新(妻)罗江奥(儿)
刘定章	浏阳	汉		唐礼运	浏阳	汉	唐峰(女)

续表 21-14

(续)二十三、梅花小区 F 栋(梅花三弄 2 号)							
户　主	籍贯	民族	家庭成员	户　主	籍贯	民族	家庭成员
熊艳红	浏阳	汉		杨登高	浏阳	汉	
王　磊	浏阳	汉	刘红(妻)王睿昕(女)	钟启佳	浏阳	汉	
熊志刚	浏阳	汉	熊运生(父)黄盾兮(妻)熊腾(子)	徐　宏	浏阳	汉	
吴仁海	浏阳	汉	龙星平(妻)吴西正(母)吴雨涵(女)	邱从招	浏阳	汉	
邓炬辉	浏阳	汉	于词伟(夫)于卓(女)	陶子林	浏阳	汉	
喻扩军	浏阳	汉	喻琳雯(女)陈桂菊(妻)	李　波	汨罗	汉	周荣飞(夫)周欣睿(女)周心澜(女)
唐子敢	长沙	汉	唐佳雨(女)				

家风故事

李东海：孝亲爱家克己助人

李东海家在梅花三街的街口，人们经常可以听到他们一家四口和谐悦耳的笑声。居民们知道，这笑声来自李东海“孝亲爱家克己助人”家风的培养。

李东海父亲的五个儿女家庭都还算殷实。按照常理，五个儿女可以轮流分摊照顾父亲。李东海觉得父亲对他恩重如山，如果轮流照顾，好像几个人在踢皮球。因此，他决定一个人担负起照顾父亲的责任。于是，李东海将父亲安顿在自己家，一直没有改变。

李东海是一个孝顺的儿子，也是爱妻的丈夫、疼人的父亲。

李东海年轻时候和妻子相识相爱。那时候对于一个拥有五个兄弟姐妹的家庭来说，家里生活条件并不优越，但妻子仍然无怨无悔地选择了他。他们相知相伴，不离不弃。一起度过了生活中最艰苦的阶段。有了可爱的女儿后，他们一家的生活就充满更多的色彩了。

李东海通过多年努力打拼，有了一定积蓄。但他深知创业的艰难、赚钱的辛苦。四口之家在梅花小区已经生活了 20 余年，和邻里乡亲也相处得很好，有了很深的感情。他们未曾想过离开这里去住更大更舒适的房子，却把节省下来的大部分钱都用在公益事业上。每年都主动对朝阳社区残疾人进行资助及慰问。对于这些，他从未想过宣传自己，只希望他能有更多的力量去帮助更多的人。

郑仁煌："一屋不扫何以扫天下"

郑仁煌出生于1963年，年幼患病，因家境贫寒未及时医治，导致终身残疾，行走不便。身残志坚的他从未对命运屈服过。他一直相信，命运的舵盘掌握在自己手上，生命给予我们的未必是最好的，但接受它、改变它才是当下最重要的。他认为"一屋不扫何以扫天下"。本着这个信念，他一步一个脚印，走出了别样的人生，并得到了社会的认可。

他从小过继给伯父母，但无论是养父母还是生父母他都一样对待，百般照顾。自小没有和生父母生活，在生父母晚年，将他们接到身边照顾，让他们度过一个愉快的晚年。对父母孝顺，和妻子感情融洽、心灵相通，无论在生活上，还是事业上，他们总是同心同德，目标一致。

郑仁煌很重视对子女的道德教育，他常说："懂得做人比做事更重要，要做一个受人尊重的人，要做一个对社会有用的人，"他把一切可以做好的事情都尽力做到最好，给儿女们做出了榜样。人们称赞他是一名好儿子、好丈夫、好父亲，家庭民主和睦。对于亲朋好友的羡慕称赞，他仍然说："一屋不扫何以扫天下。"

黄丹：婆婆、姑嫂一家亲

住在紫云阁的黄丹，是一名普普通通的女性，和婆婆住在一起。不同的是她年近90的婆婆，患有中风、脑梗塞、动脉硬化等多种疾病，生活不能自理，常年卧病在床。多年来，黄丹精心照料，毫无怨言，一日三餐都按婆婆口味做饭菜；每天都及时为婆婆擦洗身子；常常背着婆婆下楼到院子里晒太阳，吃完饭后用轮椅推着婆婆散步。由于要长时间照顾婆婆，她不能出去工作，也很少时间和朋友们出去玩，却无怨无悔。婆婆的女儿们、外甥们，为了让老人感觉热闹一点，常常在黄丹家就餐，几乎每天都有一桌人吃饭。黄丹从买菜、做饭到洗碗，忙得不亦乐乎。对于她的这些行为，有人感到不解，问她：你为姑嫂、外甥做饭，是自己心甘情愿吗？她微笑着说：一家人，有什么情愿不情愿。

易小波："家有老千般好"

易小波是一名巡防员，工作认真负责，在生活中更是一名家喻户晓的孝子。

易小波生活在组合家庭，在这个大家庭中没有发生过一点不愉快的事情。母亲黄慈秀到了晚年，病痛逐渐增多，常常吃药而且需要到医院做检查，俗话说"久病床前无孝子”，但是易小波夫妇照顾母亲格外尽心，每个星期都会准备丰盛的饭菜给父母补身体，虽然家庭并不富裕，但只要是为了父母，都不计成本地投入。他认为“家有老千般好”，这都是应该做的。

母亲年迈体弱之后总是长吁短叹，害怕自己去世后丈夫没人照顾。易小波知道后，对母亲说：“家有老千般好，好儿女多行孝。”对继父说：“爸爸，你不要觉得我是继子你就有顾虑，我和爱人会一直孝顺你、照顾你，不管妈妈在不在都一样。”听了这些话，继父感动得热泪盈眶。后来，易小波也是这样照顾继父的。老人为了表达这份感情，他特意写了一封“感谢信”，为自己的继子点赞；也想传递敬老的正能量。在易小波家中，父慈子孝、敬老之风令人赞叹。

耿郑振：用行动影响身边的人

耿郑振出生于 1975 年 5 月，大学本科。浏阳市机关幼儿园教师，从事教育工作 27 年。她是朝阳社区向日葵志愿服务工作站火钳小分队队长。

因为是浏阳人，她热爱浏阳，自己也常常利用业余时间参加社区志愿者服务。有一次她行走在街上看到有人随手扔烟头，使得整洁的街道上显得有点不和谐。于是，她就回家拿起火钳，将烟头一个一个捡到垃圾桶里面。她的行动，影响了女儿，女儿也开始跟着妈妈，利用星期天，拿着火钳去钳夹缝里的烟头、垃圾。

亲朋好友的孩子见到她们母女的行动，觉得很有意义，便先后加入了钳垃圾的行动。活动中，耿郑振不断鼓励孩子，坚持就是胜利，活动结束后鼓励孩子发表自己的感想。看到孩子的感慨由最初的只言片语，到后面的对不文明行为的愤怒和一些想法，为孩子成长感到很欣慰，她希望通过自己言传身教教育孩子，孩子再通过实际行动影响身边的人，从而影响更多的人，一起使城市更加美丽文明。

此后，耿郑振组织了“向日葵火钳志愿小分队”，节假日总会带上女儿和亲朋好友的孩子拿着火钳将那些扫不出来的烟头等垃圾，用火钳钳出来。孩子们参加活动后，回家自觉地监督吸烟的爸爸，使他们不再随手乱扔烟头。小分队用自己的行动，影响了身边的人。耿郑振常常说的话就是:“我们虽然叫不醒装睡的人，但我们至少可以影响身边的人。”

张立明：相敬才会相爱

张立明与妻子王洪香结婚 48 年，从未红过脸，哪怕在逆境中，在疾病来临时，相互扶持，风雨同舟，患难与共。1993 年妻子因医疗事故造成过敏性支气管哮喘后遗症，24 年未愈，2017 年在浏阳和长沙住院四次。在妻子住院期间，张立明全天候陪伴左右、细心照顾，坚持每天说一句暖心话，在精神上给老伴加油鼓劲，共渡难关。2000 年张立明身患冠心病，前臂心肌梗塞，现前臂仍然有三处严重狭窄。妻子也无微不至地照顾他。

夫妻共养育了 3 女 1 儿，在他们的教育下，儿女都已成家立业，如今均就职于国家行政事业单位，在各自的工作岗位上，为社会大家庭尽职尽责。

有段时间小区管理不到位，停车天天发生纠纷，环境脏乱差。张立明是个热心肠，主动挑起小区管理重担，时刻为小区的环境卫生操心。妻子时刻挂念老头身体，看在眼里疼在心里，多次劝说老头少操心，发现无用后，便默默地精心安排一日三餐，为老头调理身体。

夫妻因相敬而相互照顾、相互扶持，双双渡过一个又一个关卡，一直偕手走到现在。

邹先辉：家和万事兴

梅花大组的邹先辉家庭，是一个崇尚文明、严于律己、宽以待人、热心助人，以德治家的家庭。深受邻居的一致好评，是社区所有家庭的楷模。

邹先辉夫妇自结婚以来，在生活中相互照顾、相互信任；在工作中相互学习、相互支持，遇到困难能风雨同舟。妻子在 1999 年下岗失业，作为一家之主，邹先辉主动承担起家庭责任，不离不弃。

儿子结婚生子后，每一位家庭成员都待人和气，彬彬有礼。一家六口住在一起，大家能互相体谅，尊老爱幼，民主平等，宽容谦让，形成了互相理解、尊重、平等、关爱的文明家风。

俗话说“家和万事兴”，一家人和和睦睦、平平安安在一起生活是一种莫大的幸福。邹先辉一家是千千万万个家庭中很普通的一个家庭，但又是很不一般，因为他们是一个团结和睦的家庭。

兰平和冯凤英：对社会有益的事要坚持去做

有这样一对夫妻，他们敬老爱子，热心助人，和睦邻里，他们告诫子女：对社会有益的事要坚持去做，而且要身体力行。他们就是——兰平和冯凤英。

1994年，退休后的冯凤英，跟老伴兰平商量，牵头组建浏阳市朝阳艺术队，担任负责人。兰平认为，小区文化生活单调，妻子这样做对社会非常有益，自己非常支持。朝阳艺术队发展至浏阳市朝阳艺术团，由冯凤英出任团长及法人代表，兰平一如既往支持她！

为了提升艺术团的演出水平，冯凤英不断学习，丰富自己的管理和艺术知识素养，推陈出新，让只有歌舞单一演出门类的艺术团发展为有戏曲、小品、相声、快板等多个艺术品种。在艺术团内，她年纪最大，除了排练演出，还帮着烧茶倒水、打扫卫生、制作道具。她把全部的精力都投入到了这项毫无报酬但是对社会有益的基层艺术文化工作中，而且心甘情愿，无怨无悔。

2015年8月，冯凤英和团员一起去长沙参加反法西斯抗日战争胜利70周年的庆典活动，返回浏阳的途中发生车祸，被抛出窗外摔断14根骨头，所幸经过治疗后得以康复出院。事故很严重，令她和家人心有余悸。但她在爱人兰平的大力支持下，还是选择继续留在艺术团。她说："我已经离不开这个大家庭了，离不开这个让我开心快乐一直留恋的基层表演舞台，我想一直表演下去，为了团员们，为了居民群众们，直至无法行动的那一刻！"兰平和冯凤英这对平凡的夫妻，尽管历经风雨，但是他们认准了对社会有益的事，就坚持到底。

舒明智：光阴有限情无限

舒明智，男，42岁。大家都说他是个孝敬老人的好儿子，他却回答说："人生在世，光阴有限情无限。"

他的母亲逝世多年，父亲舒长培78岁，十多年前因糖尿病并发症引起视力下降，腿脚行动不便，于是他就一直守护在父亲身边孝敬父亲。4年前，父亲因久病不愈，眼睛完全看不见了，瘫痪在床，生活完全不能自理，全靠舒明智照顾。因此，他不能外出打工。妻子没有工作，儿子在浏阳河中学读书，他们一家四口，全靠舒明智卖矿泉水维生。

都说久病床前无孝子，舒明智却不是这样，他总说父亲把他拉扯这么大很不容易，理所当然要好好照顾。每天都可以看到他推着父亲的轮椅，带着父亲外出散步，呼吸新鲜空气，他的孝心可以说是人尽皆知，都夸舒明智是个孝子。

舒明智在父亲年迈重病的时候报答父亲的养育之恩，是本分更是一种美德。尽管生活艰难困苦，但他始终把更多时间用在照顾父亲上。

赵芳：再忙不能忘孩子

赵芳家庭，是所有家庭中再普通不过的三口之家。丈夫华维是个体户，他们的儿子华梓天，9岁，在小学读四年级。

赵芳不仅是一名好妻子也是一位好母亲。她与丈夫华维结婚12年，夫妻从未红过脸，在逆境中，相互扶持，风雨同舟，患难与共。赵芳夫妻开了家销售酒的商行，尽管生意很忙。但为了孩子，赵芳克服困难，每天回家都要抽出时间问问孩子的学习情况，及时了解孩子的思想状况，非常重视对孩子世界观、人生观、价值观的培养。教育他学会做人、学会做事，做一名爱学习、爱劳动、尊重长辈的好孩子。

李习文：视小区事如家事

李习文夫妇，经常告诫子女，人不能太自私。社会上有些事，能够做的一定要去做。小区内的公共事情，要主动帮着做。

他们夫妇是这样说的，也是这样做的。2002年，梅花小区整体改造，李习文从油漆社支部书记岗位退休，家庭条件不是很好，但他在小区改造过程中，天天坚持义务烧茶水，免费提供给建筑工人，同时主动维护施工环境，调处一些矛盾纠纷，直到工程结束。

肖玉珍：莫以善小而不为

肖玉珍夫妇，乐于帮助他人。常教育子女，做好事，“莫以善小而不为”。

20世纪末，肖玉珍爱人在临街巷口摆了个小摊。因为过来经商谈事的外地人多，每天都有前来问路的，他们总是不厌其烦地告诉人家，直到顺利找到房子或人。

贺志屏：爱小区就是爱家

贺志屏在家里经常说，小区就是家，爱小区就是爱家。他这样说也这样做——积极建言、帮助改善小区环境等。2003年至2005年，针对小区“停车难”问题，以贺志屏为首的热心人士，积极向上级建议整改措施，得到批准后，义务将花坛整理缩小，留出部分区域用作停车。同时发动大家集资将小区空闲地面硬化，使小区更加规范整洁。小区下水道有段时间经常堵塞，贺志屏便带头和居民们不计报酬，主动清理。后在居委会和上级有关部门的支持下，问题得到了彻底解决，从根本上改变了小区卫生环境，使小区成为一个舒适、安逸的家。

李梅珍和曾葆珍："入党就要公而无私"

李梅珍（1917—2008），女，曾葆珍（1913—1989），男。他们是一对"社教"时加入中国共产党的模范夫妻，曾住梅花巷5号。他们入党时相互勉励：入党就要公而无私，听党的话，为大家做事。20世纪60年代，李梅珍被选为梅花大组组长，虽然识字不多，但做事认真负责。经其手发放的肉票、布票、豆腐票不计其数，全靠画勾来标记，从无差错，从来不私自截留。梅花大组是城关镇人员最多的一个大组，矛盾纠纷、居民事务繁杂，她不论早晚，深入居民家做工作。有的夫妻感情不和，吵架要离婚，李梅珍上门做工作，使其和好如初。20世纪70年代，胡某兄妹5个，没有工作。李梅珍便联系、介绍胡某到杂技团工作，解决其困难。20世纪末小区拆迁，工作量大，她挨家挨户做工作，使拆迁顺利进行。李梅珍任职一直到80多岁去世，40多年从来没有报酬，也从来没有怨言。曾葆珍是县医药公司土药收购站主任，帮助李梅珍处理许多居民事务，自发当过梅花巷无偿的防火消防队队长多年，大雨之夜帮助受灾居民搬运物资。他们没有生育子女，先后收养需要照顾的子女曾群英、周宇辉、曾新吾，将他们抚养成人。梅花巷已经多年不在了，但在老一辈人心中，他俩公而无私、为民做实事的口碑还在。

李荣福：舍小家为大家

李荣福教育子女要舍小家为大家，他用自己的一生兑现了家训。

20世纪，为解决社区居民生活困难，李荣福带领居民开办中心福利工厂，生产门帘等，解决了社区及唐家洲待业青年的就业问题。直到21世纪，工厂办了30多年，购买了城西村土地扩大工厂，后来发展到电镀厂，兼办幼儿园。

中心福利工厂为大家谋福利，解决盲聋哑等"四残"人员30余人的工作，使大家生活得到了保障。李荣福办福利工厂一直到70多岁去世，从来没有想过怎样为自己家里捞好处，一直住在老旧的房子里。

梁斌泉："有一分光发一分热"

"有一分光发一分热"是梁斌泉对子女的要求，也是她身体力行的准则。20世纪80年代，梁斌泉进入居委会工作，直至退休，为居委会工作了20多年。她带领居委会成员，为居委会赢得诸多荣誉，为居民做了大量实事。退休后，一直积极帮助社区开展工作，做到有求必应。这次编修《梅花小区志》，她带领编修人员，认真负责地帮助采写资料。

金仁义：下岗不失志，老店振雄风

1988年起，金仁义在长沙读书3年，在省机械厅工作3年，后下岗回浏阳待业。没有工作怎么办？他告诫自己，下岗并不可怕，可怕的是失去志气。他决心继承祖宗金松茂先业，开办了"金松茂金店"，从事金银首饰加工、维修业务。通过他的勤劳，金店发展至今，获得了较好经济效益，使百年老店重振雄风。他也因此成为新闻人物候选人。

谢翠平：学习永远不能退休

谢翠平退休在家后，每月都按时到居委会参加政治学习，经常借阅党报党刊学习。岁月如初，从不间断。他对家人说："学习永远不能退休。"在他的带领下，一家人利用业余时间，自觉地收看时事新闻，读书看报关心国家大事。

李秀英："共产党员就要严格要求自己"

李秀英经常告诫子女："共产党员就要严格要求自己。"20多年前，李秀英的丈夫因病去世，儿女所在单位不景气，后下岗在家。李秀英要求孩子做到：不发牢骚，不向上面提任何要求，不做违纪违法的事。李秀英身体不好，体弱多病，眼睛高度近视，并患有严重的角膜炎和白内障。1997年5月，她开刀做了手术。出院之后，大家劝她在家好好休息，安心养病，但她说，我是共产党员！便顶着烈日，立即回到大组长的岗位上开展工作，履行着自己的诺言。

家训家规

（选辑）

古人认为：欲治其国者，先齐其家。要齐其家，一个家庭就要有好的家风。家训是形成家风的根本所在。家风、家训约定俗成，形成社会公德力量，进而补充和发展国家法制。下面选录部分梅花小区居民的家训家规。

谭氏家训家规：

家训八则：

孝顺父母　友爱兄弟　教训子孙　惇笃宗亲

持身恭敬　居邻洽和　治家勤俭　裕后诗书

家戒四则：

毋事豪饮　毋即恼滛　毋贪货财　毋好争讼

家规十则：

礼让宜明　雍睦宜调　困穷宜恤　承祧宜慎　品行宜端

交游宜择　本业宜勤　持身宜俭　祭扫当虔　内外宜肃

唐氏家训家规：

家训十则：

敦孝悌，以全人伦；笃宗族，以昭雍睦；和乡党，以息争讼；

明礼义，以厚风俗；务本业，以足衣食；训子弟，以禁其非；

尚节俭，以惜财物；守国法，以当义民；勤读书，以明事理；

慎交游，以端品德。

家规十则：

一敬祖先　二孝父母　三和兄弟　四睦亲友　五友乡邻

六教弟子　七戒习染　八守法纪　九慎婚嫁　十急赋税

宋氏家训：

敬父母，尊长辈，不孝者，必自亡。勤习文，争族光，勤与信，是良方。

顾廉耻，知纲常，亲与疏，和致祥。勿逞强，勿欺房，邪与恶，勿沾边。

勤积德，裔后强，慈善事，多赞帮。传竹兔，振家声，赋门第，蕃奕昌。

黎氏家训：

(1) 敦孝弟，睦宗族，务正业，重国课，守国法。

戒非为，崇节俭，端风俗，敬师长，和乡邻。

(2) 溯宗系之渊流，随社会之发展。凭人之智之才能，焕发自然之造化，添河山之锦秀。凡我文人，必须唤起我黎门后裔，共负祖国重任。遵从祖训，保家卫国。做出忠孝廉节的榜样，发挥自我的才智，高展鹏翼，做个顶天立地的公民。杜绝一切不法逆子和祸国殃民的败类，以遣天罚。深所望焉，是所致嘱！

李氏家训：

(1) 遵纪守法　爱家尽忠　敬祖孝长　悌兄爱子　尊师重教　善友睦邻

厚德载物　明礼清廉　道行天下　禁出异端　克勤尚俭　亲仁近贤

敬业诚信　自律守常　慎缮族谱　家训弘扬　励精图治　复兴国邦

(2) 吾家淳朴，世以忠厚相承，代有贤哲。余年将七十，持身涉世，仰体先德。尔兄弟四人，或耕或读，均已成立。孙曾辈，尚待教养，务各努力前途，发扬光大。“毋自私自利，宜相敬相亲，克勤克俭，必信必忠。持身惟谨，处世宜诚。毋尚浮华，务求实践，为家庭谋幸福，为社会谋进化，求民族之平等，跻世界之大同。”尔等勉之（李鹤泉订，李晖供稿）。

郑氏家训：

(1) 崇祀以敦孝思　耕读以务正业

孝悌以隶家风　睦族以念同宗

尊师友以习礼仪　戒争论以敦和好

择配偶以选良家　戒赌博以遏游荡

(2)

郑氏祖训　　（郑仁煌　供照）

黄氏祖训：

骏马堂堂走异乡，任儿择地立纲常，连心异境犹吾境，日久他乡即故乡。朝夕勿忘亲命语，晨昏侍奉祖宗香。但愿苍天来庇佑，三七男儿总炽昌。

苏氏家训：

读书明理通孝义，上尊下友应分详。九族五伦纲常礼，切莫怠慢应谨记。父母双亲恩情深，骨肉相依心连心。莫受他人来摆诱，终生养老要尽孝。平生至重守道德，仁义礼智信为本。钱财乃为身外物，利益往来义要明。为人处世应谦虚，人有教诲要倾听。取人之长补己短，集思广益长才智。经营交易守信用，莫贪暴利莫苛刻。买卖运筹把商机，慢慢将成大富翁。有志人士得功名，宦海茫茫要警省。人情世故应关心，为公为民方为上。

易氏家训：

1.爱国爱家。　2.孝敬父母。　3.端正品德。　4.敬亲爱亲。
5.团结友爱。　6.夫妻和睦。　7.子弟力学。　8.和睦族邻。
9.和睦邻里。　10.谨慎交友。　11.敦祝忠厚。　12.戒淫奢侈。
13.遵纪守法。　14.正大光明。　15.择就学术。　16.提倡节俭。
17.戒骄戒躁。　18.儆戒懒惰。　19.严禁赌博。　20.儆戒争讼。

严守社会公德，遵守社会秩序，爱护清洁卫生，注意身体健康！

耿氏家风家规家训：

家风：口中有德　目中有人　心中有爱　行中有善

家规：孝敬为先　克己厚人　学会感恩　健康第一

家训：

尊老爱幼，不顶撞父母；诚实做人，不贪占小便宜；勤俭持家，不铺张浪费。

一粥一饭，来之不易；一针一线，得之不易；奉行节俭，切勿骄奢。

张氏家风家训：

清晨即起，清洁洒扫。日思所失，月录所行。慎独则心安，自检则无愧。内而专静纯一，外而整齐严肃。己所不欲勿施于人。

父母呼，应勿缓。父母命，行勿懒。父母教，须敬听。父母责，须顺承。称尊长，勿呼名。对尊长，勿见能。路遇长，疾趋揖。长无言，退恭立。吃不穷，穿不穷，人不读书一世穷。百善孝为先，常存仁善心。

邹氏家训：

士农工商精一业，便是吾家肖子。

礼义廉耻全四字，方为我族贤人。

富贵轮流休问，家和即抵万金。

但看兴旺人家，父子兄弟一心。

承先启后无多策，只在心田一寸间。

孝悌为根仁作种，何需外人说圣贤。

兰氏家训：

天高地厚君恩重，祖德宗功师范长。凡我兰氏后裔子孙，须知报本。孝悌忠信，礼义廉耻为八德，我族子孙应该以之规范自己的德行。父诏其子，兄勉其弟。勿以富凌贫，勿以强欺弱。对本家族有益之事，莫以善小而不为，莫以恶小而为之。使其步趋有所规范，举动有所瞻依，士农工商各有其职。敦厚和睦，功成名就。有卓越之才者，大展才华，报效国家，功在于民，德垂后裔。为兰氏族谱增添芬芳灿漫之一页，以达耀祖光宗，光前裕后。但愿我兰氏后裔子孙能够做到：自强不息严于律己，厚德载物宽于待人，奋发图强为国为民，光宗耀祖世代传名。祖宗荫佑尔等子孙繁昌，家道兴隆，百世流芳。

冯氏清代家训十八则：

务耕织　敦诗书　重丘墓　孝父母　友兄弟　别夫妇

严阃范　笃家谊　谨仪节　慎交游　宗正学　尚质朴

惩强暴　戒淫酗　除盗贼　禁赌博　杜私宰　严公举

冯氏现代家训：

静以修身，俭以养德。学以明理，信以自强。

苦以励志，勤以成才。孝以至亲，宽以待人。

舒氏家训家规：

家训：孝悌　忠信　礼义　廉耻

家规：睦家族　和乡邻　重师道　课子弟

尚勤俭　肃闺门　端士习　勤耕织

赵氏家训：

敦孝悌：孝悌者，百行之源也。一门之内，和顺雍容，孝悌敦，而人伦斯重矣。

睦宗族：自古乡田同井，出入相友，守望相助，疾病相扶持。

务本业：士农工商，均有常业，业精于勤，荒于嬉。

慎交友：交接之际，不可不慎。

和兄弟：兄弟之间，原称手足，言人之有兄弟，即一身之有手与足，断不得隔膜相视者也。

训子弟：凡子弟无论智愚贤否，均当以读书为上。教子读书，须趁光阴，不可太迟。

尚勤俭：勤俭乃居家之本。勤者财之来，俭者财之蓄。

戒争讼：居家戒争讼。凡是非之来，退一步，让三分，自然少事。

遵法律：纵不明法律之严，亦当知身命为重，与其追悔于事后，何若远虑于事前。

禁非为：人生斯世须趋正道，始为正人。修其身，安其分，勤其业。

肖氏家训家规：

尊祖敬宗，和家睦族，毋致因利害义，有伤风化；
祠宇整修，春秋祀典，毋致失期废弛，有违祖制；
各宗坟墓，山林界址，毋致失祀管顾，有妨占据；
读书尚礼，交财尚义，毋致使骄且吝，有玷家声；
富勿自骄，贫勿自贱，毋期久富长贫，有失大体；
婚姻择配，朋友择交，毋致贪慕富豪，有辱宗亲；
赒穷恤匮，济物利人，毋致吝啬不为，有乖礼体；
珍玩奇巧、丧家斧斤，勿致贪污藏蓄，有累后胤；
冠婚讲礼，称家有无，毋致袭俗浮奢，有违家礼；
房舍如式，服饰从俭，毋致僭侈繁华，有干刑宪。

贺氏家训：

吾贺氏　乃望族　好家风　要继承　孝父母　爱子孙　友兄弟　睦乡邻
明尊卑　别长幼　习礼仪　倡和谐　要勤劳　勿懒惰　要节俭　勿浪费
重科学　破迷信　禁毒赌　远恶习　重教育　兴国家　勤耕读　扬家声
知荣辱　求上进　讲文明　守法纪　为民者　要本分　为官者　要爱民
为商者　要诚信　为富者　要济贫　为家族　争光彩　为后代　做典范
为社会　做好事　为祖国　做贡献　此家训　要牢记　严遵守　代代传

梁氏家训：

百行之首，以教为先；为政清廉，好仁施政。以和为贵，睦邻友助，厚德载物。
大丈夫成家容易，士君子立志不难。退一步自然幽雅，让三分何等清闲。
忍几句无忧自在，耐一时快乐神仙。吃菜根淡中有味，守王法梦里无惊。
宁可采深山之茶，莫云饮花街之酒。须就近有道之士，早谢却无情之友。
贫莫愁兮富莫夸，哪见贫长富久家？

金氏家训家规：

立身、孝友，敬祖先，睦亲族；敬师、取友，教弟子，和邻里。肃闺门，御仆婢，酬恩释怨，排难解纷。治家敬宾，施药传方，不妄杀、官箴。

谢氏家训家规：

家训：

孝父母，友兄弟，敬长上，和邻里，安本业，明学术，尚勤俭，明廉耻，慎婚嫁，勤祭扫，慎交友，重忍耐，戒溺爱。

家规：

一、厚伦理；二、遵法纪；三、救急难；四、和乡里；五、时勤勉；

六、莫非为；七、济贫乏；八、谨祭祀；九、守诚信；十、重学习；

十一、多才艺；十二、爱国家；十三、奉廉洁。

罗氏家训：

奉祖先，孝父母，睦兄弟，和夫妇，严闺阃，亲宗族，敬师长，信朋友。

力耕种，勤诵读，存忠厚，尚勤俭，习礼仪。戒淫恶，戒为非，戒赌博，

戒酗酒，戒争讼，戒溺孩，戒洋烟。

汤氏祖训：

荣辱相关，利害相及。宗谊为重，财器为轻。

危急相济，善恶相正。为父者慈，为子者孝。

为兄者当爱其弟，为弟者当敬其兄。

士农工商，各勤其业。冠姻丧祭，必循其礼。

乐士敬贤，守分及公。闺门有法，亲朋有义。

立行必戒而无伪，御下必思而有礼。务勤俭以兴家庭，务廉孝以处乡里。

蒋氏家训：

为官者，廉洁奉公，一心为民，道德为先，精益求精，保家卫国，服从命令；

为民者，遵纪守法，勤劳致富；

从商者，诚信第一，货真价实；

研究者，一丝不苟，不断创新。

沈氏家训：

敬祖宗，溯本源，孝父母，报春晖，敦孝友，全人伦；

重祭祀，尚报本，和乡党，息争斗，勤读书，明事理；
重敬贤，行礼义，训子弟，禁非为，务本业，足衣食。

毛氏家训：

欲寡精神爽，思多血气伤，少杯不乱性，忍气免伤财；
贵自辛勤得，富从节俭来，温柔终有益，张暴必招灾；
正直真君子，刁唆是祸胎，长寿须修德，欺必枉吃斋；
衙门休出入，邻居要和谐，暗中休放箭，巧处藏些凯；
安分身无辱，防非口莫开，子孙依此语，祸退福星回。

程氏家训：

秉义怀仁，化行俗美，重文教，薄无知，薄功利，重情义，薄背信。

潘氏家训：

钦德行，尊齿高，敦礼让，尚和睦，奖贤孝，诱英俊，掖贫懦；
劝骄吝，安名分，警轻浮，戒燥率，禁强暴，阐贤淑，惩淫欲。

傅氏家训：

为人修身不忘本，百事首重养育恩，侍奉父母要孝敬，衣食起居应关心。
农耕商营动脑筋，创业勤俭是根本，农牧果蚕各养勤，鸡鸭鱼猪全经营。
商业生意有学问。薄利多销信息灵，发家定要靠勤奋，吃喝玩乐是败根。
滴水穿石持之恒。虚浮飘荡难学精，循序渐进莫松劲，铁棒定能磨成针。
做事情绪要稳定。急躁盲行埋错根，处理问题下结论，须把是非先弄清。
他人有难乐助困。切勿乘机推火坑，对其疾苦常过问，帮助解救尽其能。
为官做事身要正。作风高尚无邪行，多与民众相亲近，甘当公仆勤为民。
保养身体少生病。爱护清洁讲卫生，居室内外勤打整，不让污物脏地坪。

许氏家训：

吾族许氏，传自炎帝。始祖神农，名人辈出，人杰家兴。勉励后人，世代传承。

五善为本，守信守诚。忠孝节义，智信学成。孝敬父母，悌爱兄弟。
勤学苦读，立志事成。为官忠国，为商信诚。在学勤读，为民勤耕。
不贪不占，守法经营，和气生财，邻里相通，亲朋好友，视为兄弟。
尊敬他人，自有善朋，后辈子孙，世代相传，吾族永盛。

江氏家训：

父之所贵者慈也，子之所贵者孝也，君之所贵者义也，臣之所贵者忠也，
兄之所贵者爱也，弟之所重者敬也，夫之所贵者和也，妇之所重者柔也。

事师长贵乎礼也，交朋友贵乎信也，见长者敬之，见幼者爱之，有德者年下于我，我心尊之，不肖者年虽高于我，我必远之。

仇将以义解之，怨者以直报之；人有恶则掩之，人有善则扬之；人有小过含而容之，人有大过以理而责之，勿以恶小而为之，勿以善小而不为。

处公无私仇，治家无私法。勿损人而谋利，勿妒贤而嫉能。见非义之财勿取，
遇含义之事则从。诗书不可不学，礼义不可不知，子孙不可不散，贫弱不可不恤。

邓氏家训：

崇宗敬祖，孝敬父母，和睦兄弟，联亲联谊，培育后代。
尊师敬贤，勤俭持家，遵纪守法，绝禁吸毒，戒嫖戒赌。

陆氏家训：

重大事项亲手操，烟酒赌嫖绝不沾，谦受益也满招损，尊老爱幼振家声。

曾氏家训：

幸登仕籍，须慎官箴；清洁为民，三者深思；
修省有三，当以身重；忠恕惟一，自出心传。

熊氏家训：

敬祖宗，孝父母，和兄弟，谨夫妇，端品行，习勤俭。
遵法律，慎交友，训子孙，睦乡邻，厚宗族，爱国家。

民间文艺

“月光光，夜光光；梭罗树，好烧香……”对于20世纪50、60年代以前出生的人来说，这首广为流传的歌谣，显得尤为亲切。

历史上的梅花巷、胡家巷，虽然是城中闹市，但邻里之间往来密切，小孩子在一起滚铁环、捉迷藏，听大人们讲故事，唱着歌谣做着游戏。居民们创作和传承了丰富的民间文艺作品，也从这里走出了诸多文化名人。本章简要介绍一些小区内流传的民间歌谣、故事和文化典籍。

歌谣

清代浏阳古城地名歌

远望浏阳一座城，两个儒学在西门。迎厅左边文圣庙，县署背靠武官营。出门外面迎佛寺，东边对照福主神。护国庵前伏衙背，钟鼓楼下听钟声。十字街前转关圣，市区土地在街心。南台岭上立书院、道德巷口起考棚。华光庙在南门外，周家码头伴洞庭。龚家塘，沿城走，红丝桥，进兴门。古梅花巷偏北走，潘太保庙三路行。周王漆家三条巷，东南西面三水门。浏河面山名天马，天马山上升官亭。六角奎楼朝县治，七层宝塔镇峰云。西门直下是龙津，中洲状元迎午门。羊角山前火宫殿，荷花池上歇凉亭。城隍庙前皇仓街，太平延下是升平。东门外面升冲观，铜铸祖师重千斤。观内菩萨难以数，洗药桥有孙真人。东南江西两万寿，西北有个天后宫。麻衣庙改杨公祠，文昌阁在操场坪。蜈蚣岭上气脉盛，麻园又把文庙兴。各乡绅士齐踊跃，红墙高阁不日成。育婴堂内收孤子，普济院里养孤贫。姚树巷为老关圣，西坛庵是古问津。三川九吊多古迹，四城四庙需查清。

童谣

旧时，儿童普遍没有什么玩具，文化娱乐生活十分贫乏。为给孩子们进行启蒙教育，母亲和长辈们常用城区方言，教唱儿童歌语。童谣短小精悍，流畅押韵，节奏感强，朗朗上口，易学易记，小孩爱听爱唱，他们在一起玩耍时还互相传唱，非常有趣。

(1) 大月亮

大月亮、细月亮，哥哥起来做木匠，嫂嫂起来打鞋底，婆婆起来晒冻米，“呵哧”！（“呵哧”，赶鸟雀声）

(2) 红线鸡

红线鸡，尾巴拖，三岁伢崽会唱歌；不要娘爷告其我（“告其”城区方言，即“告诉”的意思），自己聪明会唱歌。

(3) 老鸦叫

老鸦叫，叫四方；四两麻油四两姜，炒哒老鸦喷喷香。四两麻油四两醋，炒哒老鸦喷喷臭。老鸦进了岩，快拿火来弹。弹起油喷喷，逗来猫唧狗唧舔。舔个精打光，打碗豆豉汤，老人吅哒眼睛光，后生吅哒做文章；裁缝吅哒补裤裆，道士吅哒“叮咚梆”（注：“叮咚梆”乃道士敲击梆锣发出的声音）。

（4）蛤蟆叫

蛤蟆叫，水泱泱；鹭鸶叫，干大塘。伢崽哭，要婆娘;妹崽哭，要嫁妆。

今年正月栽杉树，明年三月打嫁妆：七担笼，八担箱，唧唧呀呀抬哒过林岗。林岗河里涨大水，浸死新娘气死郎。抬到上厅，打鼓装香；抬到下厅，杀猪杀羊；抬到房里，眼泪汪汪，全家大细一直哭到大天光。

（5）麻雀滚

麻雀匍哒灰内哩滚呀滚，又说哥哥冒买粉。买了粉又不会吅，又说哥哥冒买席。买了席又不会困，又说哥哥冒买棍。买了棍又不会打，又说哥哥冒买马。买了马又不会骑，又说哥哥冒买犁。买了犁又不会犁，上一犁，下一犁，犁哒哥哥脚板皮。

（6）三姊妹

三姊妹，一样高，生得美，长得俏。大姐嫁，金箱；二姐嫁，银箱；三姐嫁，烂皮箱。大姐回，骑马回；二姐回，坐轿回；三姐回，走路回。走一里，哭一里。回去找爹爹，爹爹不在家。回去找保长，保长不在屋。关哒门，放势哭：“天平平，地平平，只有娘爷心不平。”

（7）月光光

月光光，夜光光；梭罗树，好烧香。烧了公公裙带，烧了婆婆裤带。上拜拜，下拜拜，拜到明年正月好世界。世界不奈何，捡个金珠砣。金珠砣上不开花，有女莫嫁他家。

（8）牵羊，卖羊

牵羊，卖羊，卖到浏阳，浏阳世界好，买哒羊崽不吃草；老板老板买羊啵！（此歌谣为儿童作游戏时唱，一人领头作“卖羊”的，后面儿童牵成长串作为“羊群”；一人作“买羊”的。“卖羊”的一队唱完歌谣，“买羊”人追抓“羊”儿，“卖羊”人摊开双手百般阻拦、庇护身后“羊群”，非常有趣，此游戏，流传至今）

（9）张打铁，李打铁

张打铁，李打铁，打把剪刀送姐姐；姐姐留我歇，我不歇，我要回去学打铁（注：二人相对，伸开手掌，边唱边拍手，自拍一下，再互相拍一下，交叉进行，很有节奏）。

(10) 麻雀崽

麻雀崽，背驼驼；驼升米，送外婆。外婆留我吃中饭，嘛哩饭？红米饭。嘛哩红？胭脂红。嘛哩胭？灶烟。嘛哩灶？泥灶。嘛哩泥？骆驼泥。嘛哩骆？茶酪。嘛哩茶？山茶。嘛哩山？竹山。嘛哩竹？楠竹。嘛哩楠？湖南。嘛哩湖？酒壶。嘛哩酒？糯米酒。嘛哩糯？长沙糯。嘛哩长？猪肠。嘛哩猪？野猪。嘛哩野？果子狸野。

(11) 懒婆娘

懒婆娘，懒婆娘，天天睏到日头黄；门前喊卖糖，双脚跳过墙；门前喊卖蔴："卖你的娘，卖你的爷，祖宗三代不绩蔴！"

(12) 黄泥巴砣砣

(20世纪60年代以前，交通不便，货物运输全靠浏阳河水运，船民都是浏阳河下游西乡一带和长沙、宁乡各地人，大都说西乡话和长沙话。他们的家属有许多定居城区浏阳河边的清河街、洞庭庙、龚家塘一带简陋的棚屋里。他们用西乡话和长沙话哄逗儿童时唱的歌谣，在县城流传)：

黄泥巴砣砣，屋里坐个哥哥。哥哥出来买菜，屋里坐个奶奶。奶奶出来装香，屋里坐个姑娘。姑娘出来绣花，绣个荷包。荷包跌到井里，变只蛤蟆。蛤蟆伸脚，变只喜雀。喜雀上树，变只斑鸠。斑鸠"咕咕咕"，和尚吃豆腐。豆腐一把渣，和尚吃泥巴。

(13) 反歌

(为了启迪儿童思维，提高儿童的辨别能力，有的童谣故意将正面事物反其意而唱之。称"反歌")：

树上一只小麻雀，天天早晨唱反歌；河里石头滚上坡，先生我来后生哥；妈妈结婚我快乐，我在门前打大锣；我从外婆门前过，看见舅舅摇外婆。

故事

欧阳玄幼年即席赋诗

欧阳玄，幼年聪慧。其母李氏亲自教他《孝经》《论语》《小学》等书。玄8岁能熟练背诵。后跟随乡学张贯之学习，日能记千字，并能写文章。一次，朝廷派遣使者巡查各县，10岁的欧阳玄以学生身份拜见使者，使者因对玄的才智有所闻，特命其作梅花诗，玄即吟出：“斗柄初开第一枝，游蜂赛雀已先知。相逢不忍轻飞去，直与梅花了岁时。”“铃索无声玉漏稀，青绫夜直月侵扉。五更一觉梅花梦，催得江南学士归。”等10首，至晚上赋梅花诗100首。大家见后十分惊讶，翘指夸奖“很了不得”。玄14岁又跟随宋朝遗老学习作诗章，下笔成文，每次乡考位于高等。欧阳玄一生所著甚丰，册典史籍艺文，约千万多文字传世。

谭嗣同擂鼓妙对父联

谭嗣同生于清同治四年（1865年）3月10日，13岁起生活、学习在浏阳城北正南路的“大夫第”。从小跟随父亲谭继洵，并拜师学艺。他少年好学聪敏，博览群书，舞棍弄剑，习琴棋书画，有“小神童”之誉。有年除夕，其父出一上联：“除夕月无光，点一盏灯，为乾坤增色。”第二天清早，谭嗣同一径奔到祖堂上，对准挂在东廊的堂鼓“咚、咚、咚”紧擂三通。父被惊醒起床，问儿对联之事，谭嗣同言出：“初春雷有约，发三通鼓，助天地扬威。”由此可见，谭嗣同从小才智过人，实为能文尚武之全才。

谭嗣同岳州阻粜

光绪二十一年（1895年），浏阳遭遇一场大旱，禾苗枯焦，颗粒无收，穷苦百姓家家缺粮，不少人家都断炊了。这时候，谭嗣同回乡为母亲扫墓，不料碰上了这样一场大灾。他看到穷苦百姓饥寒交迫、颠沛流离的悲惨情景，心中痛苦万分。

一天，谭嗣同了解到，浏阳并不是没有粮食，那些财主老爷家，哪一户仓里都装着百十担存粮，一些黑心眼的富商，还把粮米偷偷运往岳州高价出售。

为了解救苦难的乡亲，谭嗣同决定要去岳州阻粜。

他拍了个急电，约了湖广总督张之洞的公子张立人去岳州商议。自己天还未亮就骑马上路，快马趱行，第二天便赶到了岳州。

张立人是他的好友，果然按时赶到。谭嗣同把浏阳遭灾，要到岳州来阻粜的事情，原原本本地讲了一遍。张立人很爽快地答应帮忙，并要他父亲的老部属岳州总兵陈龙拨几名兵勇来协助他们。

谭嗣同来到湖边摸清情况，便直向那浏阳船帮走去，但见一只大船上，坐着一伙船家水手正在那里闲话。他即有意上前拱手搭话道:“借问列位父老，这里可有浏阳船只?”老者答话道:“我们这里都是浏阳船只”，并招呼谭嗣同上船去坐。

谭嗣同上了船，问道:“听说家乡灾情严重，心中十分挂念，但不知近来情况怎样?”那老者伤心地叹道:“唉! 这一次我们浏阳真是遭了大难，人都快要死完了。”

谭嗣同有意望了望船舱中装运的粮食，诧异地问道:“这就奇怪了，既然家乡灾情严重，饥民断炊，怎么还有这么多粮食运到此地来出粜呢?”

一壮年汉子忿忿地道:“这还不是那些昧良心的财主老爷们干的好事!我们船户还管得了他们?”

谭嗣同点头道:“这事确也怪不得各位乡亲。不瞒列位，在下就是谭嗣同，今日赶到岳州来，就是想买下这批粮谷，回乡去救人的。不知各位乡亲是否愿助一臂之力?”

众船户听说他就是谭嗣同，顿时群情振奋，都围了过来，纷纷表示说:“只要公子买下这批谷米，我等就是三天三晚不睡觉，也要把它赶运回去。”

那壮年汉子又告诉他道，“我们这帮粮船，共装有五百多担陈谷，为全县十二家大户所有，为首的就是那个刘举人刘福堂，这次自己押粮来岳州，准备明日在浏阳会馆宴请岳州官绅长治米粮的事。”谭嗣同在心里暗骂声：“好个没长人心的刘福堂!”

第二天早上，他和张立人带着几名陈龙派来的兵勇，直奔浏阳会馆。

浏阳会馆内，刘福堂正在大厅里宴请岳州的官员士绅和粮商大贾，没料想谭、张二公子驾到，忙吩咐下面另摆杯盏重新布酒。

谭嗣同却冷笑一声道:“不用费心了!今日平浏大旱，朝廷震惊，百姓粮绝，饥民遍野，你们还有心事在这里设宴?”

刘福堂装着笑脸答道:“二位公子有何见教，刘某一定竭诚效力。”

谭嗣同道:“这就好了。在下听说您有一宗粮谷在此出售，小弟等特来接洽，拟全部购买，运回浏阳，作赈灾之用。”

刘福堂却道:“就算我等愿意出粜，想那船户们早已接好了另外的客货，恐怕也不会接应运粮之事。”

谭嗣同冷笑一声，把手往厅外一指，刘福堂顺着他的手势望去，果然看到大厅外站着几个船户代表正满脸火气，怒目而视。

刘福堂不禁恼羞成怒，对那些船户大声喝斥道:“你等是什么人，谁要你们来的?”

张立人一听，呵呵大笑道:“一个小小会馆，又不是白虎堂，人家为什么不能来?”

刘福堂见事已至此，便强硬道:“这宗粮谷，也都是我等各家各户的私产，并非偷盗抢劫得来，二位公子就算要收籴粮谷，也只能好言商洽，像这样以势压人是何道理。”

谭嗣同勃然怒起，冷笑声道:“刘福堂，你太放肆了!利用灾年，囤积粮谷，为富不仁，牟取暴利，置百姓死活于不顾，比那偷盗抢劫更歹毒十倍百倍，还有什么道理可讲。”

张立人把手一挥，那些兵勇早已作好准备，一拥而上，把刘福堂捆绑起来。那些乡士早已是心惊内跳，一个个躬身请罪，作揖不迭。张立人亲自带领兵勇把刘福堂送交地方官府。谭嗣同便亲自去湖边组织船户，马上运粮回乡。一只接一只大船，挂着高高的白帆，运着满舱粮谷，日夜兼程向浏阳驶去。

唐才常幼年故事

一次，唐寿田先生给学生讲授宋史，小才常一旁谛听，且不断摇头晃脑，俨然全部领悟。唐寿田叫起才常问：“你说南宋为何亡国?”才常不假思索回道：“有四个奸臣误国。”

“哪四个?”唐寿田先生问。

“秦桧、韩佗胄、史弥远、贾似道。”小才常对答如流，一字不差。

显然，这与他祖母谭氏教诲有关。谭太夫人出身名门，幼知经史，又陪后来中了举人的弟弟伴读，学海泛舟。小才常得她老垂青，自然听得许多知识，太夫人常说的历代忠奸史事，更深印在天真无邪的才常心上。唐寿田先生问在口里，喜在心间，更是另眼相看、单设炉灶（“单设炉灶”的做法有些像菩提祖师夜半授悟空，佛家本祖释迦牟尼灵山讲法间隙指点观世音）……自是更加神速，唐才常八岁就能写文章，九岁已可填词作赋，而且练得一手好书法。

小才常“神童”名气越来越大，引得不少学界人士都想见见真章。这一天终于来了！光绪二年（1876 年）春，唐寿田先生为一班同辈契友相约去郊外踏青，才常嚷着要跟去。那些人早就想考考他了，当然怂恿他前往。一路之上他们走紫微、升平、衙背街，出西城水门口，然后摆渡，过了浏水，便是“枫浦渔樵”了。这“枫浦渔樵”乃是“浏阳八景”之一，本名双枫浦，又叫青枫浦。清渭水从南缓缓流来，洋洋洒洒，在此泻入当时清得发蓝如缎的浏阳河。两水相吻，银波粼粼，桨声“咿唔”，渔舟欢唱。夹峰相峙，翠色微烟，樵歌互答，斧声朵朵，更加上山水中竹篱茅舍，平畴里泥土芳香，令游者浊气全排，心胸豁达。素性恬淡的唐寿田也不免情从中发，念起那大唐大历四年（769 年），杜甫由潭州来此写的那首五律：“辍棹青枫浦，双枫旧已摧。自惊衰谢力，不道栋梁才。浪足浮纱帽，皮须截锦苔。江边地有主，暂借上天回。”

时务学堂合影（左二谭嗣同，右二唐才常）（资料照片）

念完极赞道：“老杜真个不凡，以浮纱截锦来壮此间山之美，何等贴切，又何等气慨!”

同行都是文章伴侣，性情中人，自然为山川灵气，诗歌美味吸引了，小才常则毕竟属于少年，还在蹦跳不停。特异的行动总是受人关注的，于是有人说话了：“来，静一静！请我们的小神童即席吟诗，好不?”随后，只听得手板拍得“嘭嘭”响。唐寿田有些急了：虽说才常已能作诗，可这是即席口占呀！他正要启齿解围，小才常却已经停止蹦跳，瞅瞅山水后，便闭目沉思了。一会，拱手道：“各位世伯世叔，小侄不谙诗律，请多指教。”

“山川现尘雾，陇亩透青黄。杜老行吟地，诗人唱异乡。”

“好！好一个诗人唱异乡，把杜老的行状、诗情，全都表露出来了!”自后，神童之名，便是不胫而走了！

文化典籍

关于文化典籍有三种说法：古代重要文献总称、古代书籍简称、文化经典书籍。说古代书籍简称的人认为，文化典籍主要指书写或印刷于 1911 年以前、反映中国古代文化、具有古典装订形式的书籍。本志记录的是文化经典书籍。

《欧阳玄全集》

《圭斋文集》　　(资料图片)

欧阳玄是元代著名的史学家、文学家。他官至翰林学士承旨、光禄大夫，位列一品，登上了元朝文学侍从之臣的最高地位，被尊为文坛宗主，文采风流，震耀一世。“演论玉署，黼藻帝猷”，竭忠尽诚，毕生致力于元朝官方的撰述工作，主持编修宋、辽、金三朝正史，纂修《经世大典》《太平经国》，编纂四朝实录，修订《至正条格》，撰定“国律”，元代中后期几乎所有重大的史学工程都凝聚着他的心血和智慧。《圭斋文集》是他的诗文集，较好地反映了他的诗文风貌。欧阳玄著作丰厚，版本很多。《欧阳玄全集》分上、下册，60余万字，正文共三十卷，包括《圭斋文集》和《圭斋文集补编》各十五卷，另附录传记、版本等研究资料，是目前收录欧阳玄作品和研究资料最全的版本。

《谭嗣同全集》

谭嗣同是中国近代一位很有影响的重要历史人物，是著名的启蒙思想家，伟大的爱国主义者。他投身维新变法，不幸遇难，他在世仅有34个寒暑，但留于后世的著作，却有260多篇，417000多字。这些著作，富于爱国精神，风格雄健，内容深刻，是中华民族优秀的文化遗产。

《谭嗣同全集》　　(资料图片)

1981年由中华书局出版的《谭嗣同全集》，收录了谭嗣同一生大部分作品。

这些作品从不同角度记述了谭嗣同少年求学、青年游学时期的学习和参与变法时期的社会活动，突出了谭嗣同的政治主张和爱国情怀。他抨击君主专政制，反对封建礼教，关心人民群众，提倡维新变法，作品中表现得淋漓尽致。

谭嗣同的思想，以《仁学》为结晶，呼喊冲决一切网罗，表现了要求个性解放，断然与封建专治的政治、思想和文化彻底决裂的精神。在文学上，他的诗有广阔的漫游生活和崇高的理想怀抱的基础，一般格调严正，感情真挚，志趣豪迈。《儿缆船》《六盘山转饷谣》等诗作，同情人民的苦难，直抒所见，感慨宏深，能打破旧形式的束缚。如《儿缆船》："北风蓬蓬，大浪雷吼，小儿曳缆逆风走。惶惶船中人，生死在儿手。缆倒曳儿儿屡仆，持缆愈力缆縻肉，儿肉附缆去，儿掌惟见骨。掌见骨，儿莫哭，儿掌有白骨，江心无白骨。"一些写景抒情诗，如《崆峒》："斗星高被众峰吞，莽荡山河剑气昏。隔断尘寰云似海，划开天路岭为门……"境界恢廓，描摹景物雄奇有力，充满着积极精神。后来谭热心于"新学"，努力作"新诗"，虽然只是"挦扯新名词"，但也表现着大胆革新、勇于创造的精神。临终前所作的几首诗，豪迈激昂、气势非凡："我自横刀向天笑，去留肝胆两昆仑。"（《狱中题壁》），"有心杀贼，无力回天。死得其所，快哉快哉!"（《临终语》），表现了乐观开朗、视死如归的博大胸怀。

《唐才常集》

《唐才常集》以《觉颠冥斋内言》为主体。该书是唐才常生前刊行的唯一专辑，由其弟子邹柽贤编辑而成。觉颠冥斋为唐才常室名。觉颠冥，谓省悟人世中的迷惑与沉湎。唐才常短暂的一生留下了大量著述。其著作版本，主要有1898年长沙刊本《觉颠冥斋内言》四卷（1902年夏重新铅字排印），1900年刊本《浏阳二杰遗文》（第二卷即唐才常遗文），1980年中华书局版《唐才常集》。上述三书均只收录了唐才常的部分著述，还有大量的作品散见于《湘学报》《湘报》《民权素》《大陆》《亚东时报》等清末民初报刊，唐氏家属和一些图书馆也藏有唐才常的手稿。

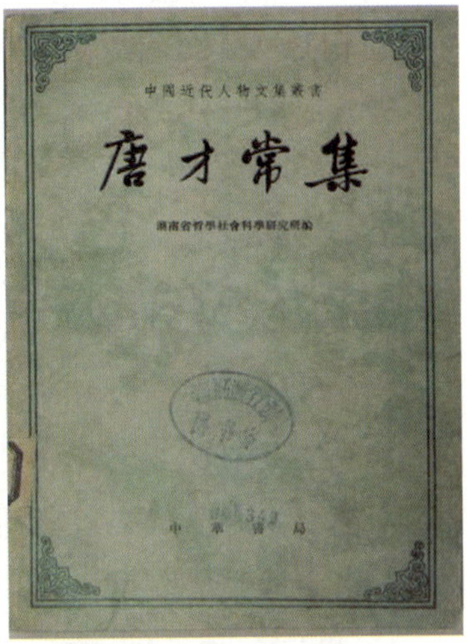

《唐才常集》 （资料图片）

《浏阳乡土志》

《浏阳乡土志》　　（资料图片）

（清）朱蔚亭修，黄徵纂。蔚亭，光绪三十二年（1906 年）浏阳知县；徵，字颖初，又名祖勋（前文《已故人物》中有其生平介绍）。《浏阳乡土志》始修于光绪三十二年（1906 年），三十四年（1908 年）初成书。记事止于三十三年（1907 年），正文分三纲（门）十五目，约 15 万字。首列历史，分沿革、政绩、兵事、耆旧、户口、氏族、宗教、实业；次为地理，列区域、山、水、道里；三为格物，设物产、制造、商务三目，全书录旧增新，汇辑成书。氏族目详记浏阳境内 960 个姓氏的迁徙传录脉络，人口繁衍状况，内容宏富，考证精详，居全国 400 余种乡土志之首。是志尤重经济、实业、物产、制造、商务五大篇，约占全书篇幅的五分之一。实业按士、农、工、商四类，将浏阳 104 种职业一一条列；物产分动物、植物、矿产三类，表列生物矿产 301 种；制造亦表列浏阳特产 130 多种，细载各种产品的原料、工艺、产量、产地；商务分本境自销、本境外销、本境销售外境货物三类，表列各种商品 213 种，详记浏阳棉布、夏布、菊花石、豆豉、鞭炮等土特产外销情况，均有裨益浏阳经济的振兴及传统产品之开发，也是研究中国近代经济史的珍贵文献资料。是志体例完善，门类适当；史料宏富，观点新颖，颇能顺乎潮流，适应历史发展之需要。更为难能可贵者，氏族、宗教、实业、道里、物产、制造、商务诸目，旧志原阙，无可诠次，全由县志局拟就提纲，分东、西、南、北四区，实地调查，获取大量一手材料，按时汇纂成篇，翔实可信，为全国乡土志之佼佼者。有光绪三十四年（1908 年）稿本，1967 年台湾本。

艺文选录

“者番喜事不寻常，奔告笑声扬。人人争道诗乡好，继风骚，草绿池塘。九曲名河增色，三秋金桂飘香。”浏阳人对梅花小区有一种特别的感情，也善于用各种方式将它的故事记载下来。诗词文章都有其鲜明的地域特色，有上得厅堂的传世佳作，也有居民喜爱的朗朗上口的诸多文字。本章收录了有关梅花小区的一些古代文选、古今诗词、古今楹联、现代文辑和回忆文章，有益于读者更广泛深入了解梅花小区的前世今生。

古代文选

浏阳儒学记

汤 荧

洪武元年春，王正月，潭州郡守滕思勉觐回，祇顺德意，励翼学校，务欲启迪治机。时史公仲良为吾浏守，躬服圣轨，以倡余民，昕夕颛芯学宫。先是，王公伯昭，爰始爰谋，功夺草创；刘公伯奇继之，为治日浅。而吾史公克承厥勋，不以为艰。州判陈钧佑、吏目王大章，寅谋赞功，通底成绩。于是堂殿门庑，式侈多完；文章黼黻，式像以昭。宫墙内外，工力所及，举以法故，光复旧观。然而经营有序，计划有方，不棘不回，吏不弃功，民不告劳。舍奠之日，济济洋洋，观礼垣门，大小咸悦。唯升平时，学宫修废举坠，咄嗟可辨，而犹有因循失职者。今也，构材用于灰烬之余，资工力于荼毒之后，使人见之，巍然灿然。备于规模器数之间者，圣人之灵歟？古者，学校之设，自王朝以至侯国，一而已；天叙天秩，天子至于庶人，理而已。时有古今，而此理之出于天命者无古今；学有兴废，而此理之存诸人心者无兴废。故其所以为教者，岂强其所无于性分之外哉？明善以复其初而已。善者百行之源，学者守善之地。书云：天佑下民，作之君，作之师。君道尽，民生遂；师道尽，人伦明。史公于开创之初，而能以文教为急，上不失国家之心，下不失士民之心，贤矣哉!

浏乃龟山先生过化之邦，素称多士。呜呼！流河洛，沂洙泗，先生一人而已，城南文靖故迹在焉。史公营治学校，先泮池，次书院，盖欲俾吏于士者，知有所法；上于儒者，知有所宗云。

（注：作者为元至正二年（1342年）进士，后入仕明朝为酃县（今炎陵县）县令。）

科举考卷

《湖南乡试硃卷》：同治丁卯科，中式第六名举人任浚，字举元，号参霄，一号山樵，行一，年二十五岁，长沙府浏阳县学附生，民籍。

同考试官湖南大挑补用县正堂加五级纪录十次欧阳阅荐；大方考翰林院编修、国史馆纂修毕取批。

大主考侍讲衔翰林院检讨、武英殿总纂、国史馆总纂，本衙门撰文王中批。

考题：曰：赐也，可使从政也与？曰：赐也，达于从政乎，何有？曰：求也，可使从政也与？曰：求也，艺于从政乎，何有？

复以从政疑二贤，许以达艺而无难矣。夫康子以赐求问，疑其果之不如由也。子以达艺许之，其从政正无难耳。且揆天下之务，资乎识理，天下之烦恃乎材。此其诣，无识者疑之，有识者信之。疑则疑其优于言语，狃于因循，不如刚断者之弗涉依违也。信则信其谙于经权，妙于措施，亦如明决者之能胜艰巨也。识足察几，材足应变。夫亦就素所挟持者许之而已，果可从政。康子既释然于由矣，彼观理甚明，定见无殊，定力足民，自任有猷，不异有为者可类推也。故复鳃鳃然以赐求问也。国家事业之颓，闇昧者半，空疏者亦半，抱负未优或与游移者，贻忧覆食束矣。所以审事弗精不明，亦同于不断。宣猷寡效。无能直类于无刚，宇宙勋猷之建，英敏者多，干济者亦多。才能素裕，庶与强毅者，纪绩太常矣。所以通方致用析疑，直等于决颖泛应，悉宜大巧，亦侔于大勇则甚矣。达与艺之可以从政，与由之果无异也，顾待问而知其可使哉。然而康子不能无疑也，为介增壇玷之光，能精明未必能强固，为宰，入循良之传可繁跡，未必可危。疑若赐若求，不经夫人之指陈，方虑小慧微长，远逊由之与人国家也。则所以待吾党者殊浅，然而夫子自可深信也，容可决乎？两君非冒昧，亦非犹豫，故可胜于一室，无迂阔亦无逡巡。为达为艺，苟得康子之汲引，安见文章经济竟让由？以简树谋猷也，则所以望当路者弥殷，从政何有不与由均为政事才乎？夫然，而鲁政之衰可挽焉。屡中者算无遗策，得赐之达，而骀上不至封田；多能者绩著，用矛得求之艺？而公徒不至释甲正，不第多学而识省物，而勤足征蕴蓄之深也。诚与由同升诸公焉，则特达比德于圭璋，历聘而才华益著。多艺嗣徽于绣衮，酬知而礼乐徐兴，不可祛积弱之弊哉！且鲁政之盛可追焉，寻盟可却乎强邻。达如赐而犒师北鄙，无专美来远克；修夫文德，艺如求而大赂南金，可再赓正不徒。使对遗弓，功能获甲，足验设施之善也。诚得由相助为理焉，则练达者食与兵并足，固国势于苞桑；艺能者富与教兼施，振风微于芹藻，何难睹至道之隆哉!惜康子之不能使也。

（注：考举人，应试文三篇，分别为经解、时文、策论。另两篇时文为《辟如登高必自卑》、策论为《以德服从者心中悦而诚服也，如七十子之服孔子也》省略）

应试诗一首：

赋得多稼连云雁鹜肥，得“多”字五言八韵。

梁稻肥如此，丰年景物和。雁飞秋水阔，鹜聚野云多。

叠陇龙鳞密，差池燕羽摩。惊寒宵啄粟，争食昼眠沙。

露积禽堪饷，烟村雀可罗。余粮分蟹舍，残粒坠鸥波。

狼戾纷无数，鱼占兆不讹。鸿达今有路，枫陛颂苍阿。

（注：诗题中“连云”，指浏阳境内的连云山）

古今诗词

兜率寺

（明）郑序

儒墨由来道不同，偶停骖从谒禅宫。

菩提一点归心上，兜率诸天在眼中。

宝篆香飘烟缕碧，银缸花灿蕊珠红。

衣冠作礼金仙罢，聊述新诗答远公。

（兜率寺位于今淮川人民路邮政局东侧。殿宇恢宏；后为财神庙。1950 年拆除兴建大米厂，下同）

春游兜率寺

（明）路云衢

寻幽乐静游春寺，曲径疏云掩绿苔。

依槛野花迎客笑，隔江渔唱逐风来。

迢遥故国心千里，潦倒僧家酒数杯。

兴尽辞云复归去，依然尘迹满东阶。

夏日避暑兜率寺

（明）路云衢

避暑云林斜日晖，禅窗寂寂燕飞飞。
江风吹榻客频至，山月上楼人未归。
慷慨百年心紫阙，艰危万里忆丹扉。
清浏绿野惭无惠，贝叶昙花空自辉。

夜集兜率寺禅房听施霁峰弹琴

（清）吴翌凤

弦月隐墙角，微辉照禅房。
夜凉钟梵寂，隔户闻清香。
山人抱琴来，一曲谐宫商。
忽为水仙操，流水声汤汤。
听者情为怡，我亦久旁皇。
老僧独无言，跏趺坐绳床。

儿缆船

（清）谭嗣同

北风蓬蓬，大浪雷吼，小儿曳缆逆风走。惶惶船中人，生死在儿手！缆倒曳儿儿屡仆，持缆愈力缆縻肉，儿肉附缆去，儿掌唯见骨。掌见骨，儿莫哭，儿掌有白骨，江心无白骨。

狱中题壁

（清）谭嗣同

望门投止思张俭，忍死须臾待杜根；
我自横刀向天笑，去留肝胆两昆仑。

感怀

(清)唐才常

烟台形胜壮三举，商舶徐飞彩映堤。
自古边防河以北，于今要隘海之西。
波臣犹为传宵柝，阃帅奚容观鼓鼙？
闻说中朝务筹划，此方端下后伊犁。

和逋仙哭六君子原韵二首

(清)唐才常

(一)

欲策飞霆入九阍，狂呼帝子诉沉冤；
苍天岂为童谣死？白昼何堪妖气昏！
冻雀山头空屑涕，烂羊关内竟承恩；
燕云十六无男子，遂使狐狸踞地尊。

(二)

一朝尸六士，苍帝失其仁；
市上相惊魅，芦中犹有人。
铜刀辞世运，铁血洗儒巾；
霄汉迢迢路，梦魂拥玉宸。

鹧鸪天·“诗词之乡”揭碑

(现代) 王巨农

九曲名河处处诗，狂澜东倒独西驰。一滩银浪浮晴翠，万束烟花落酒卮。
人共醉，柳如痴，黄鹂紫燕唱春枝。美哉诗国扶轮手，种我山城玉一支。
(注：中华诗词学会命名浏阳市为“诗词之乡”，其汉白玉碑立在梅花小区圭斋园)

祝浏阳荣树“诗词之乡”丰碑

（现代）邓储宝

金字题名玉作基，
诗词乡里擅丰姿。
浏阳今古人文蔚，
树起中华第一碑。

风入松·浏阳“诗词之乡”树碑有感

（现代）刘家定

者番喜事不寻常，奔告笑声扬。人人争道诗乡好，继风骚，草绿池塘。九曲名河增色，三秋金桂飘香。

吟翁携引少年郎，觅句满诗囊。多情正是淮川友，头飞雪，不吝余光。相互引吭高唱，师生如醉如狂。

“诗词之乡”建碑感赋

（现代）罗传学

刻碑容易树碑难，为建诗乡一片丹。
五老扶轮襄笔阵，十春振铎主吟坛。
名流喜向淮川涌，美誉欣将白石刊。
文物价随年月贵，圭斋园里景增观。

古今楹联

谭嗣同(清)楹联四幅

自撰春联

大陆龙方蛰;

中原鹿正肥。

应对父亲春联

除夕暗无光，点一盏灯，为乾坤增色；(出句:谭继洵)

初春雷未动，发三通鼓，助天地扬威。(对句:谭嗣同)

赠黄颖初联

去天尺五城南社;

如月之初江夏黄。

赠唐才常联

思纬淹通，比羊叔子;

定礼决疑，问陶覆之。

唐才常(清)楹联二幅

挽谭嗣同联

与我公别几时许，忽警电飞来，忍不携二十年刎颈交同赴泉台，漫赢特去楚孤臣，箫声呜咽;

近至尊刚十余日，被群阴构死，甘永抛四百兆为奴种长埋地狱，只留得湖湘三杰，剑气摩空。

狱中题壁

七尺微躯酬故友，

一腔热血溅荒丘。

梅花小区仿古牌坊联

其一

（现代）谢万坤

四大街以前贤姓字命名，溢彩生辉，尽给小区当衬托，

五上将为后辈拼争垂范，成材扛鼎，都曾老巷得钟灵。

其二

（现代）赵庆安

暴动砸缸惟小石，伟人顺手拈来，不愧神奇红土地，

腾飞饮誉赖群芳，孺子随心数去，难言独特帅家乡。

梅花小区茗圣茶艺馆联二幅

（现代）周荣军

山径摘花春酿酒；

竹窗留月夜品茶。

寒夜客来茶当酒；

竹炉汤沸火初红。

比一比超市联

（现代）周荣军

商厦多家，购物何妨比一比，

舒心几许？出门自宜掂两掂。

婚联二幅

（现代）王平

其一

春风拂秀林，门庭溢喜，郎才女貌成佳偶；

碧水吟新曲，宾客举杯，笑语欢声共吉期。

其二

鞭炮鸣欢逢吉日，接远近亲朋，淡酒粗肴涵美意；

石榴吐艳报佳期，张悠扬曲乐，清音雅韵寄深情。

附一，联趣：清末，淮川有两位举人，一名卢里成，一名王子朋。卢里成住城内，王子朋住城外庙背冲。一日王乘轿入城，路遇卢里成乘轿从城里来拜访他，两人命轿夫停下，一番客套后，王随口出联叫卢应对，联曰:“子朋坐棚子轿”。卢不遐思索立即应对“里成自城里来”。子朋的“朋”字加偏旁“木”字成“棚”字，里成的“成”字加“土”字偏旁，成“城”字，以名应对，各加偏旁，颠倒成趣，恰到好处。

附二，淮川悬联：淮川河、北川里、水流人流，川流不息（曾庆国出句，有兴趣者不妨试对）

现代文辑

古巷春晓

张星波

东风忽来，草木知春。

一个薄雾缭绕的早晨，我满怀深情，来到梅花小区盘桓。初春的晨风略带凉意，顽皮地撩拨起我的头发，湿润的空气似乎给翡翠般的树叶涂上了一层薄油。

梅花小区隶属浏阳市淮川街道朝阳社区，地处繁华闹市核心商圈。因地理位置优越，又不乏高雅文气，小区楼房鳞次栉比，街道巷弄纵横交错，环境幽雅，闹中取静，成为一个集金融、教育、商住于一体的综合性服务小区。2008 年 11 月一个晴朗的冬日，时任湖南省委书记张春贤一行到浏阳调研，曾亲临朝阳社区考察，对梅花小区的改造及社区的网格化管理、社保工作、居民医保参保、各项便民利民措施赞誉有加，报刊、电台、电视台记者纷至沓来，一时名声大噪。

伫立梅花一街街口，昂首仰望，只见高高耸立的门楼上，琉璃黄瓦，飞檐翘角，麻石门柱，古朴典雅。门楣上“梅花村”三个苍劲厚重的黑底镏金大字，熠熠生辉，十分醒目。

信步走进小区，但见街道旁绿树荫翳，花坛中鲜花丛丛。平坦洁净的路面由水泥沥青铺就。街边五行八作，商铺林立。

慢慢地，东方升起一缕薄明的晨曦，数以千计的人从四面八方拥向梅花小区。城东水佳墈、河背唐家洲的农民挑着颤悠悠的担子来了，小区周遭的个体户推着车子来了，做早点的、打豆腐的，各种各样赶早生意的人打开卷闸门了。这是小区农贸市场一天中最热闹的时光！

我踱进农贸市场，只见长长的案板上，堆满了新鲜猪肉、排骨、猪肝、腰花和羊肉、土鸡、水鸭之类。一旁的水池或塑料大盆中，盛满了刚从浏阳河中捕捞上来的鱼虾。一长溜的地摊上，摆满了水灵灵的萝卜、白菜、辣椒、包菜、茄子、豆角、茭瓜、黄瓜、苦瓜、冬瓜和嫩绿耀眼的大蒜、香葱、芹菜、芫荽等，沾着泥土和露水。街口，一车车新上市的水果：柚子、椪柑、金橘、甜橙，一声声热情的吆喝，格外诱人；路边，大婶大妈们坐在小凳上，娴熟地做着碱水粑粑，包着糯米粽子。旁边的蒸笼热气腾腾，清香四溢。家庭主厨的菜篮里满装着欢乐和富足；打扮时尚的俏丽姑娘、衣着光鲜的英俊小伙，一边向嘴里塞着新鲜肉包和油条，一边钻进停车道上崭新锃亮的“保时捷”“路虎”“宝马”小车中……

远处，传来一阵阵清脆悦耳的快乐的歌声：“……春天在哪里呀，春天在哪里 / 春天在那小朋友的眼睛里 / 看见红的花呀，看见绿的草 / 还有那会唱歌的小黄鹂……”啊，太阳出来了，万里碧空明净如洗。人民路小学的“红领巾”、市机关幼儿园的小朋友们，一路欢歌一路笑，蹦蹦跳跳入园、上学了！

好一幅五彩缤纷、春意盎然的美丽图画！

好一派温馨和谐、太平盛世的繁荣景象!

我被眼前这动人的一幕又一幕深深感染了，思想的骏马便情不自禁地奔驰起来。我曾在自己的散文集中写道：“乡愁是一种情怀，伴随着我们远行，或回到故乡……”

遥远的记忆中，这儿原叫梅花巷，一条在浏阳城几乎是妇孺皆知的幽深小巷。它古老而奇特，宁静而风华。

梅花巷历史悠久，明嘉清辛酉年《浏阳县志》早有记载。它南起粮仓街（今人民东路），北至圭斋路，全长206米。古巷最宽处约4米，最窄处仅2米多。原以巷内宋家大屋种有多株名贵梅花而命名。谭、宋两家名门望族的大屋均建于古巷左右两侧，为祠宇式砖木结构建筑。青砖围墙高达5米，槽门厚度近20厘米。内分几进大厅，庭院天井、花坛，错落有致，恢弘大气。巷道是一色的青石板。那厚重的青石板，恰似一个个音符在古巷深处浅吟低唱。那石板一律干净，走过的似乎都是一双双没有尘埃的脚。

“长夜难明赤县天”。解放前，苦难深重的浏阳人和全国人民一样，一直在漫长的黑夜里生活。梅花巷曾一度沦为纨绔子弟、公子王孙们寻欢作乐之处。新中国成立后，人民政府一扫旧时阴霾，古巷获得新生。春天的阳光照在古巷每一扇雕花木窗、每一堵斑驳的老砖墙上，那些檐角相依的老房子，油亮的大木门，黛青的屋顶，在蓝天白云底下，显得格外温馨、安宁、洁净。

20世纪90年代的梅花巷旧貌　　（资料照片）

古巷回归到劳动人民手中。解放初期，县总工会曾一度在这儿办公。工运剧团夜以继日地排练着《白毛女》《六号门》等剧目。“咱们工人有力量，嘿！咱们工人有力量……”雄壮而嘹亮的歌声涤荡着旧时的污泥浊水，给古巷注入了无限的生机和活力。1953年国庆节，县机关幼儿园在梅花巷正式开园。如同枯木逢春，古巷愈加生机勃勃了！

幼年的我，经常和小伙伴们去工人俱乐部学打乒乓球，看大人们唱歌、排戏、扭秧歌。在巷子里追逐、玩耍，做着跳房子、抽陀螺、打弹子、滚铁环、贴纸菩萨一类游戏。依稀记得，巷口住着一位小学女同学，姓李，家里是专门卖“盐旱茶”（即素食菜）的。她妈妈既热情，又大方，经常倒茶水给我们喝，有时还会发给每人一截黄瓜，或几颗话梅、李子干之类的零食。“少年心事当拏云”。小学毕业后，我们没再在一起念书，从此各奔前程，再没谋面了。

20世纪八十年代初，我在古港磷肥厂子弟学校任教，妻子在县药材公司供职。因单位住房紧，就被安排住在梅花巷口“致中和”药店后屋。妻子带着独生女儿在这儿一住就是两年多。我经常用手去抚摸巷子里那光滑整洁的青砖墙面，感叹砌匠工艺的精湛高超；我经常仰望巷道两旁那插入蓝天的屋檐墙角，寻觅旧时梅花的浓郁芳香……

20世纪初的梅花巷新姿　　　　（萧行敏　摄）

1996年，浏阳市委、市政府斥资将梅花巷与毗连的胡家巷、黎家大屋等处一并拆除，建成“三街三弄”的梅花居民小区。

2010年，市委、政府再次斥资，采用中式仿古建筑风格，对梅花小区进行了提质改造。那僻静、狭窄的背街小巷，拓展成了一条条繁华、宽阔的商业通衢。

“梅花三弄”是条特产文化街，里面一连十几家浏阳土特产店，或摆着、或挂着香气扑鼻的大围山腊肉、浏阳茴饼、太平桥豆豉、火焙鱼、素食菜、榨笋、蜂糖等，惹得宾客频频光顾，流连忘返。弄口的街心花园里，绿草如茵，花团锦簇，立有一代文豪欧阳圭斋塑像。街对面就是我的母校——浏阳一中。我在这儿纵览低徊良久，忽听得校园上空传来一阵“叮铃铃……”的美妙音乐电铃声，勾起我对同学少年多少往事的回忆……

黑格尔曾经说过：“如果说音乐是流动的建筑，那么，建筑则是凝固的音乐。”古巷巨变，旧貌换新颜，何其美丽，何其壮观！我的一位表叔客居台湾68年，思乡心切。改革开放后，他先后四次携眷回浏探亲，游览了梅花小区等旧地，看到家乡日新月异的变化，大喜过望，情不自禁地说：“浏阳变化好大啊！现在回家，都要带地图了。”现住梅花一街56号的魏秋生，81岁了，在这儿生活了40年，是一位有着60年党龄的老干部，可谓阅尽世间沧桑，经历十分丰富。退休后一直担任社区“关协”会长。目睹这儿的发展变化，他说，用“翻天覆地”来形容，是再恰当不过的了。有位世居梅花巷、已进入耄耋之年的老婆婆罗玉珍，有感于小区衣食住行条件的不断改善，经常乐呵呵地对人说，搭帮党和政府，逢上好世道，老来享清福啊！

盘桓在这个古老而年轻的小区里，沐浴着明媚而温暖的春光，我想起哲人的一句名言：一滴水可以反映出太阳的光辉。梅花小区的发展和变化，不就是一个鲜明的例证么？

啊，美丽的浏阳，我可爱的家乡！

黎家大屋

张星波

岁月流逝，幼年的许多往事日渐淡漠，但县城东门的那栋黎家大屋，却依然清晰地留在我的心里，是那样的古朴亲切，又是那样的缥缈悠远。

那是许多年前的事了。一个夏雨濛濛的午后，我去黎家大屋寻访儿时的一位老同学。在雨中，我撑起一把油纸伞，沿着太平街、朝阳街（今人民路）独自前行。梧桐细雨，转角处便现出始建于清朝雍正年间，在古城浏阳堪称首屈一指的富豪民宅——黎家大屋。

卵石铺路，绿荫遮雨。抬头望去，大屋门前，一对石狮正襟危坐，栩栩如生。这是一栋典型的明、清“天井院”格式建筑：青砖青瓦，飞檐翘角，雕梁画栋，明柱花窗。工艺细腻精湛，美妙绝伦。虽历经了两百余年风雨的侵蚀，但从那残留在砖瓦木石上的印迹中，依稀可辨其当年豪华富贵大宅的模样。墙角上肥厚而湿润的青苔掩盖不住昔日的风韵，角楼上茂密而茁壮的杂草遮挡不住屋中人当年的奢华。

这儿有着喧嚣都市中的宁静，有着俯仰皆是的画境。雨霁天晴，云开雾散，阵阵凉风拂面而来。庭院内，只见男人们三五成群，悠闲地聚集在那家门前的荫凉处饮茶、搓麻将，一条肥胖的黄狗在桌边转来转去。有些女人半躺在厅屋里的竹睡椅上纳凉，手里摇着大蒲扇，微闭着双眼，裸露出雪白的脖颈。几位白发苍苍的老婆婆戴着老花镜，迎着凉风，坐在墙边的靠背凳上，眯缝着眼睛，专心致志地做着针线活儿。她们身旁的竹笸箩里盛满一堆堆花布头和五彩丝线。一群稚气未脱的孩童在“寻躲”（即捉迷藏），追逐嬉闹着，大屋内回响着一阵阵银铃般的笑声……

黎家大屋门前有家小酒店。记得那年随学校下乡春插回来，老同学将我带到这里，买了一小份卤猪脚，几片卤豆腐，打了二两白酒，说是“散散风寒”。两人喝得满脸通红，十分惬意。这是我第一次喝酒，从此与酒结下不解之缘。这年，我刚满14岁，在浏阳一中读初二。

我这位老同学的父亲是位儒雅、睿智的长者，饱读诗书，见识很广。他常跟我提起黎家大屋昔日的辉煌。他说，黎家大屋系黎午帆兄弟所建。黎祖籍江西，是逃荒来到浏阳的。原先住在北正街刘家大屋，靠拖板车、卖苦力维持生计。后来开了一家万和正南杂店，由于经营有方，生意越做越大，赚了不少钱。公元1756年，开始在县城东门择地建房。他们雇请木匠、砌匠、石匠100余人，斥金万两，大兴土木，花了一年多时间，建成一栋五进、大小210间的庄园式宅院，人称“黎家大屋”。

黎家大屋左边是轿夫房，当时有轿子五六副，雇有十五六个轿夫。二进是花台，砌成“左青龙”“右白虎”的图案。二进右边是花厅，摆放着牡丹、水仙、玉兰等名贵花木。这里是专门用来接待朝廷来人和地方官绅的地方，一年四季花团锦簇，屋子里飘散着一股淡淡的幽香。二楼为跑马楼。三进也是花台，其图案为红书、宝剑。四进花台是白鹤青松图案，左边有一口圆井，深达15米，井水清澈甘甜，供全家人饮用。在三进大厅，悬挂着清代著名书法家何绍基书写的大横匾，上书“高谈转清”四个镀金大字。在官厅，还悬挂着一块清代名人送来的横匾，上书“凤宿梧桐”四个镀金大字。

尤为使人赞叹的是黎家大屋200多根大立柱，每根圆围均为二尺五寸，现今自然难寻，立柱下面为雕花的石座垫。每间房子都有上下两层楼板，地面铺着红漆地板。宽敞舒适，冬暖夏凉。整个布局和陈设，无一不彰显着富丽堂皇的气派。

黎午帆的大儿子叫黎克康，他们兄弟21人，相继成家立业，养育子女共100余人。家中常年雇请有管账、轿夫、花工、厨师、家丁、丫环、使女等百余人。在建好黎家大屋的同时，黎氏家族还在浏阳北乡、东乡购买良田413公顷，成为显赫一时的大富豪。

自古以来，小城浏阳的民宅建筑很多，也很美，诸如宋家大屋、周家大屋、谭家大屋、刘家大屋等，都是县城一些名门望族聚居之地。不过，作为县内民居之首，与众不同或者说更为显著的是，黎家大屋有着一种安宁静谧的美，一种恢弘大气的美，一种简洁明快的美。

新中国成立后，凝聚着劳苦大众心血和汗水的黎家大屋，终于回收到人民手中。城关镇政府对黎家大屋进行清理登记，将200多间房屋分配给无房户居住，共住进城区居民61户。我的这位老同学家，就是这时候搬进去的。到1994年，居住总人口达274人，其规模之大，在浏阳城内，当时尚属独一无二。

1996年，黎家大屋与毗连的梅花巷、胡家巷一带地段，被开发建设成梅花小区。黎家大屋，这栋曾闻名遐迩的清代民居，顺应时代潮流，被陆续拆除。

小城巨变，旧貌换新颜。孟子曰：“鱼，我所欲也；熊掌，亦我所欲也。二者不可得兼，舍鱼而取熊掌者也。”作为一处建筑，一种文化，一段历史，一段240多年前由浏阳人用心和手书写的历史，黎家大屋将永远驻留在我的心底。

（作者系湖南省作家协会会员、浏阳市文联顾问、市作协名誉主席，浏阳市总工会退休干部）

城殇——浏阳古城祭

刘正初

十二岁那年，我从乡下考入小城深处的浏阳一中就读，从此在这座城市学习、生活了三十多年。记得那时的浏阳城，矮矮的房屋，窄窄的街道，颇有几分古色古香的味道。从学校那红墙黄瓦的文庙大门出来，跨过一条马路就进了梅花巷。进巷走不多远就要向右拐，进入另一条巷子，再往里走，巷子越来越多，如同蜘蛛结网一般。巷子的两边都是青砖砌的房子，看它们的建筑风格和门窗的式样、颜色就知道有一些年纪了。巷子不是很宽，窄的地方板车也过不了。地面是麻石铺的，被过往的行人踩得光溜溜的，中间被踩得凹了下去。很多年之后，爱上了地方文史，我才知道脚下的这条小巷，承载着浏阳太多的历史。明嘉靖辛酉《浏阳县志》即对梅花巷有了记载。它南起皇仓街（今人民路）北至圭斋路，全长二百零六米，最宽处约四米，最窄处仅两米多。原以巷内宋家大屋种有多株名贵梅花而命名。谭、宋两家名门旺族的大屋均建于该巷左右两侧，为祠宇式砖木结构建筑，翘角飞檐，墙垛高耸。青砖围墙高达五米，槽门厚度近二十厘米。内分几进几厅，庭院天井、花坛，错落有致，气宇轩昂。宋，据说是我祖父的外婆家；谭，就是谭嗣同家族，谭嗣同曾经在这里的谭氏宗祠参加祭祀活动。后来，随着谭宋两大家族的没落，梅花巷也开始衰败，在20个世纪三四十年代竟沦落成为了浏阳的烟花巷。“开窗遥望状元洲，樟树潭前激水流，愿得郎心常似水，一弯一曲一回头”。这充满温情和期盼的句子，是不是梅花巷里多情女子的送别诗呢？

与梅花巷毗邻的是黎家大屋。黎家大屋为黎午帆兄弟所建。黎祖籍江西，于清雍正年间，从江西逃荒来浏阳，住在城区刘家大屋，后来在北正街开万和正南杂店，生产“茴饼”。黎家因饼而发家传名，茴饼因黎家而享盛誉。

由于经营有方，赚了不少钱。公元一七五六年，开始在县城东门择地建房。雇请木匠、砌匠、石匠一百余人，大兴土木，花了一年多时间，建成一座五进、大小二百一十间的庄园式房屋，谓之黎家大屋。大门前一对石狮栩栩如生，左边是轿夫房；有轿子五六副，雇有十五六个轿夫。二进是花台，砌成“左青龙”“右白虎”的图案，二进右边是花厅，花厅摆设着牡丹、水仙、玉兰等名花。这里是接待朝廷来人和地方官绅的地方。二楼是跑马楼。三进也是花台，其图案为红书、宝剑。四进花台是白鹤青松图案。全屋两百多个大立柱，每柱圆围一律二尺五寸，柱下为雕花的石座垫。大屋四进左边有一口圆井，深达十五米，供全家人饮用。在大屋三进大厅悬挂着清代著名书法家何绍基书写的大横匾，上书“高谈转清”四个镀金大字。在官厅，悬挂着一块清代名人送来的横匾，上书“凤宿梧桐”四个镀金大字，每间房子都有上下两层楼板，地面铺着红漆地板。整个布局和陈设，处处显示着富丽堂皇的气派。黎午帆的大儿子叫黎克康，他们兄弟二十一人，成家立业之后养育子女共一百余人。家中常年雇请有管账、轿夫、花工、厨师、家丁、丫环使女等百余人，专为他们服务。在建好黎家大屋的同时，还在浏阳北乡、东乡购买良田七千二百亩，是浏阳首屈一指的大富豪。黎家人才辈出，有浏阳“四晓”之一的画家黎晓帆，有

20世纪90年代的梅花巷旧貌 （黄震山 摄）

进过黄埔军校的军人，还有投身革命的义士……黎氏后人这样回忆祖屋："年轻者，出外求学谋事；老年者，三两留守旧宅，人屋皆老，倍感凄清。每逢节日敬祖，大堂烟香烛亮，子孙成群，论辈行礼，颇为壮观。幼时，印象最深者，门坎特高，人小腿短，以爬代跨，可当马骑。大门前有一广场，卵石铺地，少时在此围圈玩球，充满童趣！"

解放后，黎家大屋增加了许多外姓住户，泱泱百余家，跻跻数百口，黎家大屋俨然一个小小"社会"。我的姨妈曾经在这里居住多年，让少儿时代的我对这栋百年老屋留下了许多鲜活的记忆。有一次我和表弟到外面玩耍回来，表弟在前面一下子跑得不见踪影，我竟然找不到回姨妈家的路。姨妈家前后都是天井，天井里长着一株好大好高好老的黄连树。天井对面住着黎氏后人黎先生，他后来竟然成了我在浏阳一中的历史教师，依稀记得他家的床是一层又一层的雕花，他家的楼上还挂着古字画。

可惜的是，一九九六年黎家大屋与毗连的梅花巷、胡家巷一带，开发建设成梅花小区。那一大片历经数百年的明清建筑，和我的那些美好的回忆，一夜之间成为一片瓦砾。

这一片老屋的拆迁，牵动了太多人的心，街谈巷议，酒后茶余，至今喋喋不休。二〇〇四年九月，我在常德诗人节期间偶遇湖南省文史馆馆员赖汉屏老先生。老人噙着眼泪，说起梅花巷的拆除。他说他曾经在拆迁工地大哭了一趟。

是什么让老先生如此痛心呢？回家后我第一次系统了解了浏阳古城的历史。据同治《浏阳县志》记载：浏阳古城城墙周围六百五十二丈，折合二千一百七十三米。因年久失修，部分坍塌。明嘉靖四十五年（1566年），万历十三年（1585年）、十六年（1588年）、十九年（1591年）和清顺治十四年（1657年），雍正七年（1729年），先后六次重修，终于完成了东西南北四城城门和三水门楼台。从清道光年间沿习下来的古城地名歌，从中可窥见淮川古城面貌：

远望浏阳一座城，两个儒学在西门。迎厅左边文圣门，县署靠背武官营。出门外面迎佛寺，东边对照福主神。护国庵前伏衙背，钟鼓楼下听钟声。十字街前转关圣，市心土地在街心。南台岭上立书院，道德巷口起考棚。华光庙在南门外，周家码头伴洞庭。龚家塘，边城走，红狮桥进兴仁。古梅花巷边北走，潘太保庙三路行。周、王、漆家三条巷，东、南、西面三水门。浏河面山名天马，天马山上升官亭。六角奎楼朝县治，七层宝塔镇峰云。西门直下是龙津，中洲状元迎午门。杨角山前火宫殿，荷花池上歇凉亭。城隍庙前皇仓街，太平延下是升平。东门外面升冲观，铜铸祖师重千斤。观内菩萨难以数，洗药桥有孙真人。东南江西两万寿，西北两个天后宫。麻衣庙改杨公祠，文昌阁在操场坪。蜈蚣岭上气脉盛，麻园又把文庙兴；各乡绅士齐踊跃，红墙高阁不日成。育婴堂内收孤子，普济院里养孤贫。桃树巷为老关圣，西坛庵是古问津。三川九吊多古迹，四城四庙需查清……

古老的民谣，浓缩了古城的地名。从中我们可以知道，千年古县城里，有县衙、学宫、考棚、武官营等大小衙门，也有城隍庙、火宫殿、文昌阁、天后宫等庵观寺院，还有育婴堂、普济院等慈善机构。古老的山城饱经风霜，每一间屋子都有着美好亲切而又心酸的历史。而这一切，都不复存在。特别是梅花巷、黎家大屋，在我们平静的生活中消失了。想到这里，心里顿时怅然若失。

《三国志》记载，东汉建安十四年（209年）“权拜瑜偏将军，领南郡太守，以下隽、汉昌、刘阳、州陵为奉邑，屯据江陵”。刘阳，即浏阳也。在成为周瑜的“奉邑”之前，浏阳是否已经建县？史书上没有记载。翻读最早的浏阳县志，却说是三国吴太平二年（258年）“析临湘北地境为一县名曰浏阳”。据此推算，浏阳建县也有一千七百多年。无论是一千八百多年也好，一千七百多年也罢，都够久远的了。我们真应该为浏阳的悠久历史感到骄傲。

历史固然悠久，但是要在浏阳城市建设中，寻找历史的印记却很费周折。偌大的一座浏阳城，已经找不到几间解放前建的老屋了。我们童年时走过的石板巷呢？那老屋中的黄连树呢？那老祠堂高高翘起的屋角呢？它们，和我童年记忆中的浏阳城，都成了永恒的历史。

这时，我明白了赖汉屏老先生为什么会在工地上放声大哭。我想起了艾青的诗："为什么我的眼中含着泪水，因为我爱这土地爱得深沉！"

今夜，月凉如水。我在老城一角现代化的居室里，敲击着键盘，为老城的逝去写这篇祭文。案头，摆着一块黎家大屋的青砖，青砖上烧制着"黎人屋"的标记。我知道，历史无法倒退。青砖无语，岁月无语。我只能用我的文字，来告诉人们：我们生活在一座历史悠久的古城里，我们的祖先曾经在这里生生不息创造了辉煌的文明……

（作者系浏阳市文联副主席，档案和地方志学会副会长、秘书长）

往事悠悠梅花巷

李性典

淅淅沥沥的春雨打在巷子的屋檐上，从屋檐上滴落在青石板上，雨水迅速被青石板吸收。走在巷子的地上，象走在软绵绵的海绵上，轻飘飘的感觉。偶尔有雨滴落在行人的脖子上，凉簌簌的，分外舒服。巷子的雨天，一片空旷，寂静中回响着春雨击打瓦片的清脆的滴滴声，还有雨雾笼罩的朦朦胧胧的屋顶的轮廓。一对撑着雨伞的情侣从巷子走过，背影清晰，给长长的巷子增添了很多情趣。这就是记忆中浏阳的梅花巷，一条有着江南特色的巷子。

梅花巷是一条青石铺就的巷子，主巷从浏阳城东的圭斋路通往人民路，长 200 米左右，宽 2 米左右。巷子的两边是青砖砌成的围墙，围墙里面有很多四合院，四合院的门都开在巷子里。从巷子经过，能看到两边大大小小的朱漆门，用厚厚的木头制成的，上面有铜门环，上着铜锁，贴着门神，门框上方写着宅院的名字。有的门口有石狮子，门打开的时候，能看到有的人家还装了照壁。

谭嗣同的先祖在清道光年间迁居到浏阳，居住在梅花巷丹桂坊。虽几经变迁，到谭嗣同的祖父时，又迁回到梅花巷里居住。随着谭嗣同的父亲谭继洵一路升迁至湖北巡抚兼署湖广总督，谭氏家族不断发展壮大，并在靠近梅花巷不远的浏阳北门建造了一所“大夫第”，即现在的谭嗣同故居。

梅花巷靠圭斋路的那一边是浏阳文庙，文庙是仿曲阜孔庙的宫殿式建筑，里面建有大成殿，殿中立有孔子像。浏阳文庙的祭孔古乐，是在挖掘整理古代“韶乐”的基础上创制而成，是古代“韶乐”的完美体现。在封建社会，文庙每年都要举行盛大的祭孔仪式。文庙前，严格遵循文官脱帽、武官下马的规矩。

中日甲午战争后，谭嗣同坚决反对签订条约，在变法思潮的影响下，他开始研究挽救民族危亡的大计。他回到浏阳，与唐才常在文庙奎文阁内，开设算学馆，这是中国近代西式教育的开端，并在此写成《仁学》一书，这是维新派的第一部鸿篇大著。

梅花巷里居住的大部分是大户人家，有巨富商贾、官宦士绅。门口立着石狮子、门框上方写着“某府”的，一般是做官的，宅院里面有轿厅。门上挂着灯笼、门框上方写着“某宅”的，一般是商贾富人，里面有立马桩。进士、举人、秀才的宅院一般会写上“某某第”。在封建社会的时候，讲究等级和门第，当官的人家的台阶要多些，而且在层数上有讲究。做官的人家的门也要高些，开的也宽些。拜访当官的，首先要递片子，同意后才能进去，正所谓侯门深似海。

与梅花巷相连的还有很多小巷子，在古代，这些小巷子里青楼盛极一时。每到夜晚，大红灯笼高高挂起，巷子里灯火通明，迎客接客的妓女成群结队。这些青楼的妓女也不全是从事色情服务的。一般分青楼女子色艺俱佳，琴棋书画无所不会，主要从事的是陪男人消遣娱乐，服务的都是高层次的、懂得艺术、有才情的男人，收费较高，一般的男人根本不敢进去。

梅花巷旁边有个黎家大屋，是黎氏家族的聚居之地，属于典型的江南民居，有300多年的历史。由规格不等的几十栋房屋相连在一起组成，每栋房屋都有过厅、堂屋、天井、后厅及厢房，青砖黑瓦、天井密布、工整严谨、格局对称。建筑材料以木料为主，全部是卯榫结构，不用一颗铁钉，体现了高超的建筑艺术。这是一个有民族气节的家族，抗日战争时期，拒不和日本鬼子合作，家族长者带着老婆、孩子投河自尽。

梅花巷的下面就是浏阳河，有大型航运码头，轮船穿梭往来，川流不息。从浏

20世纪90年代的梅花巷南浏阳河旧貌　（黄震山　摄）

阳河经湘江至长江，可以到汉口等大城市。浏阳大围山的木材通过放竹排的方式从上游运到浏阳，再经过浏阳转运至长沙等地。浏阳的爆竹、夏布也是通过水运运至汉口，再销往世界各地。从汉口来的轮船带来了洋油、洋火、洋碱、洋布等洋货。梅花巷有个老字号致中和药号，民国时期利用浏阳河的水运，从汉口购买中西药回浏阳，前店后库，批零兼售，门庭若市。航运码头水运的发达，带来城市的繁荣，一时间浏阳商贾云集，很多商人在浏阳置地置业，娶妻生子，梅花巷里的很多四合院都是商贾巨富建造和买下的。

梅花巷的房子经过土改、合作化，大部分被征收作为公房，给城市的居民居住。一个四合院里面住了十几户人家，变成了大杂院，再也没有原来那种富丽堂皇了，但外观没有改变。后来不知什么原因，梅花巷被拆除了，建成了机关幼儿园和一些商品住宅楼。梅花巷虽然不在了，但梅花巷的传说、梅花巷的故事，依然久久地回荡着人们的心中。

20世纪90年代初期，我在浏阳工作的时间里，无数次经过梅花巷。夏日的午后，正是一天阳光最厉害的时候，经过巷子，却是最凉爽的。午后的阳光斑驳地洒在巷子里，迷迷离离，闪闪烁烁，一缕一缕地照在身上，投在头顶上，恍如进入了一个童话的世界，浓郁的文化氛围瞬间紧紧地包围着我。触摸着巷子里厚厚的门墙，像触碰一段动人心弦的历史。偶有三两个调皮的小孩，在巷子里玩着躲猫猫的游戏，他们的背影一闪就不见了。地上遗落的纸飞机、纸角板、小陀螺，见证着他们巷子里童年的欢乐。不知哪家正在烹制美味，阵阵清香溢满巷子，扑面而来！

二十余年如一梦，此时犹在怀旧巷。闲登小阁看新晴，古今多少事，渔唱起三更。端坐于时光的门槛，看一片柳叶点缀了春色，眼前又浮现出梅花巷里的飞檐画栋、青砖黑瓦、扇门壁照。于是那些溜走的日子、那些跃动的场景、那些安静的文物，都有了温暖的记忆。我不得不惊叹岁月是一抹芳华，惊艳了初见，见证了永恒！

又到一年的春雨时，多年前走在雨中梅花巷的情景历历在目，恍如昨日。江南的春雨，江南的巷子，江南的风景，似曾相识，似曾经历，似曾感怀！此刻，我情不自禁地吟诵着戴望舒先生的经典诗歌《雨巷》：撑着油纸伞，独自彷徨在悠长、悠长又寂寥的雨巷，我希望逢着，一个丁香一样的，结着愁怨的姑娘。她是有，丁香一样的颜色，丁香一样的芬芳，丁香一样的忧愁，在雨中哀怨，哀怨又彷徨。

（作者现供职于长沙市中级人民法院）

城南旧事

江滔

"我默默地想，慢慢地写。看见冬阳下的骆驼队走过来，听见缓慢悦耳的铃声，童年重临于我的心头。"为学生读完这篇韵味悠长的课文（《童年冬阳骆驼队》这篇课文是林海音的小说《城南旧事》的序），我建议他们找来《城南旧事》这本书看看。"我看过了！""我买了！""老师，你看！是这本吧！"有好些学生在下面积极应答到，一个性急的男生，干脆拿出他的书，递到了我面前。我接过这本不厚的书籍，轻轻翻开，崭新的书页上，那些熟稔的文字就那么争先恐后地挤入我眼帘。"对，没错，细细品读一下。"我把书递还给那个男孩，《城南旧事》里那童稚而又亲切的文字把我带回了我的"城南旧事"。

20世纪90年代粪车经过梅花巷

（黄震山　摄）

一座大院

我们家住在这个小县城的南面，在梅花巷巷口，一个叫黎家大院的大宅子里。从它考究的布局和那些精致的窗棂，不难看出它曾经的贵族身份，可是解放后，它已经成为了容纳了百十户人家的大杂院了。和黎家大院一墙之隔的就是"城南小学"，也是我的母校。

大院里的人醒来很早，有农村来的拖着大的木质的粪桶的板车来城里收集肥料，一大桶尿是可以换上几分钱的，于是各家各户喜气洋洋地把沉甸甸的尿桶提出来。住在外院的李婶子总是有几分瞧不起住在后院的圆子他家，说他家的尿是掺了水的，因此比别家多换了几分钱。

今日周家巷　　（王雄文 2017 年摄）

傍晚时分，院子外面的“水房”就会开始营业，各家派出精壮劳力担着水桶耐心地排队取水，两分钱一桶水。桶装满后，要马上担回去，家里还等着水用呢。不一会，大院的青石板路上便落下了深深浅浅的水痕。水到家了，各户的烟囱就开始冒烟，诱人的饭菜香也次第飘了出来。小小年纪的我，感到最有心理负担的事情是去大院门口的公厕了。一走进去，刺鼻的气味冲得人睁不开眼睛，往往一排蹲坑都已经蹲满了人，还有不少人拿着纸在等待，只能悻悻然退出。更可怕的情形却是你好不容易遇上一回厕所里一个人都没有，找一个地方蹲下了，却听见从隔壁男厕所传来一群老娘们爽朗的谈笑声，仔细看看地上，还有一两个烟屁股，心中便不免大骇，以为是自己进错了厕所，惶惶然不知所以，一定到走出厕所来，看见门上大大的“女”字，心中一块石头才落地，仍然疑惑着：她们为什么跑错了边呢？

一条河

每逢晴朗的春日，我们同学几个便会相邀去河边玩。从周家巷走出去，就到了周家码头，码头上总是停靠着一些船只，我们偷偷跳上船去，从一只船跳到另一只船，或是从船上跳到岸上，又从岸上跳到船上，船儿晃晃悠悠的，彼此之间的距离忽远又忽近，若是没有踩准，必然掉下去成落汤鸡。记得有一回我的表弟便失足掉下去了，不识水性的他紧紧抓住当作锚使用的篙，我们情急之中只能尖声怪叫地呼救，终于有个好心的壮汉赶来，用个拖把把他救了上来。我们回家去，挨了大人好

20 世纪 90 年代的浏阳河旧貌　　　　（黄震山　摄）

一阵说。

玩腻了“跳船”的游戏，在一些晴好的日子里，我们会坐着船过河对岸去。坐在船舷上，看艄公一下一下撑着竹篙，那碧绿碧绿的河水打出一个又一个旋儿，带来一阵阵新鲜的水腥味儿，使人神清气爽。河面不宽，不过十分钟左右就到了对岸——唐家洲。这边是一片农田，田里紫色的“草籽花”开得正艳，我们粗暴地从田里踏过，又或者是打着滚儿，翻着跟斗，又或者扯下一大把“草籽花”儿编成一个花环，松松垮垮戴在头上。一路嬉闹着，呼喊着，奔跑着。很快就到了天马山下。

天马山多石头，也有一些灌木和不大的松树，媚好的阳光下，一丛丛映山红开得娇艳似火。我们沿着小道，走一阵，手脚并用爬一阵，不一会儿就汗流浃背。突然有人在一丛灌木丛中发现了什么，我们都簇拥过去——原来是一堆小蛋，似乎已经都破了。有胆儿大的，取来一根树枝，往灌木丛下一阵捅，便看见十数条如壁虎大小的、银光闪闪的蛇蹿涌出来，惊慌失措四处逃散，真是让人既害怕又兴奋，那景象叫我至今难以忘怀。

日头偏西，我们就得回家了。口干舌燥的我们，要在山下的泉水井处歇个脚。泉水井周围都是参天大树，遮阴蔽日；水井里有不多的几条水草，摇曳生姿，不时会有一嘟噜一嘟噜的水泡泡从井底升起。我们拿起井旁不知道谁放置的勺，把水舀出来，先倒出一些洗洗手，洗洗脸，再大口大口地喝下去，一种沁脾的凉意便从腹部沿着脊背直冲头皮，身心愉悦。

一个中心任务

我想在儿童的生活中，都有一个中心任务，那就是吃。

在黎家大院旁边，有一个很大的供销社，里面的柜台又长又高，呈“几”字形摆设，柜台后坐着两个女店员，不是专心致志地在织毛衣，就是兴趣盎然地聊天，我踮着脚，趴在柜台上喊了好几声后，才会有一个慢慢踱过来，满脸的漠然，用冷冰冰地语气问道:“要什么?”一看她那气势，我就矮了半截，脸也发热，轻声说要买一块巧克力。她接过我手中那团皱巴巴的钱，递了一块巧克力给我，就扭头走开，再无多话。她哪里知道，这个钱是我抵抗了多少诱惑才攒起来的，对于我来说，一块巧克力有多么昂贵！她哪里知道，本来我还想问问她，到底是白色包装纸的好吃，还是棕色包装纸的好吃呢?

电影院门口卖瓜子的老奶奶看起来和蔼多了，她总是守着一个箩筐，箩筐上放着一个不大的匾，匾里有一堆用纸包好的瓜子，每一包都包得那么精致，像一个个小粽子。一包瓜子要两毛钱，我们通常都不舍得，只给她一毛钱，让她用一个小竹筒给我们舀一筒。不知道为什么，明明看起来堆得冒尖儿的一竹筒瓜子，倒到我们手中却那么少了呢?

不知道，为什么“转八坨”老爷爷的转盘上，我们使尽解数转出来的总是单调乏味的“八坨”，而不是那些活灵活现的龙、马甚至是立体的花篮；不知道为什么一小勺白糖倒入铝合金的盒子，就能做出那么大一个棉花糖；不知道为什么舀“酸梅粉”的小勺子，总是集不满一套呢……

三月三的时候，荠菜煮鸡蛋清香怡人；端午节又到了，红枣馅儿的粽子甜香软糯；中秋节的时候，可以吃到好几种口味儿的月饼；要过年了，厨房里忙忙碌碌的，炸红薯片、玉兰片，做“冻米糖”……每每这个时候，我便要按捺住自己兴奋的心情，看着外婆、妈妈、大姨、二姨洗手、切丝、码盘，看着她们大声询问又大声回答，在甜丝丝油腻腻的空气中，心中满是期待的喜悦。

……

“夏天过去，秋天过去，冬天又来了，骆驼队又来了，童年却一去不还了。”我的童年，离我也似乎有了千山万水的距离，那么遥不可及。然而，在我捧起《城南旧事》这本书的时候，“童年重临于我的心头”。我想对我的学生们说，好好看这本书吧，感受林海音朴实纯真的笔调为我们描绘的老北京；好好珍惜你的童年吧，你今天所觉着的那么多漫长而又无聊的时光，在成年后看起来会是多么美好。

（作者现供职于浏阳市教师进修学校）

寸步不移

江滔

这是一座讨人喜爱的山水小城。

我在这座小城的一所小学教书。而这里，曾是我的母校。当年我坐过的教室还在，朝南开的老校门也还在，只是被封闭起来，新校门朝北。教学楼前的柿子树，依然是那么郁郁葱葱。蓝天，白云，青翠的柿子树，穿着白衬衣的少年，一个姓龙，一个姓张，得意忘形地冲着树下扶着自行车的女同学挤眉弄眼，树枝突然断裂，把两个愣小子摔得龇牙咧嘴。二十年后的今天，树上断痕依旧清晰可见。

通往学校的路原来叫梅花巷，路面由长条的青石铺就而成，筑起两边高高围墙的是现在不多见了的青砖，墙头上可以看到一些东倒西歪的狗尾巴草，也有几株没精打采的花，那是能开红色花朵的凤仙。每隔一段墙上总有那么几个歪歪扭扭的粉笔字——“××爱××”或者“×××是猪”。有次一个好朋友的名字也赫然出现在墙上，无辜的我曾因此遭到父母的许久的诘问。高墙后面是一个个独立的四合小院，秘密地上演着各自的悲欢离合，那是年幼的我无暇顾及的。有时候也曾站在石阶上踮着脚尖透过老旧的木门往里望，却总遇上满脸皱纹老太太质疑的目光，当下便落荒而逃。

小巷往北走，尽头伫立着一棵高大的泡桐树，每年春天，树上都会开满紫色的花，散发出令人眩晕的香气，风过处，便有大朵大朵的花簌簌地往下掉。树下是一个卖“油货”的小店子，各种油炸的面食分类整齐地码在红色油漆几乎褪尽的老旧的大木盆子里，散发着诱人的香气。不管是焦脆的麻花、沾着芝麻的油圈还是白白胖胖沾着糖粉的油“S”，都是五分钱一个。它的对面还有个更小的店子，专卖各种泡菜和素食菜，那些萝卜片子、青菜梗子、橄榄子，从透明的泡菜坛子里夹出来，搁在裁成一寸见方的废书纸上，洒上辣椒甘草末，就无比好吃了。还有五分钱一包的“酸梅粉”和“无花果”也是我们存钱罐里硬币的杀手。大家喜欢把吃酸梅粉的勺子当宝贝一样集起来，课余时候拿出来比比，看谁集齐了“八仙”又或者是“水浒好汉”。

一旦天气热起来了，学校要求大家统一在教室里午休。新装的电扇在头上咻咻地转着，我把头伏在桌子上，总是很快就沉沉入睡。有时一觉醒来，教室里竟然空无一人。心中大骇，再一看课表，原来是体育课，便只想快点起身赶到操场上去。无奈手脚都已经完全麻木，一动便觉得有千万根小针刺过来。于是只能扶着墙，一小步一小步挪出去。外面，白花花的日头是如此的耀眼，同学们都兴致盎然在做什么游戏——没人觉察少了一个人。要加入他们似乎太晚，我有些失落也有些忐忑地坐在了花坛边，花坛里，美人蕉开得正艳。

我生于斯，长于斯，讨生活于斯，几乎做到了寸步不移。而这多少年来，又有多少梦，多少情，多少记忆，就像是一张无边的网，牢牢把我网住，让我寸步难移。

21 世纪初的谭嗣同故居　　（姚笛　摄）

浏阳谭氏：清代浏阳第一大家庭

伍婷婷

1627 年，明崇祯皇帝朱由检即位。浏阳谭氏在这样的一个年份由 22 世祖谭逢琪下定决心再次迁居。他本住在长沙，看到浏阳美景，又为躲避明末混乱的纷纷扰扰，率其弟妹子侄搬到浏阳，从此定居下来。

在浏阳定居约 390 年，浏阳谭氏延续了 13 代人，从一开始的丰裕到“家暴落”，从外地人到浏阳第一大家庭。这期间，浏阳谭氏虽没有像其他世家那般在科举考试上人才辈出，但他祖上在明朝 200 余年间，为侯伯者 9 世 10 人，创造了一时之盛。而后在清代谭嗣同父子对家族的局势扭转，更让谭氏名声远扬。

这次，我们找到谭氏 31 世族人，通过家谱打开这个家族的“密码”，也通过这种谱牒传承窥见它在湖湘文化的演变。

明朝200多年间，为侯伯者9世10人

浏阳北正南路上的谭嗣同故居，在浏阳谭氏仅存的物件里是个特别的存在，这个“缩水”的老宅，也从某个侧面映照出谭氏的传承和发展。翻开浏阳梅花巷谭氏的最新族谱和31世族人谭恒昶考证谭嗣同世系的资料，从22世祖谭逢琪往上溯源，浏阳梅花巷谭氏是明崇安侯谭渊之后，由福建清流宦居湖南长沙，再迁浏阳。谭氏族人以武传家，从永乐年间到明朝灭亡的两百多年时间，为侯伯者9世10人。他们中有的被追封崇安侯，有的是新宁伯。

谭渊是浏阳谭氏族人里第一个崇安侯，谭渊死后，他儿子谭忠被封新宁伯。从14代谭忠开始，他的后代子孙就一直沿袭新宁伯，直到明朝灭亡。

从17代新宁伯谭宗纶开始，他为儿子功安、功完在长沙置业，谭氏家族跟湖南产生关联。等他去世后，功安迁居长沙，他的孙子谭茂武虽未承袭新宁伯位，但传承家学，以军功升至副将，并创宇舍于长沙四方坪及八角亭。

所以在光绪二十年（1894年）时，谭嗣同修族谱考证家族世系得知谭氏“以武功著望于有明，二百余年间，位侯伯者九世十人”。

“家暴落”，迭起时“以文传家”

带着弟妹子侄迁居到浏阳的谭逢琪住到了梅花巷丹桂坊，他弟弟谭琳迁至浏东七都桥头市，谭琅迁浏东七都磨盘岭，谭玓迁浏东七都五斗坝，谭茂宁之子梧，则迁浏西之南山冲。刚来到浏阳，谭家人都是“外地人”，虽然家中较为丰裕，但立足并没有想象的容易。

谭逢琪开始弃武习文，他儿子谭世昌为府学生，“始以诗礼启厥家”，他们试图改变家族两百多年来一直承袭“以武传家”的走向。

谭世昌第一次编修族谱，明确提出了要走耕读起家的道路，并写了族训告诫后人，“举优行，循守道理，乡里敬爱”。由此，谭氏家族数代都有功名、受册封的地方绅士。

但到了谭嗣同的曾祖父谭文明时，他将家迁到浏阳南乡吾田市，隐居深山，“笃学固穷，文行有斐”。他儿子谭学琴当家时，家道突然暴落。为了生计，谭学琴去县衙做了一名管理簿记的小吏，靠着慢慢积攒，又将家迁回县城梅花巷丹桂坊。即便如此，他还是因为家贫，直到四十多岁才成家。清道光八年（1828年），谭学琴留下“我死勿令儿子废学”便撒手人寰，他7个嗷嗷待哺的子女几乎濒临三餐不继的窘境。

家族命运的跌宕到谭继洵这里又有了转折，他进入仕途的升迁又带给谭氏新的希望。道光二十九年（1849 年），谭继洵中举，咸丰九年（1859 年）成进士，后来一路升至湖北巡抚兼署湖广总督。因其官阶显赫，奉旨命名其宅为“大夫第官邸”。浏阳谭氏随着谭继洵的升迁振作起来，一跃成为清代浏阳第一大家庭，并在浏阳四个家族“谭、宋、刘、黎”中排名首位。

其实，父亲去世时谭继洵只有 6 岁，他哥哥继昇放弃学业，承父业，给弟弟们请老师，督促他们学习。“谭继洵那时候过得很苦，族谱里有个故事记录‘代姐易嫁’，说的就是他娶妻。”谭恒昶在编谭氏族谱时看到这个故事，谭继洵跟距家 30 里开外的芦烟洞徐家大女儿徐庆缘定亲，但因为谭继洵家贫，“人不到、鸟不落”，她不愿嫁，这婚事一拖就是五年，到了完婚之日，她甚至抱着必死不嫁的决心，没办法，为保住徐家名声，当时让妹妹徐五缘“代姐易嫁”。当然，19 岁徐五缘嫁后也吃了不少苦，直到他们结婚第三年，谭继洵才入仕。

谭继洵在政期间，人称办事唯谨，湖广总督张之洞办事专断，他也不敢违抗。特别甲午中日战争后，维新变法思潮激荡，他儿子谭嗣同锐意维新，提倡变法，想在浏阳设立算学格致馆，推广新学，当时唐才常和刘善涵请他首倡，他表示：“守老氏之宝，不欲为天下先。”两父子思想一新一旧，时常闹不和。守旧的谭继洵到最后还是因为儿子遇害被连坐革职，两年后在忧惧中去世。

科举失败，谭嗣同写下“岂有此理”

谭嗣同出生时是浏阳谭氏家族辉煌之时，他 1865 年生于北京，随父谭继洵在京十二年，13 岁时第一次回到浏阳城北门的谭家宅院，也就是后来分家时他分到的“大夫第”。

在家排行老七的谭嗣同回浏阳之前受到母亲良好的照顾。但是 11 岁那年，因为一场瘟疫，他尝到了“五日三丧”之苦，一下子失去了母亲、二姐、大哥，自己也染上白喉“短死三日”。因为这次死而复生，他父亲给他取字“复生”。经历这次亲人的生离死别，他变得悲观、忧郁，待回到浏阳时，没有母亲在身旁，他倍感孤独和无奈。好在这时候认识了“二十年刎颈交”的唐才常，才排解了一些孤独。

谭继洵忙于公务，在生活细节上甚少关注到谭嗣同，但在教育上他下了不少功夫。谭嗣同 10 岁时，他延请浏阳老乡，也是著名学者的欧阳中鹄做他的老师。在这里，他接触到了王夫之的学说，爱国主义由此启蒙。谭嗣同回到浏阳，他父亲又为他请了涂启先，系统教授他中国典籍。不久后，他跟随父亲去到兰州，在父亲的道署中读书。19岁的谭嗣同就已经游历了直隶、甘肃、陕西、河南、湖北、江西、江苏、安徽、浙江、山东、山西等省。这一路上他观察风土人情，结交名士，也造就了他的浪漫主义情怀。他23岁又师从刘人熙，开始研究王夫之等人的著作。这期间，他广为搜罗和阅读当时介绍西方科学、史地、政治的书籍，极大地丰富自己。谭嗣同在21岁至30岁之间，多次回乡参与科举考试，均未中。在科举上下过很深功夫的他，受到科举失败打击，曾在课本上写下“岂有此理”。

中日甲午战争后，谭嗣同坚决反对签订合约，对清政府的妥协极为愤慨。在变法思潮的影响下，他开始精研救民族危亡的根本大计。1896年，31岁的谭嗣同再次回到浏阳与老师欧阳中鹄和唐才常筹办算学社。这是他第一次真正意义上与唐共同参与湖南维新运动。他对四年前去世的同乡郭嵩焘十分推崇。作为第一任驻外公使，郭嵩焘推崇西学，因而被大多数落后愚昧的湖南人所不齿，并几乎被逐出湖南。面对落后封闭的湖南现状，谭嗣同试图通过在湖南创办西式学堂来做出改变。算学馆的开设为中国的近代化教育的开端，校址设在浏阳文庙奎文阁内，他与夫人李闰同为此学尽心尽力。与此同时，他将反对封建专制制度的思想写成《仁学》，这也是维新派的第一部哲学著作。

1898年，对他来说是关键的一年。他接受湖南巡抚陈宝箴的邀请，在长沙参与时务学堂、南学会及湘报事宜，也在此期间抽空回到浏阳，并把自己在大夫第中的藏书如数捐予南学会。皮锡瑞日记中记载“现在捐的书，以谭复生为最多”。为此，还曾引发他与父亲谭继洵之间的矛盾。他在致夫人信中言及：“我捐的是自己的书，和父亲大人无涉。”五月，在与夫人李闰结婚十五周年时，他作诗“十五年来同学道，养亲抚侄赖君贤”送予夫人。之后离浏赴长沙，这是他最后一次与夫人见面，亦是最后一次归乡离乡。接到光绪皇帝圣旨之后，他北上入京任军机章京参与新政，十三天后因为慈禧太后发动政变，谭嗣同被捕入狱，于1898年9月28日在北京宣武门外的菜市口刑场英勇就义，年仅33岁。和他一起就义的维新人士还有林旭、杨深秀、刘光第、杨锐、康广仁，并称“戊戌六君子”。

陶、李、龙、刘、唐等大家族都在谭氏关系网中

虽然浏阳谭氏在湖南家族里不算庞大，但是姻亲或朋友关系，让这个家族跟陶、李、刘、唐等家族串联起来。

21 世纪初的谭嗣同故居　　（姚笛　摄）

谭继洵仕途的一路畅通，也给谭氏的家族联姻带来不少便利。他儿子谭嗣同娶了李寿蓉的女儿李闰。左宗棠的长女左孝瑜嫁给陶桄，陶桄和左孝瑜生了三个女儿，长女陶纯炘嫁给龙璋。陶纯炘生了五个女儿，二女儿自幼许配给谭继洵之孙、谭嗣贻的儿子，也就是谭嗣同的侄儿谭传赞。此外，龙璋父亲龙汝霖与湖南著名诗人王闿运、邓辅纶、邓绎、李寿蓉(篁仙)结“兰陵诗社”，被人们称为“湘中五子”。因为龙、谭两家几代世交，在龙璋家人的回忆里，谭嗣同经常到龙家去，来了就在客厅中高谈阔论，声音特别洪亮。

谭氏跟湘乡刘锦棠家也是姻亲关系。光绪三年（1877 年），谭钟麟推荐谭继洵给左宗棠，由京官外放，补授甘肃巩秦阶道。因着这些牵连，谭嗣同妹妹谭嗣嘉嫁给了刘锦棠的儿子刘国祉。谭继洵跟唐景崧也是亲家，他的二女儿谭嗣淑嫁给了唐景崧弟弟唐景崶。谭嗣同的二哥谭嗣襄三试不第之后，投奔台湾道唐景崧。通过他的引荐，结识了台湾巡抚刘铭传，刘铭传启用他为督察凤山县盐税，后留台湾候补，拟任台南府盐务，但未到任便病逝。

谭嗣同之后，谭氏后裔少有人从政

谭继洵、谭嗣同的时代距今已过去一百多年了，很多人好奇，浏阳梅花巷谭氏如今发展得如何?

“从谭嗣同之后，谭家人就都是读书人，少有人从政了。据我所知，从谭继洵延续到现在，我们这些后裔目前健在的不超过20人。”作为谭嗣同后人，谭士恺谨记父亲谭志浩的教导，“为人谦逊，淡泊名利”。他对自己女儿的教育也如此。谭继洵四个儿子，其中大儿子染上白喉病去世，二儿子谭嗣襄33岁去世。谭嗣襄的儿子谭传炜过继给谭嗣同。小儿子谭嗣冏跟三个哥哥同父异母。“我曾祖父是传炜，既是谭嗣襄的儿子也是谭嗣同的儿子。他也早逝，到我爷爷谭训聪，可能是这些后裔里唯一从过政的人了。他当时在南京做文秘工作，还是蒋介石的邻居，后来去了台湾一所大学任教。”谭士恺了解过自家支脉的后人，几乎都在医疗、教育、科技领域工作。他父亲谭志浩1952年湖南大学选矿工程专业毕业，分配去水口山担任工程师，在有色金属行业小有名气，担任过第六届湖南省人大代表。“我自己是读书人，后来自己办企业，到我孩子辈也都未涉足政坛。”

（作者系潇湘晨报记者）

“七尺微躯酬故友，一腔热血溅荒丘”

——回望维新志士唐才常的慷慨人生

张维欣

唐才常，字绂丞，湖南浏阳人，历史对他的定义为晚清“政治活动家”。150年前，1867年5月12日，草长莺飞的晚春，他出生在湖南浏阳县城孝义里。1900年8月22日，一叶初黄的早秋，他死于湖北武昌紫阳湖畔。

这个33岁的年轻人，亲历过维新运动、戊戌政变、自立军起义等重大政治事件，踏足过四川、两湖、上海、香港、南洋、日本等地，见证了中国近代化历程中最艰辛的过程。

他心向光明因而无惧黑暗，但为了让更多人走出时代之黑暗，他和一大批战友，选择率先死在了黑暗之中。

“尺书珍重九回肠，自古诗人总异乡”

唐才常自小聪颖过人，在父亲唐寿田的教诲下，7岁可作诗，8岁能作文。20岁更以县、府、道三试均名列第一而成为浏阳两百余年中唯一的“小三元及第”。

11岁时，他认识了一生最重要的挚友谭嗣同。谭嗣同，字复生，号壮飞，亦是浏阳人，大他两岁，这年第一次从出生地北京回到家乡浏阳。这个刚经历因瘟疫而致亲人纷纷离世的孤独少年，对唐才常一见如故、引为至交，并带他拜在自己老师浏阳大儒欧阳中鹄的门下。出身于封疆大吏家庭的谭嗣同从未与家庭贫寒的唐才常产生任何隔阂，两位小同窗互相切磋、形影不离、情谊深厚。

众所周知，谭嗣同擅弹古琴，曾以家中被雷劈倒的梧桐树制成“崩霆”“残雷”二琴。鲜为人知的是，谭嗣同高超的琴技除了得益于自己的老师刘人熙外，大多由唐才常的父亲唐寿田传授。后来的20年间，谭唐二人亲密共事多年，历史上提及谭嗣同的事件，多与唐才常相关。谭嗣同曾多次对人言及：“20年刎颈交，绂丞一人而已。”

因家境贫寒又欠外债，唐才常早早就踏上了赚钱谋生的道途。25岁时，他应四川学政瞿鸿禨聘请，背井离乡前往成都谋职。历经千难万险入川之后，初离家乡的唐才常非常挂念家中亲人，除寄回封封书信向祖母、父亲、弟弟们问安，还将自己薪金悉数寄回家中。

在蜀中的岁月里，他甚至很少上街游览，几乎不与人聚会饮酒，只有清心读书、阅卷、教课。唯一的乐趣是偶得古书碑帖，“每一展阅，古色斑斓，奇文光怪，便觉心旷神怡”。他日日盼着把这来之不易的宝贝尽快带回家中，与弟弟们一同临摹赏玩。

1894年，因想去张之洞开办的两湖书院读书，唐才常与谭嗣同前往武汉参加入学考试。然而名额只剩一人，谭嗣同由于晚到故而将名额让给唐才常。在书院读书的日子里，唐才常体会到了“游息自如，了无束缚，可谓极人生自然之乐”的生活；谭嗣同则只能写下“嗣同生平未做过一件快意事”这样的句子，终生无缘入任何一所书院读书。

为帮助家里摆脱困窘，唐才常在两湖读书期间曾托付谭嗣同帮其谋求工作，并在急需用钱之时求助于谭嗣同。作为同窗挚友，谭嗣同放下他巡抚公子的面子和平日里不愿求人的清高，东奔西跑为其联系工作，四处借钱凑足银两悉数奉上。满怀感激的唐才常在致其家人信中言及：“复生平日如空山之云、天半之鹤，不可稍干以私”，“如此委屈深情，真感激无他”，叮嘱家人切莫辜负其好意。

在两湖书院读书期间，因天赋极高，且刻苦好学，考试每每名列前茅，唐才常深得张之洞器重。他在这里读明治维新，读彼得大帝，读西方的民权学说，直到28岁时从两湖书院毕业。

“任公之砚佛尘赠，两君石交我作证”

甲午战后，中国遭到史无前例之浩劫，唐才常与谭嗣同“彻夜不寐，热血盈腔，苦无藉手，泣数行下”。但牛衣对泣并不能救国，两个年轻人决定在家乡浏阳兴办格致算学馆以求实学救亡。

他们上书湖南学政江标，请求设立算学馆，专门教习数理化知识，将“尊重西人之实学”与“救国保种”融为一体，使浏阳成为湖南新学之先锋。唐才常曾自豪地说：“湘省直中国之萌芽，浏阳直湘省之萌芽，算学又萌芽之萌芽耳。”

1897 年，唐才常又作为《湘学报》之主笔，写下大量开启民智、放眼世界、呼吁科学之文章。彼时，谭嗣同正在南京任官，对于好友所办的报纸最是上心。他曾在暴雨交加之夜独往钟山书院山长缪荃孙家中，托其帮唐才常销售《湘学报》，并将售报所得资金第一时间悉数汇给唐才常。

不久，在湖南巡抚陈宝箴、学政江标、乡绅熊希龄等人之努力下，湖南新政的宣传阵地时务学堂成立。学堂的骨干力量熊希龄时年 27 岁，谭嗣同 32 岁，唐才常 30 岁，而灵魂人物总教习梁启超只有 24 岁。这批年轻有为的热血青年如奋发蹈厉之火焰一般，于风云际会中燃起了湖南新生的力量。他们与学生是师生更是战友，蔡锷、林圭、田邦璇、秦力山、李炳寰等自立军起义的骨干将领，都出自当时的时务学堂。

在时务学堂中，因谭嗣同介绍，唐才常首次与梁启超相识。初次见面，唐才常赠给梁启超一方家乡浏阳特产菊花砚，并由谭嗣同亲自撰写砚铭诗：“空华了无真实相，用造莂偈起众信。任公之砚佛尘赠，两君石交我作证。”其中任公是梁启超的号，佛尘是唐才常的字。

当时湖南学政江标素与谭、梁交好，他在外调离湘之时前往学堂与旧友话别，正巧看到唐才常赠给梁启超的砚台和谭嗣同所题的诗铭，忍不住多留一日，亲手将此铭诗刻于砚上。后谭、梁、唐 3 人送别江标于江上，却不知此为他们最后一次会面。

多年以后，唐才常、谭嗣同、江标均已不在人世，梁启超心心念念的只有这方见证着 4 人友谊的菊花砚。然而，当年他东渡日本之时，临行匆匆，竟将此砚遗失。他曾遗憾地说到：“数年来，所出入魂梦者，唯一菊花砚。今赠者、铭者、刻者皆已殁矣，而此砚复飞沉海，消息杳然，恐今生未必有合并时也。念之凄然。”

“丈夫重意气，孤剑何雄哉”

1898 年 8 月，谭嗣同进京任军机章京参与维新变法，不知是否心有预感，谭、唐两人在长沙郑重饮酒分别，并且，谭嗣同还趁酒酣口占诗两句：“三户亡秦缘敌忾，勋成犁扫两昆仑。”这是他们最后一次相聚。

戊戌政变前夕，谭嗣同曾致电唐才常邀其进京共商政事，但当唐才常行抵武汉，却惊闻谭嗣同因不愿出走而在菜市口刑场惨遭清政府杀害，并留狱中绝笔：“吾自横刀仰天笑，去留肝胆两昆仑。”（此为谭原诗，“我自横刀”为梁启超所改）闻知这一噩耗，他悲愤欲绝，椎心泣血地写下挽联：

“与我公别几许时，忽警电飞来，忍不携二十年刎颈交，同赴泉台，漫赢将去楚孤臣，箫声呜咽；近至尊刚十馀日，被群阴构死，甘永抛四百兆为奴种，长埋地狱，只留得扶桑三杰，剑气摩空。”

谭嗣同一生文武兼习、儒佛双修，造诣非凡，他正如敦煌佛曲中所描述的文殊菩萨一般，骑狮赴法场，且以昆仑奴二人为侍从。

史学家刘泱泱曾分析，“去留肝胆两昆仑”句中的“两昆仑”，当指谭嗣同和唐才常。谭唐二人志向相投、肝胆相照，且相识 20 年之久，谭嗣同此绝笔诗所指当非唐才常莫属。

唐才常曾在送别时务学堂教习欧榘甲、韩文举、叶觉迈时写下诗作《侠客篇》：

丈夫重意气，孤剑何雄哉。良宵一灯青，啼匣风雨哀。

不斩仇人头，不饮降王杯。仰视天沉阴，揽衣起徘徊。

……

吁嗟二三子，奴券惊相催。要当舍身命，众生其永怀。

唐才常与谭嗣同“平日互相劝勉者，全在‘杀身灭族’四字”，他们坚信“今日中国能闹到新旧两党血流遍地，方有复兴之望”，并愿“誓救同类，极于力所可止”。

然而，这新旧两党的血流遍地，流的却只是他们自己的血。虽说即使“杀身灭族”仍在所不惜，但在危急关头，谭嗣同仿照父亲笔迹写下痛斥自己的家书断绝父子关系，因而保护自己全家未受株连；唐才常亦在举义后将一家老小从故乡接走，以保他们幸免于难。两人自是同样重情重义。

“顶天立地奇男子，要把乾坤扭转来”

谭嗣同遇难后，唐才常回湖南简单料理家事，令其弟唐才质将所有来往书信全部烧毁以防后患，却叮嘱其留好谭嗣同所有的生前信笺：“来往信札，有关时事者，皆付丙丁，唯壮飞之书宜留。”

之后，唐才常急赴上海，并转赴香港、新加坡、日本各处，与康有为、梁启超、孙中山均建立联系，意图联合各方在长江流域发动大规模勤王起义。康有为曾回忆道："嗣同蒙难，才常愤痛，日思复仇，以救圣主，拯中国。"这不仅是对挚友惨死之悲愤，更是对挚友志向之继承。然而，康有为和他的保皇会澳门总局对唐才常联合大举计划的反应并不积极，但梁启超主张全力支持唐才常这一计划。

晤康之后，唐才常再次回到内地，却在故乡浏阳遭到了顽固派殴打。一心惦记着大计的他没顾上休息，又再次奔赴香港、南洋、日本各地，并经过同乡毕永年介绍，与孙中山在横滨晤面。

1899年5月，唐才常与康有为、梁启超在日本横滨成立自立会，并把口号定为："万象阴霾打不开，洪羊劫运日相催。顶天立地奇男子，要把乾坤扭转来！"

保皇党有钱，革命党有人，这都是唐才常需要的，且对于唐才常这样一呼百应的豪杰，保皇党和革命党都刻意拉拢以为己用。

那时，原时务学堂的林圭、蔡锷、蔡钟浩、范源廉、田邦璇、李炳寰、唐才质以及广东人冯自由、郑贯一等20余名学生正在日本东京高等大同学校就读，这批年轻有为的青年俊杰"日夕高谈革命"，许多人以罗伯斯庇尔、华盛顿自命。唐才常很快吸纳了这股年轻的力量，锐意回国发难，并选择两湖作为突破口。

1899年9月，在他们回国举事的前夕，梁启超和孙中山在日本东京红叶馆为他们举行饯别会。这天之饯别，大有"风萧萧兮易水寒"的气氛。据与会者陈少白说："大家见过面，把酒畅谈，真是悲壮淋漓、激昂慷慨都兼而有之了。"梁启超为自立会活动筹得了大量款项，他曾致书唐才常："一月以后，必有万金左右寄上，幸勿为念。"

"慷慨临刑真快事，英雄结束总为斯"

1899年12月，在唐才常策划下成立了正气会，会址设在上海英租界新马路东文译社，并于1900年7月在上海愚园开会。但会上争执激烈，因政见不合章太炎断发离去。

在复杂的情况下，唐才常组建了自立军，并在庚子大乱期间加紧武装起事的准备，于汉口英租界李慎德堂设立自立军机关总部，将各地自立军武装分为中、前、后、左、右各军及总会亲军、先锋营，计划于8月9日在汉口、汉阳、安徽、江西、湖南同时起兵发难。

然而，资金几乎耗尽，军械奇缺，保皇会答应的汇款迟迟不到。唐才常曾是湖广总督张之洞的门生，二人有师生之谊，唐曾暗中试探过张之洞对于自立军之态度及立场，张之洞亦默许其举义之事。时局未明，张之洞也在观望事态。但到自立军起事前，张之洞又决计背信弃义投回清廷怀抱，剿灭自立军。

8 月 21 日晚，张之洞下令包围唐才常、林圭住所和设在汉口李慎德堂的自立军总部，并于次日清晨逮捕了唐才常、林圭等 30 多人。

唐才常被捕时，“面无惧色，仍时与其同志谈笑自若”。他甚至在从汉口押往武昌过江船上抬头仰望满天星辰，并叹道：“好星光啊。”

他还曾作诗一首：

新亭鬼哭月昏黄，我欲高歌学楚狂。莫谓秋风太肃杀，风吹枷锁满城香。

徒劳口舌难为我，剩好头颅付与谁？慷慨临刑真快事，英雄结束总为斯。

之后，他被曾经的老师、两湖书院的筹办者张之洞押解到湖北巡抚署中审讯。而 6 年前，谭嗣同之父谭继洵任湖北巡抚时，巡抚署却是他与谭嗣同经常相聚之所。他作诗道：“七尺微躯酬故友，一腔热血溅荒丘。”

之后，这个与谭嗣同“少同游、长同志、订为生死交”的年轻人，在写下“湖南丁酉拔贡唐才常，为救皇上复权，机事不密请死”21 字“供状”之后，于 8 月 22 日被张之洞杀害于武昌紫阳湖畔天府庙旁。“就义之时，神色不变，慷慨如平生，临绝大呼天不成吾事者再。”唐才常临难之慷慨，并不输于挚友谭嗣同，因为“前赴后继”这个词，原就是这样决绝与悲壮。

与唐才常一同起事的原时务学堂学生林圭也一同遇难，年仅 25 岁。20 余位起事同遇难者被葬于武昌洪山之旁，题名为庚子革命烈士墓。

作为早期革命者，他们单纯而又天真，或许分不清盟友和敌人，也看不清脚下的道路，只能一步一步用生命去做试验和探索。理想主义火焰太过于微弱，照不亮漆黑的夜，也难以唤醒更多的人。最终，他们只能把自己燃成一团火炬。

或许是历史的巧合，谭嗣同与唐才常这两位挚友都在 33 岁的年纪终结在断头台上。如今，浏阳老城有两条路，一条名为嗣同路，一条名为才常路，它们交会在浏阳河边上，见证着曾经和过往。二人的学生蔡锷为他们写成挽联：“前后谭唐殉公义，国民终古哭浏阳。”

借用范成大一句诗以纪念此二位情深义重之先贤：“愿我如星君如月，夜夜流光相皎洁。”

（作者系湖南时务学堂、谭嗣同研究会会员，谭嗣同爱国公益基金会荣誉理事）

回忆文章

丙午年浏阳灾荒记

据载清光绪三十二年（1906年）春荒，四月大水为灾，毁坏田亩屋宇甚多，收获五成。

1960年浏阳县召开老人座谈会，李道援谈：这次的水灾是相当严重，以县城来看，水淹到了四城周围，东门到了城门口（现在的圭斋路口）西城到了水门口，南城到了南城港口（现在的县委会①），水佳墩、唐家洲、筱水墩，都是一片汪洋，但人口损失少。四乡的灾情以西乡比较严重。

又据清湖南官报第三十九册光绪三十二年（1906年）闰月初十日水灾余闻载：浏阳被灾后，四乡抢劫之案时有所闻，费小湘大令禀请省垣，各处调拨防营来浏，藉资弹压。闻忠字六旗三哨哨官佘佑臣外委已由省拨队到浏矣。又据光绪三十二年（1906年）欧阳谷荪日记载：夏四月二十二日十二时下大雨至下午四时始止，夜晚十二时雷雨交作至次日上午始止。前后五六日内，邑东南两乡届城市或十数里，或二三十里，或六七十里没有饭吃的到富裕户子坐吃的甚多，还有劫夺谷米的。因公家办转运不及时，又发生谣言，不日即有逃荒的千多人到城里来，湘潭因大水和火灾来浏阳逃荒的已有千多人。近日米价每升四十钱，较去年腊月涨十钱，较前十年涨了一倍。又二十六日前后五六日，东乡富室奔来城里的有十多家。山晓王家有女轿三四乘，坐至县路上，遭手持枪的人挡阻了，搜剔身上有无银钱。而且勒令妇女不准其坐轿，步行六七里。那天城里各米店把米价涨成四十八钱，买米的人遂将米店店主姓卢的和姓李的扭至县署，县令费小湘将卢某打屁股一千板，肩枷游城。买米的也各打屁股一百板，并出布告各粮食店每升米只准三十八文。又罚姓卢的三百串钱，以作春荒赈济，而李姓和其余米店主人各管四五百。米店余广兴、鼎丰和（东城团总谢镜泉开的）、陈东生各家没有挨打，暗地里各罚款百串作赈款。久丰和卢姓两店缴出三个大宝（即银子）始脱身，李姓福兴两店昨缴钱二百串始脱身。晚上省里来营兵一哨，是由县里绅士请来的，以防本日有人坐吃的，谣言说去东乡保护富室，实则今日还扎在城中。闰四月初九日荒象严重，各粮食店转运谷回了县，他们都不出卖，积谷仓也不粜，都想抬高米价，想趁机赚钱。但是又不敢提出，因停滞不卖给人民，县官费小湘也没有办法。本日多有未得食者，也有每天只二餐粥的。晚上有买米的数十人到北城丰茂米店买米，因闭门不开，渐渐集有百多人，口喊："要多少钱一升，就出多少钱。"强迫丰茂开门卖米，如不卖即将劫夺。县官费小湘赶到，约定明日下午开粜，饥民始撤。初十日谣言四起，奔的奔、走的走，城内秩序大乱。到十八日下午，大雨雷电交作至晓未息，水涨很大，说有谓东乡山崩出了蛟，河里水打下有牛猪羊桌椅板凳床柜树木等件。十九日东城升冲水齐屋栋，各处田禾损坏很多，下午水消退二丈多。

(这一年有三灾：兵灾、水灾、饥荒，民间作了一本《三荒记》（略)。浏阳县修志办提供资料，肖海清抄录，1995 年 4 月 23 日。①1995 年县委会在老城南门口，即今北正九方西楼盘处，新华书店南。2018-12-25 摘自《浏阳文史》第四期)

日机四次轰炸浏阳

民国二十七年，戊寅年农历九月十九日（1938 年 11 月 10 日）星期四上午十时，浏阳县城居民正在忙碌着一天新的生活。学校的学生正在聆听老师的讲课，街上的 700 多家店铺正是生意忙碌的时候，湖南省第一区专员公署在浏阳县城举办的十县保长训练队正在上课……。突然，警报长鸣，撕破了浏阳县城宁静的上空，18 架日寇轰炸机吼叫着俯冲下来，重磅炸弹燃烧弹像冰雹似的倾泻下来。爆炸声震耳欲聋，转瞬间，浏阳全城，浓烟蔽日，火光烛天，尘土飞溅，尸骨横飞。炸弹的爆炸声，房屋的倒塌声，妇女小孩的呼救声，杂成一片。无数男女老幼倒在血泊中。据县志记载，这次日寇飞机先后俯冲 27 架次，投弹一百多颗。当时有的兵士举枪对敌机射击，但均无济于事，这次为时一个多小时的轰炸，炸倒和烧毁房屋 1300 多栋。国民党县党部、县政府、教育局、赣章小学、南台书院等均化为灰烬。炸死炸伤 800 多人，其中居民 400 余人，官兵 300 余人。炸后的惨状不忍一睹，断墙残壁下压着无数的尸首，瓦砾烧梁边躺着炸掉手脚的残尸。慌乱的人群，断魂似的居民在废墟上翻来复去，嚎天嚎地哭喊着，寻找亲人的尸骨。据当时目睹者回忆说，在原县城财神庙的后面，一赤膊挑水者的尸首，手臂炸飞，血肉糊涂。在这残尸附近，横躺着 9 具尸体，断体残肢，飞挂树梢，血肉溅贴在墙壁上，到处都有死伤的无辜居民和悲愤的哭喊声，惨不忍睹。

敌机去后，幸存者如惊弓之鸟，争先恐后，蜂拥出城。但是，当时军警将城垣封锁，惊恐万状的居民，不顾一切地冲向城外，拥挤在城隍庙里，想得到菩萨的保佑。城西观音庙里，挤得水塞不通。幸亏敌机未返回复炸，幸存者才免遭一死。这是日寇第一次轰炸浏阳县城的惨状。

民国二十八年农历二月十五日（1939 年 4 月 4 日）星期二，南乡枫林铺的乡民正在赶庙会，一片平安景象，乡民虔诚地祷告菩萨保佑。突然间敌机马达响声隆隆，数架日寇飞机吼叫着凌空窜来，接着扔下几颗炸弹，随着几声轰隆巨响的爆炸声，数名乡民被炸死，敌机扬长而去。

民国二十八年农历八月下旬（1939 年 10 月上旬），一连七天，日寇飞机先后多次狂炸浏阳城。由于在第一次轰炸后加强了防空哨，居民大多数已躲避，仅死伤五人。炸废澄中高小及北门一带住宅，铺房数十栋。

民国三十年农历八月十七日（1941 年 10 月 7 日）星期二，日寇飞机三架进袭浏阳，投掷炸弹五颗，炸毁北门外汽车站、北门爆竹庄及南市街住宅、铺房数栋。由于居民早已逃避，没有人员伤亡。

日寇侵袭浏阳县城的同时，敌机经过的乡村集镇亦遭轰炸。当时县城郊区及乡村多处被炸。

这就是抗日战争时期，浏阳城乡先后四次被日机轰炸的简况。据史料记载，自民国二十七年九月至三十四年七月（1938 年 10 月—1945 年 8 月），浏阳县中枢镇（现城关镇），因战祸损失折款（当时旧币计）共 88.21 亿元。其中：房屋损失 1.7 亿元；器具损失 13 亿元；现款损失 13 亿元；服着物损失 13 亿元；古物书籍损失 1950 万元；其他损失47 亿余元。

历史翻开了崭新的一页，让我们在悼念死难亲人的时候，不忘记我们民族受欺压、受耻辱的历史，在中国共产党的领导下，发扬爱国主义精神，为实现四化，巩固国防而努力奋斗。

（汤万全搜集整理，选自《浏阳文史资料》第六辑）

浏阳一中校园内的抗日伤亡将士纪念碑
（王雄文 2015 年摄）

天亮前后在浏阳

刘　浪

1949年7月17日那天，解放军到了浏阳境内——东乡古港官渡一带。敌人的残余力量还想作垂死争扎，陆续由醴陵、长沙运来所谓桂系嫡系的精锐部队。但老百姓是看透了这苟延残喘垂死挣扎的把戏，预料到他们即将败退、垮台；为了防备那败垮时的恐怖，商店民家都紧闭着门户，街头仅有少数人行走，大家都暗地在议论着如何去迎接黎明的来临。一向沉寂的浏阳青年学生则忙碌地写出那些迎接解放的标语。19日上午，反动的第七军，不知死活的来了，强迫各店铺开门，发出了“第七军在此，浏阳万无一失”的谬论，但仅只三十五分钟的时间，便丑态毕露慌忙地向醴陵逃窜了。这时，浏阳陷于恐怖中，许多被迫不得已开门的店家，统被他们抢掠一空。匪军在这里上演了奸淫掳掠的拿手戏，浏阳河那边的南市街，更是他们猖獗的地方。可说十室九空，连仅有的汽车桥——新桥，在这恐怖的一刹那，也作了六颗炮弹、两桶洋油、一桶汽油的牺牲品，烧毁了。老百姓很想去抢救，终无奈在桥的那头架立了机枪，开始扫射，手无寸铁的人民只有叹息怨恨而已。人民的救星——解放军在下午二时降临了，夹杂鞭炮声里，大家同声呼喊：“天亮了！”传单标语飞舞着，许多人都忙着送茶水来慰问这一批英勇的战士。解放军保持了优良的纪律传统，不取民间一针一线。一位战士因天气太热，发了痧，倒在一家西药店的门边，药店老板很乐意地送上药去，战士马上拿出一百元人民券交换。老板执意不受，而那战士也坚决不吃，直到老板接收了票子，那药才诊治了战士的病。“这种公买公卖的精神，我真佩服！要是第七军那批王八蛋，老早吃了，甚至于睡到我床上了。”挨他站在一起的一个工人，显得很高兴的说:“你老要晓得，这是人民的队伍呀!”

8月1日，人民政府正式成立了，一批善良的从前在恶势力统治下工作的公务员，都纷纷跑到县政府去报到，每个人的心情充沛着输快。城皇庙、财神庙拥挤得水泄不通，大家争着听县长和政治工作人员的讲话。虽然是吃饭的时候，都不觉得肚子饿，连那摆课棚算八字的瞎子先生也宁愿放下生意不做，去挤听讲话。学生们纷纷地在寻觅新的书籍，多紧张多有生趣的生活呀！八月九日、十日两天是浏阳地方干部训练班招考日期。在开始考试的前几日，人民政府负责人忙碌筹备。大家都估计投考的人数不过100人，谁知事实并不如此，第二天（十日）四乡就来了大批青年农工分子，竟有300多人，忙得负责人临时开考场，印登记表。这足以证实浏阳的青年都愿为建设新浏阳而努力！大多数的报考者从早上八时开始坐在试场内，直到下午六时才交卷回家（因为考试时间不受限制），这个精彩的招考镜头，也是浏阳的空前壮举。现在大家都生活在新的气氛中，在毛主席的旗帜下，浏阳在前进。

（作者刘浪，即原十五中教师刘家骥，摘自《浏阳文史》第二期）

曾经悠长深邃的梅花小巷

《浏阳日报》记者　鄢璐

1953年，浏阳老县城，悠长深邃的梅花小巷像往日一样人来人往，卖杂货的、唱戏的、卖药的，草鞋、布鞋、绣花鞋熙熙攘攘走过那条铺着鹅卵石与青石板的S形巷道。到了傍晚，人们归家，空巷寂然。这时，几个女子从一些关闭的门庭中迈出。她们穿着青蓝色旗袍，脸上嘴上抹得艳红，头发挽在脑后，斜插一朵小花，明眼人一看就知道，她们是“乐女”。

路灯昏暗，古老的小巷响起节奏缓慢、卖小年糕的铛锣响，一切看似平静如常，但“乐女”们并不知道，一场风暴即将袭来。

1990年的梅花巷　　（黎茂雄　供照）

娼妓又称乐女，在中国有三千年历史。朝代更迭无数，娼妓制度却始终存在。1949年11月21日，北京市第二届人民代表会议通过决议：立即封闭妓院。随后，上海、天津、南京、石家庄等各大中城市先后采取措施封闭妓院。1953年1月上旬，湖南省人民政府通过《关于封闭妓院废除娼妓制度》的决定，并发布了布告，鼓励从业人员自行改正、既往不咎。

“命令到达浏阳是在十月份，那时长沙已经行动了，一夜之间抓了一千多人。”当年20岁的娄长青在县派出所工作，他回忆，当时省公安厅来了内部文件，交代行动从何时开始，做多长时间，达到什么效果。

10月的天气已经变凉。一天下午，娄长青突然接到命令，要到公安局紧急集合。赶到公安局大院，他发现城关派出所10多名民警以及南市街、正东街、西正街、北正街四个街道的50多名三防治安队员也赶到了这里。“突击行动前，派出所已经摸好了底，妓女、鸨儿的名字，都知道得一清二楚。”娄长青说，他们召开会议、进行部署，同时提出要求：“第一，每个对象不能少，一次要抓尽；第二，不能打人踢人，只要把她们带了来，遇到不配合的就用绳子捆住。”

晚上十点，梅花小巷寂静异常，空气中透着凉意，人们都在熟睡之中，偶尔，一两声犬吠从深邃处传来。突然，急促的脚步跨过宽窄不一、凹凸有致的鹅卵石路面，一些大宅、院子的门被敲开。“那一天晚上，我们一共抓了二三十个妓女、老鸨。”

其实在1945年抗战胜利后，国民党政府也迫于压力，在局部实行过禁娼，但禁而不止，最后竟转而干脆实行起了公娼制度。“解放前，梅花巷有好几家妓院，由警察局管，都有营业执照，每个月要缴税。”现年77岁的娄长青说，妓院一般由高大的灰墙围着，没有招牌，旁边开着一个侧门，走进门内，可看见一个小院子，但不像北方的四合院。“妓女们都有名字，有照片，嫖客到了那里，点哪个人就看照片。”

那时，梅花巷是鱼龙混杂的地方，三教九流都集中在那。“妓女们都是因灾荒、战乱和贫困而沦落的年轻女子，有的几岁就被卖到妓院，长到十多岁就要被逼接客。”娄长青讲述，她们收入微薄，有时碰到警察、国民党兵、地痞流氓，还不能向其要钱；她们的人身自由在鸨儿控制之下，而鸨儿还要对她们层层盘剥，化妆费、床铺费、加餐费，妓女卖身所得几乎被剥夺得所剩无几。

社会变迁，烟花女子的命运却始终如一，任人践踏，每每年老色衰或是重病缠身，则被当成废物般被遗弃。

1953年10月的一晚，这些被称为“乐女”，却没有快乐可言的女性被民警们带到派出所，集中到一起。“都低着头，萎靡得像条丝瓜，脸上没什么表情。”娄长青记得她们面容呆滞，眼神木然，没有喜悦，没有悲伤，表现出一种饱经世态炎凉的麻木。“派出所长和她们谈话，开导她们重新就业。通过审查，有贩卖人口、逼良为娼的就向法院起诉，判了刑，其他的有的送去了长沙教养院，有的放她们回家。”

在旧社会，妓女们都是官商和各种恶势力的无本财源，她们脱离原来的“职业”与生活，真的可以重新做人吗？又会让她们这些没有依靠的姑娘如何做人呢？据长沙市相关资料记载，禁娼行动开始前，长沙市政府成立了专门针对妓女改造的机构——“长沙市妓女收容处理委员会”，并从全市各单位抽调30名年轻女干部进行培训。妓女们到那儿后，第二天就给她们发了服装。女干部们接着给她们烧热水洗澡，湘雅医院医疗队对她们检查身体，进行性病防治知识教育；有些怀了孕的，卫生部门给她们接生，还请老人帮忙带孩子。

“我们那时并不叫她们妓女，而是称她们的名字。”现年80岁，家住金沙路的潘玉霞当年在太平街居委会工作。她回忆，浏阳一些妓女被放回家后，居委会对她们进行教育、监督，给她们找工作。“她们有困难不说出来，我们就主动去询问，还经常和她们谈话，关心她们。”潘玉霞记得，曾经有个姓联的妓女，什么事都对她说，后来嫁了人，十分贤惠，邻居们对她评价都不错。

那一年，浏阳存在很久的娼妓制度宣告结束，而曾经沦落的风尘女子们，经过改造，有的进了厂矿，有的成了营业员，大多嫁了人，拥有自己的家庭。此后的几十年，她们与中国大多数百姓一样，过上了自由幸福的生活。

我的回忆

人民路小学退休教师　宋正生

梅花小区历史悠久，明嘉靖辛酉年《浏阳县志》记载，南起粮仓街，北至圭斋路，全长206米。梅花巷最宽处有4米，最窄处仅2米。原宋家大屋种有多种多株梅花，因此取名梅花巷。人们在巷子里生活非常幽静、快乐。

梅花小区

宋家大屋、谭家大屋、黎家大屋、贺家大屋建于小巷两侧，均系祠宇式砖木结构，都是青砖砌的墙体，里面都是用樟木雕刻花板，艺术价值极高。房屋槽门有20厘米，都有几进大厅，看上去富丽堂皇。特别是黎家大屋有个叫“梅花碧境”的地方，四周有5米高的围墙，种有“爬山虎”，成为绿色墙体，有假山，养有金鱼，种有葡萄，坐在葡萄棚下面歇凉，真是舒服极了。

朝阳街有三大食品店：“采芳斋”“东方斋”“天兴斋”，因为加工食品材料新鲜，十分可口，所以都生意好，尤以“采芳斋”食品最佳。巷内还有一家专做“盐旱茶”的姓王的夫妇，做的盐旱茶特别好，有苦瓜皮、黄瓜皮、茄子皮、浸萝卜、黄芽汀，非常好吃，人们都寻上他们家购买。

在朝阳社区有六大豆鼓作坊，他们是：“一品香”“泰有长”“张福和”“龙益庆”“敞元”“鼎丰荣”。

巷北有“琳琳酒家”，因为味美价廉，生意特别兴隆。

解放前，衙背街与昇平街交汇处（即今日的新文路与人民路相交处），有一个很有名气的金店——“金松茂”。由于该店老板很讲信誉，加工的纯金饰品从不掺假，做工精美，人们都到他家店购买金器。

在朝阳街地区有两座最大的庙宇，就是“财神庙”“城隍庙”。建造规模大，菩萨雕塑精美，全身放射金光，香火旺盛，敬神的人很多，菩萨很灵。传说有一个姓李的老板想在庙前开一家药店，就去庙里求签。结果签上九个字“庙前开药铺，不贵则富”。财神爷同意了，他就在庙的前面开了一家药店，结果生意兴隆，富起来了！其实原因很简单：因为人们到庙里求药单，都是在庙前药店买药。

朝阳街有四大药店：“开元堂”“致中和”“同济堂”“李德昌”。因为他们选的是地道药材，加工精细，深受顾客喜欢。“致中和”在巷南出口，系江西吕姓开的，很有名气。还有一位名医叫刘德深，专攻麻疸科，医术甚好，寻他看病的特别多。他不图名利，专门为人治病，得到人们的赞扬。巷内还住有专治跌打损伤的名医沈岳武，为民治病，不图钱财，找他看病的人很多，得到人们的好评。

朝阳社区原来有五所学校，它们是“祝融”“宗兴”“中和”“亲诚”“维新”。解放后，将五所学校合并叫“亲睦”，后改为二完小，之后改为城南学校，现叫人民路小学。

那时合并后的亲睦学校，只有学生 200 多人，学校占地面积只有 3300 平方米。现在的人民路学校有学生 1800 多人，占地面积 12000 多平方米。

小朋友在放学以后，追逐玩耍，抽陀螺，跳房子，踢键子，打弹子，滚铁环，非常快乐。

解放前，有个叫“云飞”的单车出租行在嗣同路。因地方太小，人们租车练车都不方便，后来就迁到正大街与达峰路交汇处，开一个很大的单车出租行，拥有单车 40 多部。租车的人很多，在大操坪练车的人不少，每小时收租车费两毛钱。

我学骑单车时，邀了两个朋友。前面一人帮我捉龙头，后面一人帮捉坐垫，推着单车向前走。车子往左边倒，身子就往右边偏，车子往右边倒，身子就往左边偏。学了很久，都没有学会。后来请来了店子的老板，姓蔡，叫蔡贻，他告诉我学骑车的要领：身体要坐正直，龙头必须扶正，眼睛要看远方，以后我也学会了骑单车。

云飞老板蔡贻，车技很好，手不捉龙头也能骑车，能坐在单车上把一大碗面吃完，还表演倒骑单车，前面有人，他能停住单车不走，不会倒下。

他不但出租单车，还会修理单车，人缘好，租车、修车生意特别好。那时候要想学会骑单车，就靠租车学，一是买不起，二是买不到。

直到1985年我才搞到一张购车票，摆在五交化店子里的名牌单车莫想要，因为要凭单车分配票。

那时分配的名牌单车有“凤凰”“飞鸽”“永久”，都需凭票购买。“云飞”车行现在虽然不存在了，但我一直留恋它。

烈火见真情

浏阳红十字会首先是在浏城蜈蚣岭办公，由于工作的需要，红十字会搬走，中共浏阳县委会搬迁至此。

1952年1月6日，在新址召开劳模大会，从三十多位劳模中选出一名劳模赴北京参加全国劳模大会，当时选出苏清华赴京参加。

那天开会，因天气太冷，就用火缸烧木炭取暖。

会议开了一天，到下午五点多钟才散会。代表们吃完晚饭后就出去散步，忘记了把火熄灭（起火原因有误——编者注），导致木质楼板起火燃烧。

那天晚上，救火场面十分感人。有数百人排着长长的队伍，提着水桶，捧着脸盆，将家中水缸里的水，送到救火车的车厢里。

那时消防车设备十分落后，全靠人工将水送到车厢。还有的人拿着小水枪参加救火。参加救火的达数百人，都是自发参加救火。当时，没有自来水，人们只能从家里将水缸里的水，用木桶、脸盆装满水，排着长长的队伍，给消防车送水。

火越烧越兴，火借风势，风助火威，烧得满天通红。

提水救火的人们，因天气太严寒，水把衣服浇湿了，头发打湿了，冻得直打哆嗦，还是提着水参加救火，场面真是十分感人。

因火太旺，杯水车薪，火还是将大楼化为灰烬。此次大火共计烧毁房屋40多间。

大火熄灭后，只见到处都是鞋子、袜子，水桶、脸盆，这些都是梅花巷居民和附近居民救火时留下来的物品。从这里可看出救火人们的高尚品德，他们那种舍己为公、大公无私的精神永远留在我们的脑海中。

捉蟋蟀

小时候我最爱玩蟋蟀，一有时间，就去乱石杂草丛中捉蟋蟀。

有一天，我和几个小朋友到梅花小巷去捉蟋蟀玩。走着、走着，看见小巷里有一房屋的大门开着，我们走进去，看见一位头上长满白发的老人家，他从屋子里带着微笑向我们走来，问我们到这里做什么？我说：我们到这里捉蟋蟀玩。老人家非常高兴，叫我们进屋子玩玩。我们走进院子，看见有个很大的葡萄架，架上排满了紫红色的、晶莹的一串串葡萄，我们见了都流口水。老人家见状就拿了一个衣叉摘了几串葡萄给我们吃。我们非常开心。老人家把我们带进他屋里，我们走进去一看，都惊呆了！这户人家太有钱了！客厅四周木质墙壁都是用红油漆涂得通红，厅中有四张太师椅，都是用樟木做的，上面雕了花，非常漂亮！厅屋里富丽堂皇门窗也是用樟木雕成的花板，非常精美。再进去一看四面都是厢房。中间有一个天井，天井之中砌了一个半月形的大鱼池，鱼池中砌了假山，还养了龙眼鱼仔，鱼在水中游来游去，非常好看。

老人家带我们参观后，就叫我们到厅屋里坐一坐。我们见到中堂上面挂着一幅金匾，匾上用金粉写着“承前启后”四个金光闪闪的大字。老人家跟我们讲“承前启后”四个字的由来。老人家说他们原先住在乡下，是种田的农民。父亲勤劳朴实，带着他们五个子女种田。由于辛勤劳动，每年收成又好，就有了积余，又买了二十多亩田耕种，还让五个子女上大学读书。毕业后就参加了工作，日子越来越富裕，就到城里梅花巷建起了房子。父亲留下“承前启后”四个字，就是要我们发扬前辈的优良传统，后辈就要发扬光大，要一代比一代强，这是我们宋氏家族的家训，要永远保留下去。希望你们小朋友，听父母的话，把书读好。

他讲完以后，快到中午了，因为老人家很喜欢我们这些小朋友，就留下我们吃了午饭。

在回家的路上，老人家的话，总在我脑海中回荡，承前启后，永不止步。

“她”从梅花小巷走出来

位于梅花巷李家大屋的浏阳中医院，始创于 1956 年。原李氏家族居于此地，解放后分给无房居民住。因形势发展需要，将全部住户迁出，创办了浏阳第一所中医医院，招聘了浏阳多位名医，有张光求、钟荣益、罗振湘、徐国华、钟诗珍、喻正求、孔周祯、孔凡佳医师坐诊。

中医院自己到全国各地采购地道药材，自己加工各种饮片，传统古法制造，药材好，疗效高。

医院里的医师，医德高尚，看病认真，深受患者欢迎。

每天挂钟荣益医师的号，都是排着长长的队伍，他看病不但细致认真，还能给病人及家属安慰。有一患者，病情十分严重，病人自己及家人都想放弃，他就做工作："你的病，不要急，石头上了天，总会要落地，我千方百计帮你把病治好。"经过心理疗法和药物治疗，病情得到了好转，病人及家属非常感谢他。

名医罗振湘，医术高明，对病人不分昼夜，一心抢救。他还研制了"平安散"和"霍香正气散"，疗效显著，很受患者欢迎。

因为医院太小，病人甚多，不能满足患者需求，必须迁址。在 20 世纪 60 年代选址浏阳革命烈士塔东面，新建了浏阳市中医医院。

浏阳市中医医院发展迅速，投资 4000 万元，建起了高 19 层住院大楼，成为当时全市标致性建筑。医务人员从十多人发展到五百余人。床位达 500 多张。其中医务人员中，高级和中级职称达 160 多人。现有核磁共振机一台，全数字化摄影系统一套，还有关节镜、腰间盘镜、内窥镜、结肠镜、膀胱镜、电子肠胃镜，各种医疗设备总价值达 4000 多万元。

浏阳市中医医院，处于全省同级医院前列。被评为三甲医院、全国卫生系统先进集体和市级文明单位。

浏阳市中医医院，以优质服务、高超的医技、良好的医德、舒适的环境为全市人民服务。

浏阳市中医医院，从无到有，从小到大，发展如此迅速，这是改革开放的成果，是浏阳人民的福音。

(2018 年 7 月)

儿时回忆

——梅花小区的变迁

浏阳市粮食局退休干部　钱耀光

“少小离家老大回，乡音无改鬓毛衰。儿童相见不相识，笑问客从何处来。”

71年前，我出生在胡家巷落墈。从小到十八岁，我的生活轨迹，均留在胡家巷、梅花巷、粮仓街、太平街、北正街、圭斋路，也就是现在的梅花小区。

1965年7月高考后，我因出身不好，被“建议不宜录取”的鉴定表剥夺了进入高校深造的机会。不幸中之万幸，我被湖南省粮食干部学校录取，同年12月分配到道县粮食部门工作。一去就是14年，1979年调回浏阳。在改革开放的大好形势下，我原来生活学习的地方，变成了梅花小区。

工作之余，特别退休之后，怀旧心理日渐强烈，我经常沿着自己的生活足迹，漫步在梅花小区，寻找儿时的记忆。

根据巷内冬瓜崽的老房子，我确定自己的出生地和当时的湘东大舞台（剧院），正是税务局宿舍靠西头的位置。小时候没钱买票，就和小伙伴等在剧院门口，看“放流戏”（即最后几分钟敞开大门，可以自由进）。最让小伙伴们高兴的事，应该是守门的矮子毛大发猪婆疯口吐白沫时，孩子们踩着毛大的身体进去看戏。我六岁启蒙读书，由胡家巷转梅花巷一直到二完小（后改为城南学校，即现在的人民路小学），报名时，李勃然老师（现在90多岁了，住新月半岛）翻到语文书十一课《马来了》叫我认字，我却认成“马来3”。高小是在城东完小念书，原称三完小，后分

20世纪位于考棚处的慈善堂，后为湘东大舞台（萧行敏　摄）

20世纪90年代的浏阳剧院　（资料照片）

20世纪90年代胡家巷现存整修过的民国建筑（彭红霞　摄）

别演变成浏师附小、城东完小、十五中、一中教育集团艺术学校，现在变成名河鑫都小区。学校旁边是浏阳的基督教堂，教主鲁赐生曾创办城关中学，自任校长。他有个儿子叫鲁平益，是我城东五乙班的同学，虽然没有和我们一起考上浏阳一中初中部，但是高中时进了浏阳一中。因父亲是基督教徒，而未考取大学，进了湖南省供销学校。后来，却还当了一届张家界市长。

1959年下半年，我开始了浏阳一中的六年学习生活。每天从胡家巷、梅花巷、圭斋路到学校往返。梅花巷南出口与正东街相接，西边是致中和药店，东边是伞厂（现在朝阳社区），梅花巷北出口对面还有一条路叫磨石街，尽头为火宫庙前。向西走，是文庙的红墙。这里并排立了几个石牌坊。一中是江南第一大文庙所在地，雄伟壮丽。然而，在十年浩劫中，这些牌坊无一幸免。大成殿前的汉白玉石龙头也被红卫兵破坏了，现在的龙头是后来配上去的。柴家巷（现在的新文路）对面是考棚（现在湘东比一比），里面两排平房，中间是麻石路，相传是古时候乡试考场。

圭斋路，小时候我们称为“马路上”。由于极“左”思潮的影响，当时的县委书记、县长下令从淮川河到洗药桥开出一条人工河。河虽然挖通，但不流水。开河时累死人、病死人，开河后淹死人，不计其数。我的母亲就是当年身患肾炎而累死的。

我从小就包了家里的吃水和用水。吃水要很早就去浏阳河挑，由胡家巷、经梅花巷、粮仓街、兴仁巷到红狮桥码头担水（即今正园小区南、滨河中路健身处东边码头位置）。这个码头，是连接两岸的渡船码头，也是航运公司那些乌江子船停靠的码头。每年端午，这里扎彩船唱戏、赛龙舟，大盘的包子和粽子向河里倒，据说是使鱼儿不会吃屈原的尸体。两岸看龙舟比赛的市民，人山人海，不亦乐乎。

读初中时，我每天中午要到胡家巷的大师园去挑井水八担，然后再去一中上课。有一次，我家的水桶掉到井底。为了不挨骂，我还是提心吊胆地下到井底，提着桶子爬出井口，这是我一辈子都忘不了的事情。

由胡家巷向南转入梅花巷，第一家就是二街居委会（即现在的朝阳街社区），后来又搬到兴仁巷。二街居委会对面，就是浏阳县机关幼儿园。园内有路直通盐仓（圭斋东路），现在浏阳市机关幼儿园基本上是在原址。

人民路小学当时是地主家的房子，梅花巷笔直进去有一个坪，校内上下两厅，南面出口为粮仓街（今人民路）。更为传奇的是：60 年内我在二完小启蒙，女儿在城南学校读书，外甥女在人民路小学报名。

现在的人民路，是由正东街、粮仓街、太平街组成的，这是浏阳的黄兴路，名店众多，商业繁华。有致中和药店、开元堂药店、钟季彪西药店、采芳斋、天心斋、源春等副食店、酱园等，中一百货、大成布店、上品鞋店、王凡和百货、金松茂金店、虹影照相馆……还有银行、粮食局等。

胡家巷有一位张姓老者，善做小吃，如年糕、糯米桂花水饼、绿豆稀，此乃浏阳一绝，我小时最爱吃。他的儿子张罗生也很聪明，虽然这些小吃在他手里失传，但他却成了浏阳县唯一一个能捏面的人，他捏的人物和动物惟妙惟肖。后来，张罗生去世，唯一的名小吃和面人就失传了。

胡家巷中部有一个民建小学，在现在的梅花二街和农特产品街相交处，当时有两个班的学生。校长兼老师的胡华杰留着男式女发，还有一个海军转业的熊老师，在 20 世纪 50 年代一个端午节溺水而死。离民建学校往西稍远一点，有个李家大屋，这就是浏阳市中医院的起源地。50 年代刚成立时，仅有钟荣益等 6 位医师在厅屋坐诊。而现在地处北正中路的浏阳市中医院已是医护人员上千人、资产近 4 亿元的三甲医院。

现在建设银行对面，是浏阳县当时的一完小，后为浏师附小的所在地。该校有一个老师，因强奸幼女 13 名，于 1958 年与另四个教师败类，被枪毙在浏阳河北岸的状元洲。

而现在的梅花小区成了名牌商品区、特产区、重点学校区、银行区，高楼林立，一派繁华景象。几十年的变化，找不到老区痕迹了，但是梅花小区却比以前更美了。

（2018 年 6 月）

永恒的回忆

淮川街道办事处　　王春生

20 世纪 80 年代，我在城关镇镇政府机关工作，亲身经历的许多事情，有的都因时过境迁，渐渐淡忘；而有的事情至今仍难以忘怀，成为永恒的回忆！

一枚邮票

城关镇人民政府设在人民东路，是一个四合院式的建筑，与城关税务所在一起办公。前栋左侧上下两层是税务所，右边是镇政府的行政办、工业办，后栋是党委办公室、小会议室。前后栋之间有一个庭院，石阶两旁各有一株腊梅树和玉兰树。环形花池内栽有十几株夹竹桃，还有两株粗壮的葡萄藤爬在葡萄架上。每到夏季，绿荫覆盖半个庭院，树影婆娑，青翠欲滴。葡萄架下垂着串串紫色葡萄，散发着诱人的芳香。那时，机关行政编制只有 18 人，行政办秘书还要兼财粮专干。机关一年的办公经费只有 1000 元左右，大家都以艰苦奋斗、勤俭节约为荣。为了节省开支，机关干部都自觉少打电话、少用信封，一般性的会议通知都是交联系街村、企业的干部口头通知的。旧信封一律不许丢掉，要翻过来使用。我那时其中的一项工作就是拆旧信封和送文件通知，一般的公文函件不许贴邮票投递，谁擅自使用邮票投递可要挨批评。记得有一次，行政办秘书将一份发往城关出口花炮厂的非紧急公文，贴了一张面值 8 分的邮票通过邮局投递出去了。这事被在城关出口花炮厂蹲点的党委副书记邹祥林发现后，十分生气，把行政办秘书狠狠地批评了一顿，说他“大手大脚，有偷懒思想，为什么不托企业蹲点干部送通知？今后可不许这样”。我当时也在场，听了邹书记的批评，很受教育，以后自己不论做什么事都注意讲究节约了。

胜利杯和废纸

城关镇是一级地方政府，设有党委和人大主席团，每年镇上要召开大大小小的各种会议几十次。大的会议有 200 多人参加，小型的也有几十个人，机关干部职工每周六晚上还要进行理论学习。召开这些会议都要准备茶水供应的。当时为了节约，所购买的茶杯都是很便宜的，每次都是我挑着竹篮去劳动路尾的城关瓷厂去采购。城关瓷厂生产的茶杯叫胜利杯，甲等品销往外地，乙等品销本地，次等品没有几个人要。但是，我想到要节约会议开支，就只拣便宜的次等品购买，10 元钱可以买 100 个，这样一年下来也节省了不少会议经费。

1981 年至 1988 年我担任机关打字员，师傅是老行政秘书徐星平，他教徒很严，只讲打字的基本要领，其余要靠自己钻研。刚开始印刷时，由于油印技术没有学到家，印一次材料往往要浪费几十张白纸，不说别人心痛，就是自己看了这些废掉的纸张也过意不去。后来，我反复摸索终于掌握了油印技巧，以后油印出来的东西不仅质量好，而且基本上没有浪费了。我还把使用过 2 次以上的废纸收集起来，统一卖给废品店，一年也有几十元的利废收入。日子一久，我的打字技术越来越娴熟，并开始对外承揽打字业务，为机关创收不少。我把这件事写成了一个广播搞，标题是《打字室增产节约有新招》，在镇广播站广播，镇长李明葵亲自到打字室表扬了我。这一年，我还被评为机关先进个人。

到蔬菜基地劳动

镇政府在水门口（即今步行街口东）有一块蔬菜基地，约有一亩七分多，机关干部职工每年都要去菜地劳动 3~4 次。到菜地劳动是一件非常有趣的事，大家的积极性都非常高，从来没有人请假的，也不要机关给予任何补贴。记得 1982 年的秋季，天上的太阳还很毒，我和机关干部职工再一次到菜地劳动。这次的劳动任务是拆除瓜棚，开挖菜地，同时还要把一大堆南瓜藤拖到城东村去，交给农民喂猪或喂鱼。机关干部职工分成 3 个组，一组拆除瓜棚和堆码架材，一组翻整土地，一组收割过季的蔬菜。每个组的劳动任务都很艰巨，但大家都干得挺欢，菜地里充满了欢声笑语。我所在的小组有 6 人，负责拆除瓜棚和拖走南瓜藤。南瓜藤蔓上有细细的刺毛，粘在大腿上、手臂上痒痒的，很不舒服。拖南瓜藤也是一个力气活，可是大家都抢着干脏活、累活，有几位干部还申请来我们这个“生产队”劳动呢！

一晃 20 多年过去了，今天的物质条件比过去好多了，但在城关镇政府机关受到的艰苦奋斗教育却仍记忆犹新，仿佛就在昨天。每当回忆起过去的艰苦岁月，更增加了对毛主席关于“两个务必”教育的亲切感和责任感。我想，在当前的公务员队伍中提倡并继续保持和发扬“两个务必”，永远也不会过时吧！

（摘自 2002 年《淮川街道志》）

胡家巷的记忆

康文贵

浏阳城关北正街的第一大巷——胡家巷，它隶属原太平街的平安组与跃进组，只可惜毁于修建梅花小区时的大拆迁，现只能成为老一辈人的难忘记忆。

追溯解放前，它是浏阳四大门户之一（即东门黎家大屋、西门周家大屋、柴家巷宋家大屋、胡家巷贺家大屋）。胡家巷有四大祠堂，即周家祠堂、胡家祠堂、唐家祠堂、刘家祠堂。有二园，即丁家园、大师园，两园内有古井两口，可为巷内人员提供生活用水。有四大名人，即汤阳保（名医，专治无名肿毒疮疡科）、曹典阳（老石匠）、刘德深（专治小儿痘疹麻科）、李大年（补锅匠）。

一条弯弯幽长的小巷，住着快乐的居民，他们勤劳、勇敢、朴实、大方，每天都忙碌着各自的事情。这条巷子，大都是青砖烧瓦结构，中间是麻石板，麻石板下是排水排污通道。进巷去看看，巷口第一家是胡皮匠，人高大魁梧，戴着一副老花镜，专门修理皮类制品、皮箱、皮具、皮鞋等。那时我们做弹弓，总是去二三个人，胡爷爷前、胡爷爷后地叫着，要两块做弹弓的皮子。进得巷来，右边是万家园，住着胡氏等三户人家。左侧一小巷通往唐家祠堂，上方即住着名医汤阳保，当时在浏阳是治疗无名肿毒的名医，内外兼治，效果甚佳，夏秋季节病人较多。再进入右侧，

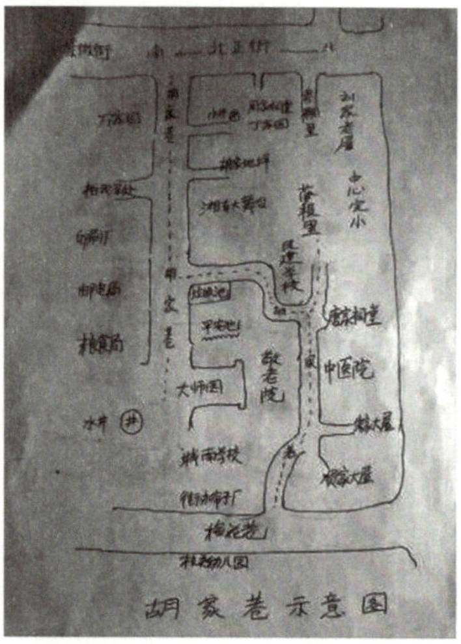

原胡家巷示意图　（康文贵2018年画）

张冬生（左一）的理发店　（彭红霞2016年摄）

现存的胡家巷城关粮站仓库（原财神庙）围墙　（王雄文 2017 年摄）

系张氏竹纸马艺人居住，其兄长张纯运系理发师，浏阳名人都喜欢来此地找他理发。他言传身教、手艺精良而传授给儿子（张冬生，小名冬瓜崽），当时 15 岁，便跟着父亲学习理发及护身武功，后常提一小箱，上门理发，挖耳捶背，经济实惠。现在七十多岁了还精神抖擞，耳不聋，眼不花，每日在家还接待理发客。左转又来到胡家地坪的曹石匠家，他是胡家巷四大名人之一。曹老有一门石艺好技术，人单瘦点，但力大无比，那石料搬来搬去，在我们的眼里真是了不得。常年业务繁忙，走到此处总是可听到捶石的声音。

胡家地坪的顶右边，系城关花炮厂厂长杨仕伟家，她是十二届全国人大代表，京城开会受到江泽民总书记亲切接见并合影留念。她是全国乡镇企业家常务理事，1992 年被农业部授予“全国优秀乡镇企业家”称号。因为有了烟花爆竹，天空不再寂寞，它是浏阳人代代相传智慧的结晶，而深受世界人民的喜爱。当年杨仕伟引领一支优秀的团队把小小的烟花，开遍了世界的每一个角落，为浏阳的经济发展做出了重大的贡献。右边又一小院叫柏云深处，系秀才居住所在地。清朝道光年间住有朱大柏、刘德升、江继发、张纯运等，后住着二十来户人家，目前长沙商界小有名气的喻氏姐弟 20 世纪 60 年代就曾居住在此。对面是湘东大舞台，50 年代初拆建为居民宿舍。第一户又是胡氏人家，户主胡篆丹，1936 年考入国军航空学校，毕业后在国军空军服役。1949 年 8 月加入解放军，在空军北京南苑机场工作，后调空军哈尔滨第一航校，中尉军衔。1955年转哈尔滨工业局，筹建四机部前卫无线电厂，1971年又调贵州都匀四机部083基地南华仪器厂，并有两子胡建平、胡颂平（大毛、小毛），现均为083基地骨干。原白云深处旁的“孝义礼（即孝义里）”是拜佛祖先的一个小礼堂。沿着印刷厂、邮电局、城关粮店的后门再进去是大师园，大师园因系当时祠堂、寺庙里的大师们所居住的地方而得名。

大师园门口有一平安池，约5米×15米大，系用来预防周围火灾。进园第一户人家，就是老红军、我们的老局长孔佛生家。他是浏阳最后一位病逝的老红军，走过了92个春秋。1919年出生，1937年参加工农红军，身经百战，是一名优秀的共产党员，获独立自由勋章、三级解放勋章。他老人家为人和善，平易近人，是我们的好长辈、好老师，业余时间是我们的课外辅导员。特别是大热天的晚上，一群小朋友总是围坐在他的身旁，要他讲革命故事。我们特别喜欢听他讲打仗经历，尤其是反特和英雄人物故事，但他老人家总是谦虚地说自己没什么本领和功劳。他教导我们要爱国爱家、勤奋学习、努力工作，他的这些教诲，几十年过去，我们记忆犹新。

大师园是一个大家庭，一个温馨的乐园，这里很少发生个人争吵，左邻右舍都非常和谐友善。哪家有好吃的，都会分享一下，国家困难时期，地坪各自种小菜，热天竹凉板乘凉，总是故事连篇，笑声不断。男孩子有时就不同，喜欢摘摘果实，打打泥巴仗，洗洗冷水澡，捉捉蟋蟀。有一次邓福生和水佬子拿蟋蟀比赛，一个红头，一个麻头，打得难分难解。几个回合后，红头占优，这时，邓福生又换了一个白露将军，继续搏斗，把麻头击败阵来，而赢得了五个四角板，围观的朋友有十几个人。再就是都喜欢到水井边玩，特别是旱季水少，男孩子都喜欢下井、掏水。主要是井下凉爽，是每日从早到晚人们来的最多的地方，但这口井一年四季从未干枯过，也从来没有人掉下井。有年冬季大雪，地上有尺把厚的雪，后来结了冰，我们就用板凳反过来，轮流乘坐着打雪仗，童年的生活真是朴实而美好。园中还有一位无声好人，和共和国同年岁，系竹器社康文祥，是个哑吧。他在长沙读过二年聋哑学校，人聪明，记忆强，对人热情、大方，乐于助人，“文化大革命”初期曾是县学毛著积极分子，用手语巡回演讲，满堂喝彩。拐弯是民建学校，后转属二轻子弟学校。又一弯是王晋卿家。北京有大刀王五，浏阳有舞龙王五，每年过年过节的舞龙活动，都少不了王五大叔。他赤膊上阵，把龙头玩得生动活泼、栩栩如生，最受大众所喜爱，平常以冷作、维修为主，业余时间还有善演“皮影戏”的爱好，道具自己做，自演，自说，《三打白骨精》《讨学钱》是拿手戏。与时俱进后又为我们小朋友排演了《王二小放牛娃》等节目，他家也是我们一代人常去的场所。现儿子王贤德也练就一身本领，为浏阳牙医泰斗，受人尊敬。民建学校后方角住着三位大师级人物，即沈岳武、古四珍、李大年。沈大师众所周知，曾在城关医院、中医院行医，专治跌打损伤、接骨挪筋，并有一身绝世之力“返还功”在全国有名。20世纪80年代有一次在中医院召开全国学术会议，有好几个参会人员要求他演示“返还功”，因演示“返还功”有女同志在场表演不便，就叫工作人员拿一个二寸长铁钉，运气于上，丹田上提，铁钉放入口中，一咬变成二节，在场的人都惊呆了。还有很多动人的故事，暂不说。因参加革命工作早，解放前对革命有功，后转入老干局，活到九十多岁。沈氏小雷先生，已将“返还功”发扬光大，全国多省有教学基地，威震中华。

再有古四珍，是人们常说的古挎子，读古书数年，聪明好学，记忆力强，家境不宽，20世纪60年代与母亲相依为命，但为人正直，那时在街办厂做事，喜欢打鼓。每当红白喜事时打鼓，因手挎而特有风味，老城关人都记得，“文化大革命”时期，还是学生的课外辅导员。

李大年系补锅匠，主要以补锅维持生活。左转弯经过卵石铺垫的小路系唐家祠堂，再内走是落段里。这里住着一位手工艺人张罗生，目前他的手艺可能失传，人们统称他为罗师爷，用彩泥或糯米粉掐菩萨、人物及动物，掐出来的作品活灵活现，小巧玲珑，形象逼真，很受人们的喜爱。

再往巷内有一个单位——浏阳县中医院。它坐落在刘家祠堂，由两个院落组成，“文化大革命”后期院长是佘统珍。正厅两旁左边是化验室、西药房，右边是中药房，步入天心两旁有六个诊室。左一诊室是外科名医黎树堂，从父而学，精通内外各科，主攻外科、皮肤科，自己炼膏研药，当时西学中的人民医院一把刀都称赞黎老技术一流。二诊室是内科痔瘘科徐科学。三诊室是浏阳著名医师钟荣益老先生，那时每日接诊人次都是上百号，坐在诊室好像佛一尊，烟不断，双目有神，慈祥和蔼，手一搭，切脉问诊，便报上药方名。徒弟只要快点抄方，金方验方药不多，疗效快，特别是疑难杂症，真可谓是手到病除，有时是几分钱的药费而治好大病。右一诊室是刘双福，伤科名家，人们习惯叫他刘打医师。右二诊室是邓方润老医师，

20世纪80年代的胡家巷面貌

（钟红艳　供照）

20世纪80年代的胡家巷面貌

（钟红艳　供照）

精通医学理论，经方运用灵活。三诊室是儿科名医孔周桢，为人和善，老少不欺，不分昼夜，认真负责，对于治疗小儿疾病得心应手，四缝通窍，老浏阳人一定都还记得。可惜，进入老年期因操劳过度而过早地离开了我们。通往右边的过道便进入祠堂副厅，当时药材加工炮制及仓库，由陈富诚、徐湘华两药师从严要求，言传身教，带领一群青年人认识药材的产地、生长、加工炮制、药用效果等，在此为中医院培养了一批药材精英，如李韬、彭新虎、戴湖俊等。

“文化大革命”中期电影《春苗》播演后，这里也发生了一些变化。浏阳县所有聋哑人都汇聚于此地，针灸治疗聋哑人学习班，自带粮油，半工半读，在扎针灸的业余时间便加工面条，以增加收入等。1973年医院整体搬迁至革命坡石板巷新址，从此中医院走出巷落，发展壮大成中医三甲医院。

医院后门左侧还有一位老艺人林庆宜，木艺雕刻，专门做老式木床、房厅屏风等。对面是位帅大哥，字金伟，在民建学校名声较大，同学们的带头领袖，自幼喜欢格斗，爱打抱不平。走进巷尾系四大门户的贺家大屋，因历史情况的转变，贺氏家族的晚辈都远离家乡，远渡重洋，剩下的房屋，特别是一块精美的牌匾，毁于“文化大革命”时期。

（此文系个人记忆，得到张冬生的支持，有很多不周到之处，这其中还有很多故事，因水平有限，请各位指正，待续。）

（作者康文贵，胡家巷老居民）

梅花巷黎茂雄保存的黎氏族谱（一）木箱
（王雄文 2018 年摄）

梅花巷黎茂雄保存的黎氏族谱（二）扉页
（王雄文 2018 年摄）

往事越百年

黎茂雄

退休后一直在家照顾 90 岁高龄的母亲，或到深圳帮着老婆照看孙子。一天，王雄文老师转辗找到我，询问原梅花巷黎氏家族、黎家大屋的情况，勾起我的记忆。

黎氏源考

在清代，浏阳县城区流传着一首家喻户晓的儿歌：“东门黎，北门宋。”这东门黎指的就是黎家大屋。黎氏家族虽有些名气，但它来源于何处，又是几时落户于浏阳城区，这个问题许多人都不清楚。

据承衍堂《黎氏族谱》记载：我祖黎氏绍洲公，自明朝万历年间由江西抚州府临川县青泥司共族分支到浏落业于南乡十五都（今南乡黄洞）。按上面文字的意思，不妨暂时认为黎氏来自江西，并且是明朝万历年间过来的。

按黎氏族谱字派前十六代：衍凤芝大，遵志际文，光华益运，克懋贤能。黎凤珠，字绍洲，是第二代。其父黎衍十三官在江西临川老家，尊其为第一代。

清嘉庆五年（1800 年）黎氏第八代黎文涛，官派江西抚州府临川县任职，受家族委托顺便寻祖访宗。事也凑巧，他安顿下来后，有同事来访。该同事是本地人，熟悉当地情况，问及黎文涛家里祖上事宜，不禁惊：黎衍十三及黎绍洲他们当地低洲有黎氏祠堂，供奉有这两个名字。这同事还知道黎衍十三夫妇墓葬何处。黎文涛忙叫人找来临川低洲黎氏族谱查看，该族谱确有记载，黎衍十三，字辉，子三。黎涧三，字绍洲，乃衍十三之三子，于明万历年间去浏阳。祖墓，族谱都能对上。至此，黎文涛不再怀疑，江西临川低洲黎氏确系共族。确认后，黎文涛即使其子黎光嵩与低洲黎氏进一步接触了解。原来黎绍洲是万历庚辰年（1579 年）出生，在江西临川娶有两个老婆，生有七子七女。家里非常富裕，在临川有许多产业。并且黎绍洲是一个帅哥，眉目英朗，豪迈之气流露。大约在明万历四十多年（16 世纪初），他和家里人打过招呼后到浏阳来了。

黎氏族谱记载：清康熙年间（16 世纪 70 年代）黎遵礼落户于浏阳城区南城七家巷。黎遵礼，字叔芳，黎氏第五代先祖。其实，黎遵礼是在其父亲的带领下落户浏阳城区的。黎大乙字杖仙，生于明末，饱受了战乱之苦，在乡下不堪其扰，只得进县城讨生活。

清同治《浏阳县志》记载：康熙十九年（1680 年）黎大乙以庠生身份协修县志。康熙四十三年（1704 年），黎大乙以贡生，黎遵礼以庠生身份协修县志。照此记载算来，黎氏进入浏阳城区肯定早于康熙十九年（1680 年），也即是 1680 年以前县城七家巷落脚。后来成了黎家祠堂所在地。

自黎文涛从江西回浏阳后，双方断了联系。中华人民共和国成立后，随着社会发展，生活条件变好了，江西临川低洲黎氏先行派人到浏阳，携黎氏族谱来寻访宗族之人。时隔将近两百年，断了联系又接上了。1993 年，浏阳黎氏后人黎福根等开了一辆面包车，沿线索找到了江西临川县低洲黎氏族人，再次核对族谱源流。双方都很认真、细致，毕竟是共有一个老祖宗的。至此，终于落实了东门黎的来源。

至于黎绍洲到了浏阳以后不回江西老家，是看上了浏阳的美女，还是留恋于浏阳的山水，这些就无从考证了。

梅花巷

梅花巷的最终成型，与历史上名声颇大的“六尺巷”相似，各大家族在选址建房时，为减少不必要的纠纷，相互之间均留有余地，在这样的前提下，巷子诞生了。

梅花巷南起朝阳街（今人民路），北至文星门（今圭斋路），全长 200 多米。整个巷子是不规则曲线形。巷子的东边是谭家大屋、宋家大屋，且宋家占大部分。西边是黎家大屋、贺家大屋，以胡家巷为界。在西边距离“梅花碧境”南不远，是谭家祠堂，在解放后成了工商联办公用房。

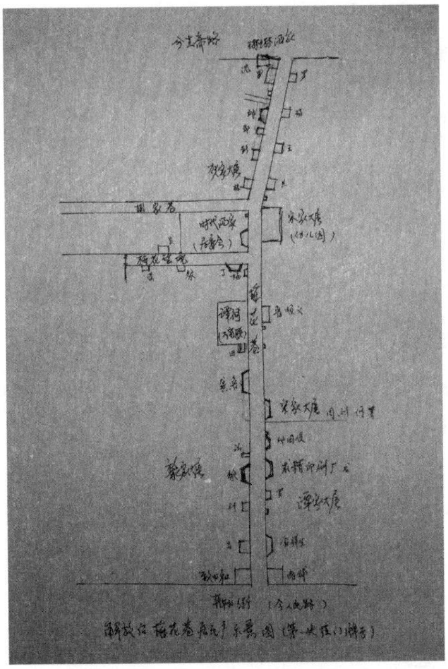

原梅花巷示意图　　(黎茂雄 2018 年画)

宋家大屋的花园内种有数株梅花，开花时节芳香溢满整个街巷，很有名气，因此取名梅花巷。

巷子的最窄处只有两米多，最宽处有五六米，在谭家祠堂的正门口（原工商联门口）。

巷子的地面中间是一条青砖砌筑的排水沟，上面搁置有约 40 厘米宽，抛光面长条形花岗岩。整石长度为 1~2 米，两边是摆铺的长扁石，三合土作浆。赤脚走在上面，感觉很是舒服。巷道两边绝大部分是各大家族的侧房、杂屋或者是正屋的后背。墙体大多是青砖砌筑，高大、厚实，多数砌有封火墙，雨水不流向巷内。所有墙体具备防盗、防火功能。

随着历史的发展，人事变迁，梅花巷的住户逐渐多了起来。到中华人民共和国成立前夕，梅花巷的南出口靠西边已为吕姓家族所有，开有“致中和药店”。经营有方，名气不小。巷子中段“梅花碧境”北向有一家“时代酒家”。在 20 世纪 40 年代，那是相当牛气的，该酒家可以坐几十桌的客，当是浏阳酒家老大，解放后这里是居委会所在地。巷子北出口挨西边，有“琳琳酒家”，价廉物美，生意不错。

20 世纪的梅花巷，还是出了几个角色的。县城区十大“名将”梅花巷占了两位，其一为卖毛笔的张三太（真名张三泰）曾住在老 8 号；另一位是画符水的古挎子（真名古思真）曾住在老 3 号；耍把戏的刘麻子（真名刘介凡）住在老 2 号；以及张守斌住在工商联，也还是有点名气的人。还有两位有名气的老中医，一为刘蒲生，住老 7 号，一为钟荣益，住胡家巷口斜对门，机关幼儿园隔壁。两位医生医术都不错，且医德口碑很好。他们可是浏阳中医院的元老级人物。

梅花巷相当幽静。巷子里的小孩子那时是没有什么拘束的，散学后到处跑，嬉戏、打闹，滚铁环、打弹子、抽陀螺、跳绳、捉迷藏，可玩耍的项目很多，经常玩得忘了时间，等到家里人来喊，才依依不舍跟着回家。

每到吃饭时候，巷子里的伢（妹）崽不少喜欢端着饭碗四处跑，看到谁家有自己爱吃的菜，挟一筷子就跑，然后寻找下一家。记得我家对门大屋内有一孙姓伢崽，端着饭碗跑，不慎跌了一跤，饭碗打烂了，碎瓷片在脸上划了一道好长的口子，搞得满脸是血。现如今孙伢崽都五六十岁的人了，疤痕仍很清晰。

远亲不如近邻，梅花巷的居民们对这一句古语的内涵演绎得淋漓尽致。三对门、两隔壁的邻居彼此非常熟悉，甚至包括对方的亲朋好友都清楚。邻里们相处和谐，相帮互助，一年四季，几乎听不到邻里吵架的声音。哪家有了红白喜事，需要借东西用，可以从巷头到巷尾，每家每户只要是有的东西都能借来使用，从来没有人推辞。

在梅花巷生活了几十年的时间，我对于人生二字才有了不浅的感悟。

1996 年设置梅花小区建立梅花村时，梅花巷被拆除。

别了，梅花巷，生我养我的地方！

梅花巷里的桑树

小时候在梅花巷里长大的人们，应该都还记得，宋家大屋内的桑叶树吧。特别是原宋家大屋的住户（解放后大屋内住十来户人家），因为它是唯一的，不只是在梅花巷，其他包括整个梅花小区，它活到了 1996 年梅花巷拆除，二百多岁哦。同年代栽种的它的伙伴，与之隔巷相望，梅花碧境内黎家大屋的柿子树只活到了 20 世纪 60 年代(位于城南小学操场围墙边)，比桑树少活几十年。

桑树位于梅花巷老 8 号宋家大屋后花园中，是宋家先人按前槐后桑的讲法栽种的，具体年代已不可考，解放后花园内只剩下这一棵桑树。桑树不但见证了梅花巷的兴衰，更是给梅花巷里的孩子们带来了回味无穷的乐趣。

小时候，根本不懂桑树，又哪里知道桑树一身是宝，只是觉得好玩。桑树子(桑葚）是孩子们的喜爱，还是青色时便开始摘着吃。尽管不怎么好吃，一直到熟透成紫黑色才真的好吃，微酸、很甜，吃后嘴巴乌黑也没人在意。可惜等到熟透，桑子已经不多了，全进了孩子们的肚子。有一段时期，巷子里的孩子们发起了养蚕的风，听说蚕茧可以卖钱，蚕蛹油炸吃有点像花生米，伢（妹）崽都积极参与。养蚕的工具五花八门，纸盒、铁盒、竹盘、脸盆等，每人养个几条、几十条不等，多的好几百上千条也有。养蚕得桑叶，这时候宋家大屋后花园中桑树成了孩子们眼中的宝，桑叶常常被摘个精光。看着白色的卵慢慢透明变黑，蚕宝宝爬出来吃桑叶。这时要喂嫩叶的，长大一点才可放大片的叶子。经过几次蜕皮后，吐丝成茧包裹自己，蚕蛹成熟会咬破茧出来，长成有翅膀的蛾，再交配产子。蚕一生只一个多月的时间，亲手养过蚕知晓整个过程的我，心里还是有些感慨的，不禁蠢想过，春蚕至死丝方尽，丝是吐尽了，可蚕没死呀，死的是产子后的蛾。

摘桑叶是有危险的，尤其是梅花巷的大桑树，至少有五六米高，围径可不小，孩子能抱住一大半就不错。树已经很老了，一身伤痕，疤节不少，树身下面好多树皮没了，是孩子们爬树蹭的。那时摘桑叶大多数人不用木梯，徒手爬。女孩一般是守在下面接或拾掉在地上的，另有一个任务是望风，大人来了好报信。桑树不远住着一户卢姓人家，每当孩子们三五成群来摘桑子、桑叶，卢婆婆便会高声叫骂。人还没有出屋，一根小竹竿打得地面啪啪响，又是哪个屋里的猴崽子，不听人讲，爬什么树啰，等我去喊你们家大人来。吓得小伙伴们哄的一声四散逃跑，生怕被捉住。有时候，孩子们偷偷摸摸拿竹竿什么的去扑桑子、桑叶。卢婆婆会装作没有看见，长大以后才想起，卢婆婆其实是真心在保护孩子们。没有任何防护措施，也没有大人在身边，一旦手没抓稳，从树上掉下来，会是怎么样的后果，现在想想都冒冷汗。万幸的是，许多年过去，从来没有人从树上掉下来，当然划破皮肤之类不算。我后来禁不住猜想，该不会是桑树爷爷特地在保护大家吧。

梅花巷没了，桑树爷爷也去了。1996 年以后我回到梅花巷原址看看，想起桑叶树，不禁心中暗恨自己，为什么没有在拆除前与桑树拍一张照，也好留一个念想，真是好后悔。

在我的印象中，桑树一直孤零零地在那里，从来没有人招扶过它，施肥、浇水、整枝什么的，年复一年，它都是默默地贡献着子子孙孙桑子桑叶，这不是一条春蚕吗？而且它还无需喂养，我不禁如是想。

梅花碧境

熟悉或者了解梅花巷的人应该不会忘记，梅花巷有一个最为特殊的地方，称为梅花碧境。它不是支巷，倒有点像死胡同，其实它不过是黎家大屋后花园出来的一个通道。梅花碧境的特殊，一是地面清一色精心挑选的鹅卵石铺就，三合土作浆。靠墙边有一条青砖砌的明水沟，不宽且浅；二是两边墙体上大多数都爬满了绿色植物。春天时候，满目青翠。特别是雨后，郁郁葱葱，叶尖一顺儿朝下，在墙上铺得均匀，又重叠，也没有空隙，一阵风吹过，一墙的叶子漾起波纹，让人瞧着心里舒坦。这恐怕是此地取名碧境的由来。后来才弄清楚，原来这植物叫爬山虎，解放后还有一部分。梅花碧境长约50米，里面只有两三个门户，平常往来人员稀少，白天这里都很清静，外来人通常是不敢踏足此地的。真正别有洞天的是黎家大屋的后花园，从碧境尾端推门进去，首先看到的是果树林，十数株不同种类的果树，果子成熟时，很有诱惑力。常有嘴馋胆大的孩子，爬围墙过来偷吃。解放后城南小学操场围墙边还留有一株柿子树，直径有五六十厘米，两百多岁了。左手边一丘荷塘，荷叶亭亭玉立，可以划船摘莲。荷塘中心有一小亭，供人休息喝茶，这里也是后来城南小学操场的一部分。靠右边有一段围墙，中间有一个圆形门洞，里面种有不少观赏花卉苗木，配有假山，通幽小径。地方不大，很是清爽宜人，别有一番情趣，解放后这里成了城关镇敬老院。

城隍娘娘

解放以前，浏阳有两个城隍庙，一个在原东街口老虎山下（俗称老山下），一个在原老城区皇仓街（今人民路）。老一辈的人还是能分清叫法的，老山下的城隍称古城隍庙，又叫老城隍庙；城区的城隍庙叫县城隍庙，也称现城隍庙。原本浏阳只有一个城隍庙，就是老虎山下的古城隍庙。据清朝同治县志记载，古时交通不发达，路不好走，人们大多数得步行去朝庙烧香。每年春秋有两大祭祀活动，为了方便大家朝拜，便将城隍庙搬进了县城里面，落户在兜率寺左边的白马祠位置（兜率寺即后来的财神庙，今城郊粮站宿舍处）。而古城隍庙也保留了下来，以便附近及东路来的人们烧香。

浏阳县城兜率寺左边的城隍庙，因20世纪50年代初反对封建迷信，县城隍庙便迁出城区，落户在今东沙湾处。

浏阳县城隍庙原来是没有城隍娘娘金身的。据说，古时候（年代已不可考），黎家大屋一位小姐到了出嫁的年纪，便想到城隍庙去求一张婚姻签。该小姐姿容出众，聪明过人，带着丫鬟使女出门，到了城隍老爷跟前，抬眼一望，心中便是大喜，回头跟丫鬟们说道：这就是我的夫君。

回家后，小姐便卧床不起，水米不进，两三天就随城隍老爷去了。黎氏整族为娘娘出嫁（出殡）遍邀浏阳衙门官吏、豪绅巨富、各界名流。举行了一场盛况空前的嫁女仪式，影响可谓深远。自此，浏阳县城隍庙有了娘娘金身。

黎家小姐当了城隍娘娘，城隍庙每逢大事，必须要等黎府宗亲来人就位，方才打开大门，否则，娘家人会有话说。每年城隍娘娘换妆、换袍，只有黎氏家族的小姐或者媳妇才能动手，其他人等均不得靠近。时至今日，浏阳东沙湾城隍庙仍保留有这一习俗。

宝塔岭

宝塔岭原来是没有什么名气的，清嘉庆年间在该岭上建起了一座七层宝塔，因而岭得其名（属于蜈蚣开钳岭）。宝塔岭位于浏阳城区南，天马山以西，与西湖山隔河相望。自建塔后，风水格局大变，按风水先生讲法，是一块能够荫庇后人的宝地，要么能够封侯拜相，要么可以大富大贵。

浏阳城区谭、黎两大家族同时看上了宝塔岭，都想要将祖坟葬于此地。谭家与黎家在当时可谓势均力敌，半斤八两，谁都不肯退让。两家本是姻亲关系，双方都不想撕破脸皮。经过多次商讨，只得达成协议，择吉日时辰同时葬坟。谭府后人有机灵者事先找了地生（旧时专门给人看地、建房、葬坟的人），偷偷塞了红包。时辰一到，大香大烛点起，敬天地，拜山神，跪祖先。经过一系列仪式，到了喊礼、唱赞时，地生口中便喊出了“先发谭、后发黎，谭黎二后有马骑”。喊声一响，黎家后人懵了，怎么是后发黎，礼金银子是平摊的，这不是欺负人吗？望着脸现怒色的黎家后人，地生麻溜又喊“谭家有马无鞍，黎家有富无官”。开玩笑。这两大家族的哪个好惹，只能玩玩平衡术，为谁先后发家一事，两家后人当场开吵，一时不可开交，差一点打了起来。

谭家与黎家有了矛盾，有人幸灾乐祸。在有人渲染下，此事在当时乃是人们茶余饭后津津乐道的话题。时至今日，浏阳城区及宝塔岭脚下的老人们应该还有印象。

每年清明节上坟，宝塔岭脚下的轿子队伍排了几里路长，四周乡民都喜欢跑过来看热闹，那时绝对是浏阳城区及沿线乡民的大事，热闹异常。

历史的发展，似乎是开了一个玩笑，无形中印证了地生的预言。谭家在清朝咸丰年间达到顶峰，出了个谭继洵，进士出身，官至湖北巡抚兼署湖广总督，浏阳人称之为两省府台。黎家人在清道光末年至咸丰初年达到全盛期，纯粹的土财主，经商、买田置地一路顺风，就是出不了当大官的人，也是怪哉。

后来，宝塔岭上的宝塔倒了，不知是否有其原因，反正谭、黎两大家族从清朝到民国，由盛转衰，走向了没落，世事无常呀！

采芬斋

民国时期，在浏阳县城，有一块叫得响的招牌叫“采芬斋”，位于县城区南门口。采芬斋的创始人是黎家大屋的黎五石（克俊），人称黎五。其幼年父母双亡，跟随兄嫂长大，十多岁时由兄嫂作主出面安排，进浏阳万和正当学徒，由于能吃苦耐劳，勤奋好学，师傅们都乐意教他。出师后独自创业，终于打响了“采芬斋”的名声，曾与长沙九如斋齐名，高峰时长沙武汉均开有分店。

采芬斋初创之时，为了打响名声，不惜重金托人从外地聘请大师傅，终于通过关系，寻觅到一位从日本留学回来的糕点类高手，其名姓已经查访不到了。黎五非常敬重这位大师傅，拜请其为采芬斋带徒弟，为采芬斋崛起迈出了坚实的一步，人才开路。

副食品是要吃的东西，原材料一关必须精挑细选。黎五常常亲自带队到长沙等地采购，四处觅访优质食材，要求非常严格，决不迁就。做好了的副食品，口感、品相达不到要求，坚决不准上柜，宁肯无偿送给人吃，也不会拿出来卖。

采芬斋生产的副食品，色、香、味都不错，销路一直很好，是浏阳人请客送礼的首选产品，许多食品常常供不应求。雪枣、麻片、小花片、灯芯糕、云片糕等以及各种饼干、饼类，总之毫不夸张地讲，当时浏阳街上有卖的副食品采芬斋品种最齐，花样更多，最有名气的是浏阳茴饼。采芬斋生产的浏阳茴饼时常缺货，出现了需预定的局面。广式饼类做得也不错，曾有广商专程绕道浏阳，到采芬斋来品尝饼类，与广东同类产品相比较结果，他的评价是相差无几，极难区分。为满足顾客需求，采芬斋曾在浏阳城区磨石街开了一家分店，生意一直很好。

采芬斋是前店后坊的传统经营模式，请有固定的糕点师傅、伙计帮工，一般时节，师傅、伙计共有七八个人，端午、中秋、春节、这三节是店里最旺的时候，请来的帮忙师傅、伙计有一二十人，实在是搞不赢。据说，有一年端午卖包子，脱销后仍有人守着不走，没得办法，只好派伙计到其他同行处求援，有师傅提出质疑，卖别人的包子会坏了自己名声，黎五的回答是事急从权，同行们都知道，大家做的包子材料、口感相差不是很大，但名气可不一样，许多顾客心里买的是名气，真能吃出味道差异的人极少，只要是顾客买得心里高兴，虽然亏本卖，也赚了，不得已而为之。

有一乡民，集攒了好长一段时间，终于有了可以进城买东西的本钱。他进了浏阳县城区，先寻找到采芬斋，听说采芬斋的副食品好吃，而且紧俏，得带一些回去，给家里老婆孩子尝尝。买好了需要的东西，便急忙离去，还要买不少日常生活用品。过了不大一会时间，他又折了回来，向店铺哭诉，说是本来想出街一趟不容易，趁机到处瞧瞧，享享眼福，长长见识，哪里晓得才逛了两条街，一摸身上钱袋没了。这家伙吓得不轻，食盐、醋等什么都还没买，城里也没有亲戚朋友，又不认识什么人，才在采芬斋买了副食品也算是熟人了，求店家人帮忙看看被偷去的钱财是否有希望回来。听了乡民哭诉，黎五即吩咐店中伙计，时间不长，立马去找城区某某，兴许有可能拿回。伙计麻溜一路小跑去了，约摸半个小时，伙计带着钱袋回来了，乡民心里感激，想给黎五下跪，被止住。黎五道，你是采芬斋顾客，我们有义务帮忙，无需客气，在乡民眼中千难万难的问题，对黎五而言，只是一句话的事，东门黎北门宋，可不是白叫的。

黎五老板为人豪爽，有些侠义名声，赚了钱也不忘扶贫济困，回报乡党，曾经担任浏阳救生划子会会长。救生划子会是民间组织，由各商号资助购置一些田产，由庄上帮着收租谷维持运转。这会长是没有工钱的，纯粹义务工，一旦发生天灾人祸，救生划子会便要负责召集人手，分配工作，出钱出力救助灾民。遇上水、旱灾年，田里收成不好或是颗粒无收，租谷没有着落，灾民急需救助，身为救生划子会会长，需出面挨家挨户动员各商号凑钱，有点像募捐，当然自己得带头，这可是一个吃累不讨好的差事。

解放以前，浏阳城区有一个担浏阳河水卖的李三，原住梅花小区胡家巷，三四十岁年纪了，仍是单身一人，采芬斋的用水常由他承包了，真名叫什么，家里还有什么亲戚，人家都不清楚。一来二去混熟了。他便央求黎五帮助他讨一个婆娘。在黎五的资助下，他成了家，并生了一个女儿。店子里有伙计向黎五告状，灶屋内时常丢东西，米、面、蔬菜之类，又无其他人进灶屋，担水卖的人，挣得了几个钱，能养家糊口吗？黎五告诫伙计，李三家里原是困难，也不怪他，此事不要声张，不是太过分的话，且由他。另交待伙计去拿些上不了柜台的食品（看相或口感略差的食物）放在灶屋里，他愿拿去也好。李三不久得病死了，婆娘带着女儿另嫁了他人，不知所踪。

晓得黎五爱做好事，常有热心人带领流浪儿或孤寡老人来店里求助。由于黎五自小父母双亡的原因，他的内心有一份执着，遇上了苦难的老人、小孩，总会伸出援助的手，视其具体情况相应地给与一些钱财和食物。

不记得哪一年，采芬斋来了一位贵客，一口外地口音，穿一身黄皮军装，腰上斜系着一根军用皮带，口里直叫喊要找采芬斋老板。黎五得信，忙从家里赶来，一瞧不认识，搞不清是哪路神仙，连忙作揖施礼，请入店内喝茶。细问之下，该兵哥才说，出来执行公务，途经浏阳特为好友来报一个信。说他的好友在部队犯了军纪，情节严重，而他有心无力，官职太小，现急需银子打点救命，如若是迟了，恐性命难保。兵哥口中好友的名姓，的确是黎五一个失踪好几年的族侄，关键是这族侄的父母已去世了。黎五得到这么个信息，有些不忍心。其它人都劝，这兵哥谁也不认识，生死各安天命，且又只是族侄，莫理他就是，黎五心中虽有疑问，终是不忍，留兵哥住了两天，好生招待，凑了一些银两，大包、小包一堆打发，嘱其向上司多讲些好话，能救人出来再说。租了一顶轿子送其出城。事有凑巧，这里送兵哥走后不久，有一商家从长沙进货回来，路过采芬斋，笑打招呼："客人打发走了？"伙计警觉过来："是送东门出城走的，你如何得知？"长沙在西北

20世纪80年代的浏阳城区集市鸟瞰（资料照片）

方向，商家说是真碰上了不会认错人，坐轿子的兵哥可不多。直到这时，黎五才醒悟过来，遇着骗子了，兵哥究竟是谁，他的信息来自哪里？至今仍然是谜。

1938年日军飞机第一次轰炸浏阳，采芬斋不幸中弹，大火冲天，采芬斋被烧了一个精光。万幸的是作坊内的师傅与伙计们躲在了做副食品的案板下，侥幸逃过了一劫。黎五赶到现场，看到师傅、伙计都在，只说一句话："人没事就好。"

采芬斋被炸烧光，黎五只得变卖田产还债。因为店铺不是他一个人的，他只拥有很小一部分股权，原打算择地另起炉灶，奈何已没了本钱。获悉黎五处境，于是有人邀其入伙，另开斋坊，浏阳城区街上又有了一块采芳斋的招牌。解放后公私合营，成立了浏阳糕点厂。

"文化大革命"以后，原朝阳社区领导彭福兰等曾与黎五后人联系，想重新树起"采芬斋"招牌，由于诸多方面的原因未能如愿，虽是如此，也足以证明，曾经的采芬斋在浏阳人心目中还是有分量的。

令人欣慰的是，解放以后，特别是改革开放以来，浏阳各类产品品牌如雨后春笋般涌出，如文市油饼、白沙豆腐、庆丰楼包子之类，形势很是喜人。

江山代有才人出，数风流人物，还看今朝。

（作者黎茂雄即黎懋雄，世居梅花巷黎家大屋）

20 世纪末的梅花小区　　(王　青　摄)

21 世纪初的梅花小区　　(王雄文　摄)

参考文献

公开出版类

邓潭洲:《谭嗣同传论》,上海人民出版社,1981 年;

熊晃:《浏阳河情思》,新疆人民出版社,1986 年;

唐伯藩主编:《浏阳人民革命斗争史》,湖南人民出版社,1989 年;

浏阳县地方志编纂委员会编:《浏阳县志》,中国城市出版社,1994 年;

宋任穷著:《宋任穷回忆录》,解放军出版社,1994 年;

唐伯藩等编:《浏阳英雄儿女传(1995 年)》,解放军出版社,1996 年;

宋梧刚、潘信之著:《唐才常传》,吉林人民出版社,1997 年;

夏剑钦著:《浏阳方言研究》,湖南教育出版社,1998 年;

张绍春主编:《中共浏阳党史大事记(1917—1992)》,中共党史出版社,1999 年;

中共长沙市委党史办编:《长沙百年风云人物》,岳麓书社,2000 年;

何梓林、夏远生主编:《二十一世纪湖南人物》,湖南人民出版社,2001 年;

易武兴编:《浏阳古今对联集》,天马图书有限公司,2003 年;

罗克崇主编:《中共浏阳地方史(1949—2002)》,中共党史出版社,2004 年;

罗克崇、唐伯藩主编:《中共浏阳地方史(1921—1949)》,中共党史出版社,2007 年;

湖南省浏阳市地方志编纂委员会编:《浏阳市志(1988—2002)》,方志出版社,2007 年;

〔清〕吕肃高修,张雄图、王文清纂《乾隆·长沙府志》,岳麓书社,2008 年;

张葵红、李兆佳主编:《浏阳改革开放三十年(1978—2008)》(上、下卷),湖南地图出版社,2008 年;

〔清〕李瀚章、裕禄等编纂:《光绪·湖南通志》,岳麓书社,2009 年;

〔明〕萧敷修、刘以身纂:《浏阳县志(嘉靖)》,明嘉靖四十年;

〔清〕陈梦文编:《浏阳县志(雍正)》,雍正十一年;

〔清〕谢希闵、介岩氏编:《浏阳县志(嘉庆)》,嘉庆戊寅年重修;

〔清〕王汝惺等主修:《浏阳县志(同治)》,同治十二年刻;

〔清〕朱蔚亭修，黄徵纂：《浏阳乡土志》，光绪三十四年；

〔清〕枨冲唐氏编：《唐氏佩公房族谱》，光绪十三年；

彭天翼著：《浏阳，一部地方经典》，东方文化出版社，2011 年；

田顺新著：《菊花石雕》，湖南人民出版社，2011 年；

萧行敏著：《寻梦浏阳河》，东方文化出版社，2011 年；

沈博爱著：《蹉跎坡旧梦》，语文出版社，2013 年；

刘正初主编：《古邑寻踪》，湖南人民出版社，2013 年；

罗传学主编：《淮川韵藻》，湖南人民出版社，2013 年；

易武兴主编：《九曲联葩》，湖南人民出版社，2013 年；

中国工农红军浏阳市小河革命历史博物馆编：《罗宵山脉百年风云人物录》（上、下），世界图书出版广东有限公司，2013 年；

焦复楚著：《焦达峰传》，团结出版社，2013 年；

熊晃、韩凤兰著：《浏阳河与天山》，解放军出版社，2013 年；

谭嗣同著：《谭嗣同自述》，安徽文艺出版社，2014 年；

娄选法著：《谭嗣同诗歌编年注析》，黄河出版社，2016 年；

黄慕兰著：《黄慕兰自传》，中国大百科全书出版社，2016 年；

浏阳日报社编：《浏阳城市手册》，民主与建设出版社有限责任公司，2016 年；

湖北宜都市青林村志编纂组编：《青林寺村志》，方志出版社，2017 年；

长沙雨花红星村志编纂组编：《红星村志》，方志出版社，2017 年；

刘明理主编：《浏阳年鉴 2003》，方志出版社，2004 年；

张葵红主编：《浏阳年鉴 2008》，浏准印字，2009 年；

张葵红主编：《浏阳年鉴 2009》，浏准印字，2010 年；

张葵红主编：《浏阳年鉴 2010》，浏准印字，2011 年；

张葵红主编：《浏阳年鉴 2012》，湖南人民出版社，2012 年；

李兆佳主编：《浏阳年鉴 2013》，方志出版社，2013 年；

李兆佳主编：《浏阳年鉴 2014》，方志出版社，2014 年；

李兆佳主编：《浏阳年鉴 2015》，方志出版社，2015 年；

李兆佳主编：《浏阳年鉴 2016》，方志出版社，2016 年；

李兆佳主编：《浏阳年鉴 2017》，方志出版社，2017 年。

内部资料类

浏阳县地方志编纂委员会编:《浏阳县志(烈士英名录专辑)》,1994 年;
刘发源主编:《浏阳英才第一辑》,1997 年;
刘发源主编:《浏阳英才第二辑》,1998 年;
刘发源主编:《浏阳英才第三辑》,2001 年;
张葵红、李兆佳:《浏阳六十年(1949—2009)》,2009 年;
浏阳市政协第八届委员会编:《浏阳文史第十二辑》,2012 年;
李家喜主编:《浏阳人的抗战》,2015 年;
李家喜、谢建国主编:《浏阳历史建筑遗存录》,2015 年;
浏阳市占佳社区编:《幸福占佳路》,2016 年;
周学文、孔纯佑主编:《千年浏阳》,2017 年;
周学文、孔纯佑主编:《千载文风》,2017 年;
刘赋辉、唐学雷主编:《地名故事》,2017 年;
刘赋辉、赖明汉主编:《地名诗词》,2017 年;
浏阳县地名普查领导小组编:《浏阳县地名资料汇编》,1981 年;
浏阳供电所编写:《浏阳电力志(1929—1982)》,1982 年;
浏阳县政协文史办公室编:《浏阳文史第六辑》,1985 年;
浏阳县政协文史办公室编:《浏阳文史第九辑》,1990 年;
浏阳县制鞋厂厂志组编:《浏阳县制鞋厂厂志》,1985 年;
浏阳县服装厂编志办公室编:《浏阳县服装厂厂志》,1985 年;
浏阳县铅丝厂编志办公室编:《浏阳县铅丝厂厂志》,1985 年;
浏阳县文化局编写:《浏阳文化志》,1986 年;
浏阳电力局编写:《浏阳电力志》,1986 年;
浏阳县计划生育委员会修志办公室编:《浏阳县计划生育志》,1986 年;
浏阳县药材公司编志办公室编:《浏阳县医药志》,1986 年;
浏阳县工艺美术机械厂编志办公室编:《浏阳县工艺美术机械厂厂志》,1986 年;
中共浏阳县组织史资料编辑组编:《浏阳县组织史资料(1927.7—1987.12)》,1991年;
黎克升、黎锦云编:《黎氏四修族谱》,1993 年;
王启文等编:《王氏族谱》,1996 年;

刘正初、姚岳峰编:《浏阳之子》,2002 年;
王爱莲、王业敬编:《城东村志》,2002 年;
黎政、龙春湘主编:《浏阳年鉴 2002》,2003 年;
盛武华主编:《浏阳邮电志(1368—2002)》,2004 年;
胡兴国主编:《湖南省浏阳市淮川街道志(1949—2002)》,2004 年;
浏阳市建设局编:《浏阳市建设志》,2004 年;
浏阳市鞭炮烟花管理局编:《湖南省浏阳市鞭炮烟花志(1988—2004)》,2005 年;
浏阳市农村信用合作社主编:《浏阳市农村信用社志(1951—2004)》,2005 年;
张贤许主编:《浏阳市工业经济志(1988—2000)》,2005 年;
赖光辉主编:《浏阳市公安志(1949—2002)》,2005 年;
浏阳市教育局编:《浏阳教育志(1986—2003)》,2006 年;
李承旭主编:《浏阳文化体育志(1986—2002)》,2006 年;
杨厚波主编:《湖南省浏阳市交通志(1992—2004)》,2007 年;
涂菊萍主编:《浏阳市林业志(1986—2002)》,2007 年;
周洪武、黄瑞祥主编:《浏阳市城市管理志(1994—2006)》,2007 年;
王辉煌主编:《湖南省浏阳市商业志(1988—2004)》;2007 年;
寻朝阳、柳骥德主编:《湖南省浏阳市工会志(1987—2006)》,2007 年;
黎福根主编:《二〇一〇浏阳工业经济年鉴》,2011 年;
浏阳市文物管理局编:《浏阳文物志》,2011 年;
邱少求著:《浏阳掌故》,2013 年;
谢万坤著:《中国南方万米花卉长城》,2015 年;
浏阳市文学艺术界联合会编:《湖南省浏阳市文联志(1875—1987)》,2015 年;
浏阳市市志档案局编:《浏阳乡镇(街道)简志》,2017 年;
西安明城墙东楼二楼刻:《家训展录》,2018 年录。

网络资料类

长沙市地方志编纂室主办:“长沙方志网”,http://szb.changsha.gov.cn/(相关内容);
《浏阳日报》, http://dzb.eliuyang.cn/shtml/index_lyrb.shtml (相关报道)。

后记

浏阳历来高度重视地方志编纂工作，在全省率先完成二轮修志，并普修了乡镇街道志、部门行业志，正在积极组织编修名镇志、名村志，同时开展志书点校和开发利用工作。浏阳的地方志工作得到了中国地方志指导小组及湖南省、长沙市地方志机构的肯定与鼓励。2017年，中国地方志指导小组秘书长，中国地方志指导小组办公室党组书记、主任冀祥德亲临浏阳视察指导地方志工作时，将浏阳确定为社区志、小区志编修的试点单位，鼓励和支持浏阳在全国率先编修小区志。我们倍感荣幸和自豪，但也感受了沉甸甸的压力。怎样编修好这第一部城市居民小区志，使其成为今后其他地方小区志编修的样本或参考书目，我们感到诚惶诚恐，多次向省、市地方志机构的领导、专家虚心请教，聆听指导和教诲，他们给我们提出了很多很好的意见和建议，也给了我们很大的信心和鼓励。

浏阳城市建成区面积有32平方千米，辖淮川街道等四个街道办事处，有居民小区200多个。梅花小区位于浏阳城市中心，历史文化底蕴深厚，浏阳人一说起城市小区必谈梅花小区，自然成为了我们第一部小区志编修的首选对象。为此，我与时任淮川街道工委书记的戴伟平、主任卢焕新专题商讨，得到了他们的一致认可和大力支持，专门成立了有街道、社区负责人参与的《梅花小区志》编纂机构，并明确由贝远铭、王雄文两位同志具体负责前期资料收集和文字撰写。为了丰富《梅花小区志》的内涵，我们将梅花小区的范围延伸至人们习惯俗称的四至范围，不是一个纯行政界定的居民小区了。

梅花小区范围内发生的有文字记载的人物、事情可以追溯到东汉建安年代，特别是自晚清以来，这里涌现了诸多可歌可泣的人物，发生了很多脍炙人口的故事，也留下了许多令人追忆往昔的老照片。而现今的梅花小区，已经是名副其实的现代城市小区了，小学、幼儿园、居民楼和特色商铺一应俱全。可以说，梅花小区见证了近现代以来浏阳城市的发展变迁。淮川街道、朝阳社区十多次召开由不同人士参加的座谈会，专题听取发生在梅花小区范围内的各类人和事。同时，编纂组的同仁们分赴浏阳市档案馆、图书馆、公安局、市场局等50余家单位，并走访上百名经历人或见证人，广泛征集和收取有关梅花小区的史志、人口、户籍、商铺等各类信息资料，为编纂好《梅花小区志》储备了大量翔实的第一手资料。

因为没有现成的小区志可以借鉴，采用怎样的体例结构来布局谋篇《梅花小区志》，原湖南省地方志编纂委员会党组书记、副主任易介南，湖南省地方志编纂委员会市县处处长隆清华，原湖南省地方文献所所长任国瑞，长沙市地方志编纂室主任王习加、副主任贺国成、业务指导处处长高路等地方志工作的领导和专家，专程到浏阳召开座谈会，商讨议定本着"略古详今"的原则，分卷首、主体、卷末三部分来编纂《梅花小区志》。

《梅花小区志》的编纂倾注着各位领导和专家的关爱。中国地方志指导小组秘书长、办公室主任冀祥德亲自听取志书编纂情况并作序；中国地方志指导小组办公室副主任邱新立等领导也给予了亲切指导；长沙市委常委、浏阳市委书记黎春秋为志书撰写了第二篇序言；浏阳市委副书记、市长吴新伟亲任编委会主任，浏阳市委常委、常务副市长邓阳锋，浏阳市委常委、市委办主任喻辉和浏阳市政府副市长邓雪琴任编委会副主任；浏阳市政协党组副书记、副主席张葵红全程关注志书的编纂，并提供了一些很好的资料和照片；淮川街道继任工委书记孙谦、主任熊宜武，都高度重视和积极支持志书编纂工作。为了保证志书编纂质量，我和编写组的同仁对全书进行了多次反复审阅；长沙市地方志编纂室组织的专家对志书进行了评审，并将其纳入长沙市名镇志名村志文化工程；方志出版社对志书编审和出版发行进行了悉心指导。

本志书收录了一些记者、诗人、文学爱好者的诗歌、散文、回忆文章等文学作品，同时还采用了一些摄影师拍摄的老照片，在此一并致谢。由于资料收集面广、时间跨度大等原因，可能有的资料和照片没有一一注明作者和来源，在此深表歉意。

由于本人和编写人员水平有限等多方面原因，难免有错误和疏漏之处，敬请专家、读者批评指正。

浏阳市档案馆馆长
中共浏阳市委党史研究室主任　　杨钢
浏阳市地方志编纂室主任

2020年11月